メイクとファッション
Cosmetics & Costume
美容化粧服飾の戦略と呪縛

栗田宣義

晃洋書房

ま え が き

　いま世界は（2021年3月現在），Covid-19のパンデミック下にある．メイクとファッションの世界にも感染症対策の影響が大きく及んだかのように思えた．日本をはじめ多くの諸国では，コスチュームを競い合う場としてのパーティや会食は禁じられ，公共の場でのマスク着用も義務づけられた．メイクを施したフェイスの半分前後がマスクで覆われることになったのである．

　コロナ禍で美容化粧服飾は死に絶えてしまったのだろうか．いや，決してそんなことはない．このようなディストピア的状況にあっても，人びとがメイクとファッションにかける情熱は衰えることがない．マスクを着用しても映えるアイメイクやファンデーションが注目され，着用するマスク自体もカラフルでスタイリッシュな製品が市場に溢れている．口元や小鼻周辺は肌のトラブルが多い箇所であるゆえ，健康面での不安はあるものの，かえってマスクがルックス的には有利にはたらく思わぬ利点もある．そして，ZoomやTeams等のディスプレイの向こう側には普段着や寝間着ではなく，パンデミック以前と変わらないシャツブラウス，ジャケット，おしゃれ着が見える．リアルであろうとテレワークであろうと社会生活が続く以上，美容化粧服飾はいつもわれわれのそばにあることをかえって実感した人も多かったかもしれない．唯一の例外はフレグランス．マスクでは，麗しき芳香を楽しみにくいのは残念だ．

　Covid-19の終息は今夏かもしれないし，10年先かもしれない．それはわからない．しかしながら，美容化粧服飾は，このような時代であるからこそ，一番身近で，日々の生活を勇気づけてくれる盟友であって欲しいと思う．

　さて，本書の表紙と裏表紙には，若年層女性の美容化粧服飾を長年にわたってリードしてきて下さった，『mini』『Sweet』『SPRiNG』『mina』『JELLY』『mer』の各誌編集部，宝島社，文友舎（ぶんか社グループ），ワン・パブリッシング，夕星社の御厚意を賜り，ファッション誌ロゴをデザインとして使わせて頂きました．本当にありがとうございます．ここに各誌編集部，各社広報部のみなさまに篤く御礼申し上げます．各誌各社のすぐれた創意と工夫によって，現代日

本の女性たち／男性たちの自由で個性的な美容化粧服飾のパフォーマンスが支えられてきたことを，誠にうれしく思います．

目　次

第**1**章

メイク規範の裏側にあるものとは
——メイク（その1）

はじめに

　人はなぜ化粧するのだろう．他人より美しく見せたいためなのか，鏡の前でうっとりする自分自身のためなのか，性的に魅力的な姿をつくりだすためなのか，職場や学校で〈よそゆき〉の自分を演出するためなのか，はたまた，化粧はこの社会のジェンダーや性別役割分業の単純な反映にすぎないのか[1]．あるいは，セクシュアリティや[2]，その欲望の宛先までもが関係してくるのか[3]．さまざまな状況と制約が，人を化粧にむかわせる．本章では，狭義での化粧すなわち顔へのメイクに焦点をあて，メイクの意義と実際を社会学的に分析，解釈する．

　化粧は，顔ならびに顔をふくむ身体つまり容貌に大きく依存する．本章では，とくに顔を中心とした議論を進めよう．顔以外の身体については第2章，美容整形をふくむ美的変身については第5章であつかうことになる．本章でまず注目すべきは，顔を美しく見せるための主たる技術，技法であるメイクだ．

第1節　メイクとはなにか

　メイクもしくは化粧とは一般になにを指すのか．人類史の広範な視点からは，第一に，髪を切ったり，抜いたり，ヘアスタイルをととのえたり，爪を切ったりすることなどをふくむ「身体変工」，入れ墨やタトゥーイングなど半永久的な処理をもふくむ「色調生成」，皮膚や爪に色やツヤを一時的にあたえる「塗彩」

の三つに分類されるというのが定説だ（村澤 2001: 49）．社会心理学者，大坊郁
夫（だいぼう いくお 1947–）によれば，これらは，古来，「医療行為の一環として，
さらに魔除けの意味を込めて」おこなわれてきた経緯がある（大坊 1996: 29）．
化粧史をひもとけば，医療呪術信仰と美容化粧服飾が一体化していた時代をへ
て，化粧が，やがて，独立した位置を徐々に占めるようになってくる．日本で
は『古事記』や『日本書紀』に，すでに化粧自体についての言及が見られ（平
松 2009: 63; 山村 2016: 11），その後，平安時代にはその意味づけがはっきりとよみ
とれるようになる．「儀式の際の化粧は礼儀作法」であり，「貴族の世界では化
粧は礼儀作法に則った身だしなみ」として社会的かつ文化的に位置づけられて
いたのである（石田かおり 2009: 18）[4]．そして，「顔全体に白粉」を塗るなど，「国
風文化の時代から明治中期まで」千年続いた「白化粧」の時代をへて，近現代
の化粧にいたるようになる（石田かおり 2009: 18）．

　より現代的な議論として，化粧の目的を「ケア」「メーキャップ」「フレグラ
ンス」に分類したうえで，さらに，ケアおよびメーキャップの対象部位を，顔，
ボディ，手（爪），髪・頭皮（ヘアメイク）に細分化した 9 種別を提案する研究者
もいる（伊波 2004: 173）[5]．その出発点となった議論においては，広義の化粧と
して，「化粧品を用いずとも，自らを慈しみ，飾ること」，狭義の化粧として，「化
粧品を利用して直接体表に手を加える化粧」，さらに，化粧の下位分類である
メーキャップとして，「着色などにより容貌を美しく演出する技法」が定義さ
れている（阿部 2002: 34–35）．

　要約するならば，顔にかかわるメーキャップについては，一般に，「永続的
でない装飾的加工」という観点もくわえたうえで，「ファンデーション」「おし
ろい」「アイシャドー」「アイライン」「マスカラ」「アイブロウ」「つけまつげ」
「口紅」「グロス」「頬紅」を主な化粧品としてあげることができる（伊波 2004:
173）[6]．くわえて，法的観点からは「化粧とは現代的には外面，とくに顔面の
健康を維持し，容貌を美しく演出する化粧品や医薬部外品などを用いた行動の
総称」といった定義も可能だろう（平松 2009: 29）．

第 2 節　メイクを美容化粧服飾全般に位置づける

　以上の研究趨勢をふまえ，本書では，メイク（makeup）すなわち化粧を，容貌を美しくととのえるためにパウダーやリキッドなどをもちいて皮膚や爪に色，ツヤ（光沢），ハリなどを一時的にあたえる諸行為として定義する[7]．この定義は，まず，メイクが，美容整形や，タトゥとピアス，ヘアメイク（第 4 章で詳述）などとは異なり，医療用メスによる皮膚の切開や頭髪の半永久的着色など，〈身体の形成〉（plastic method）をともなわない，一時的な美の演出である，〈身体の非形成〉（non-plastic method）であることを意味している．次に，身体の非形成ではあるものの，〈身体外面の装飾〉（external item）である服装を意味する狭義のコスチューム（第 7 章と第 8 章で詳述）ならびに服装以外の装飾品であるアクセサリー（第 6 章で詳述）とは区別された，〈皮膚に密着した装飾〉（internal design）であることを意味している．最後に，皮膚に密着した装飾ではあるものの，香水やオードパルファム，オードトワレなどをもちいた香りと匂いにかかわるフレグランス（第 3 章で詳述）とは異なる，皮膚や爪の色，ツヤ（光沢），ハリにかかわる美の演出であることを意味している（表 1 を参照）．

　したがって，メイクには，次章でくわしく述べる，身体全体にかかわる拡散的（extensive）なメイクにくわえて，手の爪のマニキュア，足の爪のペディキュアもふくまれることになる．これらを広義のメイクと表現することもできよう．対照的に，顔の部位のみにかかわる集約的（intensive）メイクを，狭義のメイクとして言いあらわすこともできる．

　このような現代的な文脈での，メイクの主役であるパウダーやリキッドであるコスメ（cosmetics）つまり化粧品の，利用率や割愛率を介したその優先順位

表 1　メイクとファッションの位置関係

身体の形成 plastic method			身体の非形成 non-plastic method			
			皮膚に密着した装飾 internal design		身体外面の装飾 external item	
美容整形	タトゥとピアス	ヘアメイク	メイク	フレグランス	コスチューム	アクセサリー

4

について，分析を試みる[8]．この考察を通じて現代メイクのありかたが浮かび
あがってくるだろう．

第3節　メイクの際に使うコスメ

　2013年9月に調査機関インテージによって，その全国に在住するパネルを対
象として実査がなされ，18歳から23歳の女子大学生をレスポンデントとした，
ウェブサイト上の質問紙を介してなされたインターネット調査の回収数746名
が，以降の分析にもちいるここでの主たるデータセットCCJD13である．くわ
えて，2014年10月に同じく調査機関インテージによって実査がなされ，高校生
全学年と大学・短大・専門学校一年生をふくむ15歳から19歳のハイティーン女
子の就学層をレスポンデントとした，ウェブサイト上の質問紙を介してなされ
たインターネット調査の回収数458名が，ここでの従たるデータセット
CCJH14である．
　まず，女子大学生を対象としたCCJD13にもとづき，日々のメイクの際にお
けるコスメ利用状況をみてみよう．全体の746名からメイクをしたことがない
43名を除いた703名について，主だったコスメ13種類の利用率について集計を
ほどこしたのが表2の左半分である．下地（コントロールカラー・日焼けどめなど）
が抜群の利用率をしめしており，8割をこえる83.5％が使うと答えている．次
いで，ファンデーションがほぼ8割の79.2％，第3位にはチークカラーが7割
をこえる72.4％で位置している．下地（コントロールカラー・日焼けどめなど）とファ
ンデーションは顔全体のベースメイクにかかわる最重要コスメであり，首位と
次位がこれらで占められているのは当然ともいえる[9]．世間では「ベースメイ
クを制すものはメイクを制す」といった表現も聞く．その表現をなぞるように，
ここでも，ベースメイクにかかせない下地（コントロールカラー・日焼けどめなど）
とファンデーションが先頭にならんでいる．第3位のチークカラーはベースメ
イクにはふくまれないが，伝統的には頬紅（ほおべに）として，頬への着色という文脈にお
いては，肌および顔全体の色調をととのえるという意味で，先述の下地（コン
トロールカラー・日焼けどめなど）とファンデーションの同列に位置するものであ
る．下地（コントロールカラー・日焼けどめなど），ファンデーション，チークカラー

表2　コスメの利用率　N＝703

CCJD13「女子大学生のメイクとファッションに係わる全国調査」2013年9月中旬実施

	使う U		順位	必ず使う M		
	実人数	百分率		実人数	百分率	
下地（コントロールカラー・日焼けどめなど）	587	83.5%	首位	521	74.1%	下地（コントロールカラー・日焼けどめなど）
ファンデーション	557	79.2%	次位	487	69.3%	ファンデーション
チークカラー	509	72.4%	第3位	380	54.1%	チークカラー
アイカラー（アイシャドー）	492	70.0%	第4位	362	51.5%	アイカラー（アイシャドー）
マスカラ	456	64.9%	第5位	359	51.1%	アイブロウ（ペンシル・パウダーなど）
アイブロウ（ペンシル・パウダーなど）	433	61.6%	第6位	301	42.8%	アイライナー
アイライナー	424	60.3%	第7位	280	39.8%	マスカラ
口紅	262	37.3%	第8位	137	19.5%	口紅
リップグロス	258	36.7%	第9位	128	18.2%	リップグロス
ネイルカラー（マニキュア・ペディキュア）	177	25.2%	第10位	106	15.1%	コンシーラ
コンシーラ	154	21.9%	第11位	35	5.0%	リップライナー
つけまつげ（アイラッシュ）	65	9.2%	第12位	31	4.4%	ネイルカラー（マニキュア・ペディキュア）
リップライナー	64	9.1%	最下位	22	3.1%	つけまつげ（アイラッシュ）

注：1）灰色セルは「必ず使う」で順位下落した項目.
　　2）メイクをしてない43名は集計から外した.

が利用率のトップ3であることは頷（うなず）ける結果である．女子大学生たちにとって，メイクとはまずは頬をふくむ肌および顔全体の色調をととのえることなのだ．

　第4位にはアイカラー（アイシャドー）が70.0％，第5位にはマスカラが64.9％，第6位にはアイブロウ（ペンシル・パウダーなど）が61.6％，第7位にはアイライナーが60.3％で位置している．これらは，すべてアイメイクにかかわるコスメだ[10]．1990年代の第一次ギャルブームならびにギャルメイクに起源を発した（黄 2019: 74），いわゆるデカ目志向が，おだやかな形で定着してから四

半世紀が経過し，ベースメイクを除けば，女子大学生にとってアイメイクが最重要課題であることがここから容易によみとれる（栗田 2015a)[11]．アイカラー（アイシャドー），マスカラ，アイブロウ（ペンシル・パウダーなど），アイライナーは，彼女たちのアイメイク必需４点セットだといえよう．ちなみに，第７位のアイライナーまでが利用率過半数をこえており，メジャーなコスメであると考えられる．

　第８位には口紅が37.3％，第９位にはリップグロスが36.7％で位置している．半世紀前までは女性にとって，口紅は，コスメすなわち化粧品全体のシンボルでもあり，ベースメイクと並んで最重要な位置を占めていた．しかしながら，現在のアイメイク全盛時代にあって，唇，口元のメイクは主役の座を降りたとも言える．くわえて，かつてはその存在は知られてはいたものの，それほど利用度が高くはなかったリップグロスの，近年における大躍進もあり，口紅の存在感の凋落は著しい．メイクをする女子大学生たちのおおよそ３分の１のみが利用するコスメに過ぎないのである．女性たちのコスメ選びに大いに重用されているウェブサイトである@cosmeにおいても，口紅・グロス・リップライナーのカテゴリーで，2019年10月現在，首位と第３位の口紅に割り込むように，評価ランキング第２位は，ディオール発売のリップグロス「ディオール アディクト リップ マキシマイザー」が占めていることも象徴的だ．「ちょっとしたおでかけなど１本で十分!」「ナチュラルメイクの時はこれだけ」といった投稿も目立ち，口紅に較べてリップグロスが重用されやすい時勢が良く判る（@コスメ 2019）．リップグロスの普及とともに育ってきた現在の10代20代が中高年になる頃には，口紅はさらにマイナーなコスメに転落する可能性もある．

　第10位には，ネイルカラー（マニキュア・ペディキュア）が25.2％で位置している．メイクはするものの，その内の４分の３の人がネイルカラー（マニキュア・ペディキュア）をしてはいない．レスポンデントが大学生ということもあり，大学通学やアルバイトに出かけることを考慮してということだろう．飲食店系のアルバイトではネイルカラー（マニキュア・ペディキュア）は御法度という店舗も多い．女子大学生にとって案外ネイルカラー（マニキュア・ペディキュア）は縁遠いコスメなのだ．

　第11位には，コンシーラが21.9％で位置している．５名に１名の割合で利用

していることになる．ベースメイクにおける肌の出来物，くすみやシミ隠しを
主用途に特化したコスメであるから，その利用率がそれほど高くはないことは
とくにおどろくことではない．

　むしろ，第12位に，つけまつげ（アイラッシュ）が9.2％で位置していることの
方が注目に値しよう．メイクをしている女子大学生のうち，11名に 1 名の割合
でしか利用していないことになる．まつげの存在感を増すために，マスカラと
つけまつげ（アイラッシュ）はアイメイクにおいて密接な関係にある．マスカラ
の利用度が64.9％であるから，マスカラを使っている人のうちでも，つけまつ
げ（アイラッシュ）をする人は 7 名に 1 名前後の割合に過ぎない．一部の女性
ファッション誌などにおける，つけまつげ（アイラッシュ）特集記事の氾濫とは
裏腹に，ネイルカラー以上に縁遠く，実際の利用率はすこぶる低い．

　13種類のコスメの内で利用率の最下位は，リップライナーの9.1％であった．
唇，口元のメイクの仕上がりをクリアーにととのえるための，どちらかといえ
ば上級者アイテムであるから，かならずしも万人むけのコスメではないことを
意味している．

　以上を要約するならば，その利用率が 8 割前後であるベースメイクにかかわ
る下地（コントロールカラー・日焼けどめなど）とファンデーションにくわえてチー
クカラーといった肌，頬の色調をととえる基本 3 点セット，その利用率が 6 割
を超え 7 割までにいたるアイカラー（アイシャドー），マスカラ，アイブロウ（ペ
ンシル・パウダーなど），アイライナーといったアイメイク必需 4 点セットが，女
子大学生たちの日々のメイクに欠かせない，いわば主役級のマストアイテムで
ある．利用率が 4 割には届かない口紅とリップグロスは，必要に応じて，それ
らを支える役割であり，その利用率が 1 割未満から 2 割 5 分どまりのネイルカ
ラー（マニキュア・ペディキュア），コンシーラ，つけまつげ（アイラッシュ），リッ
プライナーは脇役的存在だとみなせる．

第 4 節　必ず使うコスメと割愛率

　前節で参照してきた表 2 の残り半分の右側部分は，日々のメイクの際に必ず
使うコスメの利用率を示している．使うコスメと必ず使うコスメの利用率の順

番はおおむね一致しているものの，マスカラ，ネイルカラー（マニキュア・ペディキュア），つけまつげ（アイラッシュ）については順位が下落している．以下，主だったところを個々にみてみよう．

　下地（コントロールカラー・日焼けどめなど）が74.1％，ファンデーションが69.3％，チークカラーが54.1％で，使うコスメと同様，必ず使うコスメとしても，トップ3である．利用率がいずれも過半数を超え，下地（コントロールカラー・日焼けどめなど）にいたっては4名の内3名が，メイクの際には必ず使っている．肌，頬の色調を整えるための不可欠な基本3点セットの存在感は，やはり大きい．

　使うコスメでは64.9％を示し第5位だったマスカラは，必ず使うコスメとしては過半数を割りこみ，4割弱の39.8％にとどまった．そして，第7位に下がっている．6割もの人が必ずしも使わないと答えているのだ．アイメイク必需4点セットの内でアイカラー（アイシャドー）に次いでいた位置が，群内では最下位に転落したことになる．必ず使うコスメの実人数の値（M）を，使うコスメの実人数の値（U）で除した商の値を1から減じた，割愛率（$R = 1 - M/U$）を算出したところ，マスカラの割愛率は38.6％であり，アイメイク必需4点セットの群内では最高位である第6位に位置している（表3を参照）[12]．割愛率とは，その定義式から明らかなように，当該コスメを使うことはあるものの毎回必ずではない，すなわち〈お急ぎ〉もしくは〈手抜き〉メイクの際には割愛しても構わない程度を示す指標である．逆にいえば，〈手抜き〉ではない，いわゆる〈しっかり〉もしくは〈気合い〉メイクの際には使うコスメであるということだ．先述したようにアイメイクにおいて利用率が格段に低かったつけまつげ（アイラッシュ）は，必ず使うでは3.1％の最下位に転落し，その割愛率は次位の66.2％ものすこぶる高い値を示していることも，マスカラとの関係で頷ける．マスカラとつけまつげ（アイラッシュ）は，アイメイクにおいて，〈お急ぎ〉もしくは〈手抜き〉メイクの際には省略されてしまうものの，〈しっかり〉もしくは〈気合い〉メイクの際にはちゃんと使うコスメであるという，日常感覚に合致した知見でもある．

　使うコスメでは第10位だったネイルカラー（マニキュア・ペディキュア）は，必ず使うコスメでは4.4％で第12位に落ちている．メイクをする人の25名の内，

表3　コスメの割愛率　N＝703

CCJD13「女子大学生のメイクとファッション係わる全国調査」2013年9月中旬実施

順位		使う U 実人数	必ず使う M 実人数	割愛率 R＝1－M/U
首位	ネイルカラー（マニキュア・ペディキュア）	177	31	82.5%
次位	つけまつげ（アイラッシュ）	65	22	66.2%
第3位	リップグロス	258	128	50.4%
第4位	口紅	262	137	47.7%
第5位	リップライナー	64	35	45.3%
第6位	マスカラ	456	280	38.6%
第7位	コンシーラ	154	106	31.2%
第8位	アイライナー	424	301	29.0%
第9位	アイカラー（アイシャドー）	492	362	26.4%
第10位	チークカラー	509	380	25.3%
第11位	アイブロウ（ペンシル・パウダーなど）	433	359	17.1%
第12位	ファンデーション	557	487	12.6%
最下位	下地（コントロールカラー・日焼けどめなど）	587	521	11.2%

注：メイクをしてない43名は集計から外した.

　わずか1名が必ず使うと答えている訳だ．この値はきわめて小さい．当然，ネイルカラー（マニキュア・ペディキュア）の割愛率はすこぶる高く，次位のつけまつげ（アイラッシュ）をおさえて，首位の82.5％である．ネイルカラー（マニキュア・ペディキュア）をおこなう人たちのうちでメイクの際に毎回必ずおこなうのは2割弱に過ぎず，5名のうちで4名までが省略の対象とするコスメなのである．部位が顔ではなく手足の爪に特化しているゆえに割愛しやすいのは自然なことであるし，先述のように通学やアルバイトの絡みもある．逆にいえば，割愛率が首位であるということは，ここ一番という時の，〈しっかり〉もしくは〈気合い〉メイク用途のコスメなのだ．

　以上述べたように順位を下げたコスメとは反対に，順位を上げたコスメもある．それらのうちで特徴的なものを二つ挙げる．リップライナーとコンシーラである．リップライナーは必ず使うコスメとしては5.0％であり，使うコスメでの最下位から順位を上げ，第11位に位置するようになった．そして，割愛率

は45.3％で第5位というように，50.4％で第3位だったリップグロスと，47.7％で第4位だった口紅とくらべて，相対的に低い順位に位置している．リップライナーは唇，口元メイクの上級者用コスメであるがゆえに，これを日常的に使う人たちにとっては割愛しにくい，欠かせないアイテムであることを示している．

　コンシーラも同様だ．使うコスメでの第11位から順位を上げ，第10位に位置するようになった．そして，割愛率は31.2％で第7位というように，かなり低い値を示している．利用度では最下位を争っていたつけまつげ（アイラッシュ）が，その割愛率では66.2％で次位にあることと対照的である．ベースメイクにおける肌のトラブル対策が主用途であるから，使う人はどのような状況下でも使うということなのだろう．

　以上のように，利用率とあわせて割愛率を見てみると，そのコスメが主役級，準主役級，脇役級といった位置づけにくわえて，それらが毎回のメイクに欠かせないコスメなのか，ここ一番という時の，〈しっかり〉もしくは〈気合い〉メイク用途のコスメなのかが，指標の値の高低を通じて，浮かびあがってくる．

第5節　トーンの時代へのメイク技法のシフト

　図1は，横軸 c－C と縦軸 f－F の組み合わせによってコスメの特性類型を設けた上で，前節で論じた，それらの利用率，より一般的にいいかえるならば，その利用度との関連を図解したものだ．横軸 c－C は，当該コスメが〈輪郭や強調を主目的としたアイテム〉か〈彩色を主目的としたアイテム〉か，を分離する．縦軸 f－F は〈パーツ局所に係わるアイテム〉か〈顔全体に係わるアイテム〉か，を分離する．

　まず，下地（コントロールカラー・日焼けどめなど）とファンデーションは，横軸 c－C については，その左右両極には属さず中間的な位置にあり，縦軸 f－F については，上方の〈顔全体に係わるアイテム〉に属する．チークカラーは，横軸 c－C については，右側の〈彩色を主目的としたアイテム〉に属し，縦軸 f－F については，その上下両極には属さず中間的な位置にある．これら3点を破線で囲むならば中間上方から右側中間に傾斜して分布する楕円形となる．

この領域が〈最高利用度 ベースメイク・チーク系コスメ〉の占める位置だ．コンシーラは用途的にはこの群に属するが，利用度の相対的低さから楕円外の接する場所に置いた．

　次に，アイライナー，マスカラ，アイブロウ（ペンシル・パウダーなど）は，横軸 c － C については，その順に左側の〈輪郭や強調を主目的としたアイテム〉から中間にかけて位置し，縦軸 f － F については，下方寄りの〈パーツ局所に係わるアイテム〉に属している．アイカラー（アイシャドー）は，横軸 c － C については，右側の〈彩色を主目的としたアイテム〉に属し，縦軸 f － F については，他のアイメイク系と同様に，下方寄りの〈パーツ局所に係わるアイテム〉に属している．これら4点を破線で囲むならば左右下方寄りに水平分布する楕円形となる．この領域が〈高利用度 アイメイク系コスメ〉の占める位置だ．つけまつげ（アイラッシュ）は用途的にはこの群に属するが，利用度の相対的低さから楕円外の接する場所に描いた．

　第三に，口紅，リップグロスは，横軸 c － C については，右側の〈彩色を主目的としたアイテム〉に位置し，縦軸 f － F については，アイメイク系と較べて更に下方寄りの〈パーツ局所に係わるアイテム〉に属している．これら2点を破線で囲むならば右側下方に水平分布する楕円形となる．この領域が〈中利

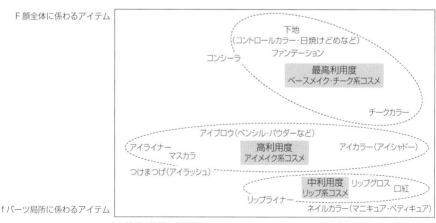

図1　コスメの特性類型と利用度

用度 リップ系コスメ〉の占める位置だ．リップライナーは用途的にはこの群
に属するが，利用度の相対的低さならびに横軸 c − C の絡みから楕円外，左側
面の接する場所に描いた．

　最後に，ネイルカラー（マニキュア・ペディキュア）は，横軸 c − C については，
右側の〈彩色を主目的としたアイテム〉に位置し，縦軸 f − F については，最
下方の〈パーツ局所に係わるアイテム〉に位置している．

　これら4群の位置関係から見えてくるのは，第一に，左側上方ならびに左側
下方に位置するコスメ群が存在しないこと，第二に，縦軸 f − F の下側である
〈パーツ局所に係わるアイテム〉群に較べて，上側の〈顔全体に係わるアイテム〉
群の方がその利用度が高いことである．

　第一については，左側上方ならびに左側下方に位置するコスメ群は，香粧品
学（study of cosmetics）的もしくは用途的に独立して存在しにくい論理的には空
集合に相当するアイテムということだ．唯一，高輝度のマイカパウダーやハイ
ライトなどが上方左側に位置しそうだが，これらはコンシーラと並び〈最高利
用度 ベースメイク・チーク系コスメ〉の隣接として，むしろ考えるべきだろう．

　第二については，これこそがコスメの現代的利用の特徴だ．口紅による唇，
口元メイク時代から，前世紀末からの，目元を際立たせるためのベースメイク
とチークカラーが主となったアイメイク時代への変貌，換言するならば，かつ
てのパーツ個々の彩色を主としたポイント・カラーリング時代から，顔全体の
色調濃淡明暗の総合調整に係わるトーンの時代へとメイク技法がシフト・進化
したことを反映したものだ．

第6節　コスメ利用パターンの出自

　表4のデータは，前節までの知見をさらに補強する．表4は，16歳から19歳
までの就学したハイティーン女子をレスポンデントとした，もう一つのデータ
セットCCJH14に基づき，表2および表3と同様にメイクをしたことがない人
は除き，主だったコスメ13種類の利用率について年齢別に集計をほどこしてい
る．16歳はほぼ高校一年生に相当し，19歳は専門学校・短期大学・四年制大学
の一年生に相当する．年齢毎に慣れ親しんでいるコスメ利用率であり，その変

表 4　メイクの時に使うコスメ―年齢別集計―

CCJH14「ハイティーン女子のメイクとファッションに係わる全国調査」2014年10月初旬実施

CCJH14とCCJD13の順番の間の順位相関係数 スピアマンのロー $\rho = 0.962$*** ケンドールのタウb $\tau_b = 0.872$***			16歳	17歳	18歳	19歳
CCJH14	CCJD13		N＝62	N＝90	N＝84	N＝75
首位	首位	下地（コントロールカラー・日焼けどめなど）	50.0%	63.3%	66.7%	85.3%
			クラメールのV係数　0.253***			
次位	第 3 位	チークカラー	50.0%	70.0%	59.5%	68.0%
			クラメールのV係数　0.160			
第 3 位	次位	ファンデーション	50.0%	61.1%	65.5%	65.3%
			クラメールのV係数　0.120			
第 4 位	第 5 位	マスカラ	59.7%	64.4%	66.7%	58.7%
			クラメールのV係数　0.100			
第 5 位	第 7 位	アイライナー	58.1%	65.6%	71.4%	58.7%
			クラメールのV係数　0.109			
第 6 位	第 4 位	アイカラー（アイシャドー）	54.8%	52.2%	65.5%	56.0%
			クラメールのV係数　0.103			
第 7 位	第 6 位	アイブロウ（ペンシル・パウダーなど）	40.3%	37.8%	42.9%	46.7%
			クラメールのV係数　0.098			
第 8 位	第 8 位	口紅	30.6%	38.9%	42.9%	46.7%
			クラメールのV係数　0.109			
第 9 位	第 9 位	リップグロス	54.8%	51.1%	51.2%	37.3%
			クラメールのV係数　0.129			
第10位	第10位	ネイルカラー（マニキュア・ペディキュア）	30.6%	32.2%	27.4%	18.7%
			クラメールのV係数　0.116			
第11位	第11位	コンシーラ	14.5%	24.4%	19.0%	20.0%
			クラメールのV係数　0.093			
第12位	最下位	リップライナー	14.5%	10.0%	8.3%	8.0%
			クラメールのV係数　0.091			
最下位	第12位	つけまつげ（アイラッシュ）	9.7%	13.3%	20.2%	6.7%
			クラメールのV係数　0.151			

***0.1%水準で有意

化から，その年齢における当該コスメの習熟度として解釈することもできる[13].

　注目すべきは，首位の下地（コントロールカラー・日焼けどめなど）を除き，残り12種類のコスメでは，年齢とその利用度に関連が見いだせなかったことだ．百分率のうえでは若干の上下はあるが，クラメールのV係数の値は，次位のチークカラーをはじめ12種類すべてで有意ではなかった．これらのコスメでは16歳，高校一年生時点でその利用率が20歳前後の女子大学生とあまり変化が無いことを意味している．前節で論じた，〈最高利用度 ベースメイク・チーク系コスメ〉〈高利用度 アイメイク系コスメ〉〈中利用度 リップ系コスメ〉といった傾向は，すでに高校生の初発の段階において確立されており，それは徐々に形成されたものではないのだ．唯一の例外は，首位の下地（コントロールカラー・日焼けどめなど）のみが，16歳で利用度50.0％であったものが，17歳で63.3％，18歳で66.7％，19歳で85.3％というように，年齢が上昇するにつれて使う人の割合が高まっている．クラメールのV係数はV＝0.253を示しており，0.1％水準で有意である．ベースメイクはポイントメイクにくらべ，経験や習熟がより必要とされる中級以上の要素を含んでおり，この知見は自然であるとも読みとれる．くわえて，〈最高利用度 ベースメイク・チーク系コスメ〉の中核たる下地（コントロールカラー・日焼けどめなど）であるからこそ，他のコスメをおさえて，その利用率が漸次上昇してゆくのだろう．

第7節　キレイの中心はフェイス[14]

　以上，メイクの主役となるツールであるコスメの観点から現代のメイクをながめてきた．

　さて，メイク，本章であつかう狭義のメイクは，顔，フェイスにほどこすものだ．いわゆる集約的メイクのことである．集約的あるいは重点的にほどこされるメイクはなぜ顔なのか．このあたりまえ過ぎて，普段は疑わない事柄についてあらためて考えをめぐらせてみたい．顔ではなく，掌や足の裏では駄目なのか．お尻や胸でもよいではないか．なぜ，メイクはフェイスなのか．

　表情やしぐさから事件解決を導く米国の人気テレビドラマ*Lie to Me*（邦題は『嘘の瞬間』）のモデルにもなった，心理学者，ポール・エクマン（Paul Ekman

1934-）と彼の共同研究者によれば，人間の表情すなわち「顔から伝達される」最も重要な感情が「幸福」「悲しみ」「驚き」「恐怖」「怒り」「嫌悪」であるという（Ekman and Friesen 1975＝1987: 32）．さらに，これら六つの感情が混ざりあった33種類もの感情が顔で表現されるということをエクマンたちは示している．絵1を見てもらいたい．同じモデルの女性の表情筋の位置や力の入れ具合によって，六つの感情が明確に判別可能になることがよくわかる．国際比較調査のデータにもとづき，エクマンたちは，これら六つを含む主要な感情は欧米のみならずアジアアフリカをはじめ世界中の多くの地域で共通だという．フェイスによる感情表現は，いわゆる，通文化普遍性（cross-cultural universality）を備えている[15]．

　言語的コミュニケーションを除けば，人間の相互行為において，自己の情緒表出や他者の意図理解の多くは表情としぐさによっておこなわれるのだ．しかも，エクマンは，人は言葉では容易に嘘をつけるが，表情はごまかしがききにくいという．犯罪捜査などで，欧米ではエクマンがモデルとなったような心理学者の出番が多いことがそれを物語っている一方で，メイクやファッションにおいては，表情を司る顔いわゆるフェイスの存在がだからこそ重い．フェイスは人間の情緒表現の要であるがゆえに，この箇所をいかに美しく見せるかが，美容化粧服飾にとっては最重要事となる．

　キレイの中心は，なぜフェイスなのか．それを以下，順番立てて考えてみよう．

　まず，五感つまり感覚器官について．フェイスには，第一に，視覚を司る器官である目が位置する．第二に，聴覚を司る器官である耳が位置する．第三に，嗅覚を司る器官である鼻が位置する．第四に，味覚を司る器官である口

絵1　「幸福」「悲しみ」「驚き」「恐怖」「怒り」「嫌悪」

出典：絵1はEkman and Friesen（1975＝1987: 32）をもとに．モデルの個性が過度に反映されやすく，判断の際にノイズとなりうる予見を回避するために，写真を忠実な模写画に描き直した．Bull（1983－1986: 40-43）からの引用．

が位置する．第五に，触覚を司る神経密度がフェイス以外の場所よりもきわだって高い．

　上記の第一から第五の要素は，あたりまえのことながら重要である．それらは，第六に，フェイスが名目ともに，五感の中心であることを意味している．そのことに加えて，音声を発する器官としての口が位置する．第七に，いわゆる発話器官もフェイスにあるということだ．

　したがって，感覚器官が集中し，発話器官をも位置している訳だから，第八に，フェイスは情緒表現と相互行為の要となるのだ．エクマンのいうところの表情分析が成立するゆえんでもある．さらに，第九に，人間の場合は，生殖行動にかかわる性器や女性の乳房が，タブーによって衣服で覆（おお）われていることが多いため，性的表現さえもフェイスで代用することになり，フェイスの重要性はすこぶる大きくなる．哺乳動物たちが生殖期の到来を性器や乳房のふくらみで異性に示すかわりに，人間はフェイスの美しさで勝負をする．しかも，生殖期がかぎられた野生動物などとはことなり，年間を通じてだから大変だ．フェイスの美しさ競争は24時間かつ365日やむことはない．

　花を咲かせる草木とくらべても示唆的だ．人間をはじめ多くの動物の性器が体の下部，下半身に位置するのにたいして，植物のほとんどは生殖器である花弁は，受粉を合理的かつ能率的におこなうために，上方に位置している．そして美しい花を咲かせる．美しいフェイス，とりわけ美しい女性が花にたとえられることがあるのも，フェイスが生殖行動の代行器官であることを暗示している．

　以上，キレイを司る狭義の化粧であるメイクがなぜフェイスを中心になされるのかを論じてきた．次節では，キレイにかかわる規範の問題をとりあげよう．

第8節　美しさのダブルバインド

　キレイとりわけフェイスの美醜と魅力が大きく関係することは，規範との絡みで，若い女性にとって大きな行動上の不都合をもたらすことになる．本節はその問題を考察する．

　精神医学や文化人類学の領域に多大な影響をおよぼしたグレゴリー・ベイト

ソン（Gregory Bateson 1904-1980）は，家族内におけるコミュニケーションの分析を通じて，ダブルバインドという概念ならびに学説を提唱した．この概念ならびに学説は，精神医学や文化人類学に留まらず，哲学，言語学，心理学など広範囲においてすこぶる有名だが，念のためここであらためて紹介，整理しておこう．

　ダブルバインドとは，「①ふたりあるいはそれ以上の人間」が関与し，その内のひとりが犠牲者であり，１回きりではなく，「②繰り返される経験」がダブルバインドへの構えを生みだし，最初に，これをすると罰する，あるいは，これをしないと罰するといった，「③禁止命令」が申しわたされ，次に，最初の命令とは「④矛盾する禁止命令」が申しわたされ，第三の指示は③④から「⑤逃げてはいけない」という内容であり，⑥しまいには「これらの条件が整っていなくとも」周囲の世界をダブルバインド的にとらえてしまう，一連のコミュニケーションの流れによって定義されている（Bateson, Jackson, Haley, and Weakland 1956: 254-255）[16]．しつけにきびしい母親に，学校に行きなさい，行かなければご飯を食べさせませんよ，と諭（さと）されたのにもかかわらず，いつもお小遣いをもらっている，少しルーズな父親に，今日はよい天気だから学校に行かず外でキャッチボールをしようと誘われ，その矛盾になやみ行動不能におちいる息子を想像してみるとよいだろう．両親からの指示はあきらかに矛盾した内容だ．双方を同時にまもることは不可能である．両親どちらのメッセージにしたがったらよいのだろうか．息子が誠実で，両親との愛情と信頼の絆（きずな）が強ければ強いほど，軋轢（あつれき）と葛藤におちいり，彼は行動不能となる．

　さて，日常生活，とくに家庭でのしつけや，学校など教育機関では，キレイの魅力や威力について，否定的なメッセージが伝えられることが多い．人が見かけだけで評価されたり，そのあつかいが変わったりすることは，美醜差別（segregation by looks, lookism）や性差別（sexism）を中心とした一連の偏見や差別であり，あってはならないことであると．もちろん，この理念はまちがってはいない．筆者もそうであってほしいとねがう一人でもある．多くの人びとにとって，私生活でキレイの魅力や威力に抗（あらが）うことは困難だが，美人やイケメンだからといって，能力や成績が劣っていても，公的世界である入学試験や就職面接に有利であるならば，刻苦勉励（こっくべんれい），地道な努力は報われず，この世は闇だ．

　しかしながら，われわれの社会はまったくの夜の闇ではないものの，残念ながら，太陽が煌々（こうこう）と輝く晴れ日ではない．夕暮れの黄昏時（たそがれ）といおうか，グレーな世界だ．筆記試験や実技などで明瞭に優劣，白黒，甲乙の勝負がつく場合には問題はないが，履歴書に写真があったり，面接試験があったりする場合には，面接官や審査員の美醜差別が，にわか頭をもたげてくる．まだまだ男性優位であり，一部では依然として性差別が横行している企業社会では，採用試験でのあからさまな美醜差別から隠微なそれまでの幅はあるものの，美しい容貌であることはいくばくかの有利さを志願者にもたらす．

　概して，真面目で家庭でのしつけがゆきとどいており，教師のいうこともよく聞く優等生ほどおちいりやすいのが，以下に示す，〈美しさのダブルバインド〉double bind of beautyと呼ぶべきジレンマである．前述したベイトソンのダブルバインド概念をキレイの領域に応用したものだ．

【美しさのダブルバインド】
　私的空間では，キレイであることが，自らの魅力を高め，性的関係のみならず，対人関係全般において優遇されることを，実感しながらも，公的空間においては，学力に代表される業績および意欲が社会的評価のすべてであるという，偽のメッセージにさらされることにより，自らの利益を高める合理的かつ効率的な行為をなすことが困難になる二重拘束の状態．

　交際や結婚など私生活の場面で，身体容貌の美醜がよい意味でも，悪い意味でも幅をきかすことは皆がよくわかっている．性格やみだしなみ，男性では経済力や学歴・学校歴などが無関係ではないにせよ，やはり，美人やイケメンはモテる．

　そして，入学試験や就職面接のような公的世界でも，それほど明示的ではないにせよ，キレイ規範は作動する．あからさまな美人，イケメン優遇は人権侵害，倫理的に問題であるが，学校，企業，官公庁による差は大きいにせよ，まったく存在しないなどとは誰もいえない．しかしながら，厳格な両親のしつけをうけ，初等教育，中等教育で「勉強さえできれば道はひらける」といったタテマエ的な指導を真面目にうけとってきた若者ほど，この美しさのダブルバインドになやまされることになる．近年では，大学の就職支援課やキャリアセンター

のような部局が就活支援の一環として〈みだしなみ指導〉や〈化粧指導〉をおこなうことが普通になっているから，以前にくらべれば，ホンネとタテマエの乖離は少なくなった．しかしながら，いまだに，成績優秀で家庭のしつけがゆきとどいている学生ほど，大人社会が年少者に向けてフォーマルに発する「勉強さえできれば道はひらける」的なタテマエを真にうけやすく，就職活動で挫折しやすい話は時折耳にする．また，具体名を記すのは差しひかえるが，特定の業種や職種では，あからさまな美人美形優遇が跋扈しているのは就職支援課やキャリアセンター関係者の間では周知の事実である．

第 9 節　美人は本当に得なのか

　われわれの日常体験からは美女，美男子は有利である．しかしながら，これは日常知に過ぎず，科学的知見ではないだろう，という批判も聞こえてきそうだ．美女であるがゆえに，チヤホヤされ過ぎて勉強もできず，頭の回転も遅いのだろう，といった偏見も耳にすることがある．そうすると美貌に恵まれたゆえに周囲の評価が悪いということになる．美女はかえって不利であるという仮説だ．では本当のところはどうなのだろうか．

　経済学の観点から美女やイケメンのような美形が本当に得なのか否かを検証した研究がなされている．ダニエル・ハマーメッシュ（Daniel S. Hamermesh 1943–）の『美貌格差』という本がそれだ．表紙コピーの「見た目で生涯年収の差は2700万円?!」がすこぶる刺激的かつ興味を誘う（画像 1）．いささか軽薄にも思われがちのテーマではあるものの，ハマーメッシュはイェール大学の博士号を有しており，現在はロンドン大学教授，ハーバード大学の客員教授もつとめたことのある，労働経済学の重鎮である．「私はひょんなことから美貌の経済学に足を突っ込んだ．1993年の初め，とある研究プロジェクトで自分が使っているデータに，アンケート調査で調査担当者が調査対象者の容姿に点をつけたものが含まれているのを見つけた．人の美しさが所得や労働市場一般にどう影響するかを考えたらおもしろいんじゃないかと思った」と，ハマーメッシュはこの研究を始めた経緯を正直に吐露している．偶然と好奇心からスタートした研究であるが，いくつかの示唆に富む知見を含んでいる．そもそも，この領

画像1
ダニエル・ハマーメッシュ『美貌格差』(東洋経済新報社, 2015年)

域は客観的かつ系統的な調査データが乏しかったのである．

　他の研究者の調査データすなわち二次資料ではあるものの，ロサンゼルスやメキシコ，エクアドルの諸都市での売春婦の容姿と稼ぎを比較した資料や，米国やオーストラリアの公職選挙における候補者の容姿の効果についてのデータなども引用しつつ，「売春婦，弁護士，政治家，それに会社の重役は，いずれも，容姿がことを作用しそうな生業に手を染めている」と述べ，多くの職種で美形，美人が有利に遇されていることを多面的に論じている（Hamermesh 2011＝2015: 104）．女性MBA（経営学修士）取得者の昇給にさえ容姿は絡んでくる．くわえて，大学教授のように，最も容姿が収入に影響しそうにもない職種においてさえ，美形美人の効果があることにもふれているのは驚きに値する（Hamermesh 2011＝2015: 105-108）．この箇所の知見に関しては，彼自身の調査データも含まれている．経済学の重鎮さえもが，美人美形は有利だと，太鼓判を押す[17]．筆者も含むそうではない大多数にとっては，至極納得がゆくと同時に，憂鬱な知見でもある[18]．

第10節　メイク規範の連鎖構造

　メイクがあるからこそ，「生き続けられ，社会生活を続けられる」人びとも確実に存在する（石田かおり 2003: 104）．主催団体や個人によって呼称はさまざまであるが，生まれながらのあざ，もしくは病気や事故による後遺障害を隠してくれる「カモフラージュメイク」[19]，「リハビリメイク」や（かづき 2009: 117）[20]，「化粧セラピー」（資生堂ビューティーソリューション開発センター編 2010: 8）[21]，「メイクセラピー」（石井 2005），「化粧療法」「美容福祉」などがそれだ（石田かおり 2003: 105）．美醜差別や性差別を背景とした偏見に満ちた視線から救ってくれる，メイクの効能と社会的意義が最も現れる領域でもある．このような

社会との接点が重大な意味をもつメイクの有用性と福祉機能は今後も大いに活かされてほしい.

　さて, 本章の最終節では社会との接点を探る上で, 規範としてのメイクの位置づけに, もう一度戻ろう.

　規範 (norm) とは, 先述の第 8 節で美しさのダブルバインドを論じた際にもふれたが, この社会にあって守るべきとされているルールを指す社会学用語である. 国家や自治体では法律や条令, 企業や学校では社則や校則として明文化されて定められることが多いが, 不文律として人びとの行動や意識を大きく方向付ける古来の慣わしも含む. 19世紀後半から20世紀初頭における米国の社会学者, ウィリアム・グラハム・サムナー (William Graham Sumner 1840-1910) によれば, 規範は大別して, フォークウェイズ (folkways) とモーレス (mores) の二つに分かれるという (Sumner 1907/2002: 30)[22]. フォークウェイズとは, 日常生活を送る上での約束事であり, モーレスとは, これを破ったらただでは済まない掟のことを指す (栗田 2012: 15). モーレスは,「殺してはいけない」「傷つけてはいけない」「盗んではいけない」といったどんな人間社会にとっても共通する最重要な規範群を含んでいる. そして, これらのモーレスは国法によって多くは明文化されているが, 先述したように, モーレスであっても, 現代日本をはじめ多くの国々では, 浮気や不倫のように個人の倫理観遵守に任されており, 法律には反映されていない規範もある.

　では, メイクをすることは, フォークウェイズかモーレスのどちらなのか. そもそもメイクは規範にしばられておこなっているのではなく,「したいからやっている」という価値の側面も大きい.

　価値 (value) とは, 規範の対になる社会学のもう一つの重要概念であり, 個人や集団にとって望ましいとされるモノやコトを指す. 端的にいえば, メイクをおこなうことは規範でもあり, 価値でもある. とりわけ, 女子中学生や女子高校生の場合は, 校則でメイクが禁止されているのにもかかわらず, 自分の意思もしくは友人集団の内的圧力で教師に隠れてメイクをすることがよく観察される. その行為の是非はともかく, ここで中高生たちがメイクを望むのは自らの「可愛くなりたい」「キレイになりたい」といった価値と, 友人集団からの規範的圧力の双方が存在するからだろう.

　こういったメイク行為に含まれる価値の成分も無視できないが，ここでは，もう一度規範に戻って考えてみよう．メイク行為はフォークウェイズなのかモーレスなのか．社会生活上の厳しい掟であるとともに，国法にも定められており，殺人罪に問われる「殺してはいけない」，傷害罪に問われる「傷つけてはならない」などにくらべれば，OLがオフィスで「メイクをしなければならない」という規範は，これらの明白なモーレスと同等もしくは上回る強力さはそなえてはいない．接遇や渉外に係る部局では，会社の方針によって社則で定められている場合もありうるが，通常は，社内でメイクを施さない自由も存在する．外傷や疾病，コスメに伴うアレルギーなどの事由で通常のメイクを回避しなければならない場合もあるし，自身の好みや信念に基づきメイクをしないこともある．多数派ではないものの，成人女性でメイクを日常的に施さない人びとは一定数存在する．それでは，メイク行為は，日常生活を送る上での約束事であるフォークウェイズかといえば，それほどには弱くはないだろう．フォークウェイズは，電車・地下鉄やバスなど公共交通機関の車両に乗車する際には，列をつくり，順番に乗りこむ，であるとか，街路で道に迷っている人に声をかけるとか，拘束力の弱い規範を指す．それを守らないと，「自分勝手な人」「変人」と思われる程度の賞罰（sanction）しか受けないのが普通だからだ．先述した病気や信念といった特別な事由がない場合，ごくありふれた会社でOLがメイクをしないことには，かなりの勇気と意志の力を要するものだ．というよりは，大多数の女性が，「そういうものだ」という，あたかも自然な空気のような気持ちでメイクをしなければならないと思っている．そうすると，メイク行為は最強力な掟たるモーレスとしては弱いが，約束事であるフォークウェイズとしては強い，ちょうど境界領域にある中間的存在だと考えられる．

　この，ある程度の強度を有した規範としてメイクをくわしく考えてみると，それは幾層からなる連鎖の階層構造になっていることがわかる．「メイクをしなければならない」だけでは完結しないのだ．メイク行為の規範としてのしくみを，ここで，〈メイク規範の連鎖構造〉（chains of norm on makeup）と呼ぶことにしよう．図2を参照していただきたい．第5章でくわしく論じることになるが，男性優位主義における性の商品化の大きな趨勢のもとに，男性から見られる立場としての女性は，メイクをすることを，その好悪感情や価値判断は別と

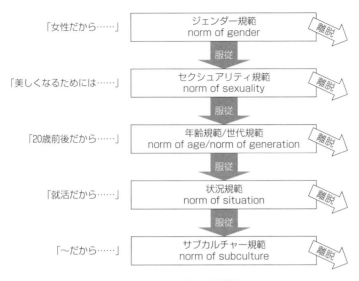

図 2　メイク規範の連鎖構造

して，先述したように，あたかも自然な空気のような気持ちで「女性だからメ
イクをしなければならない」と，とらえている[23]．未成年で就学中であるとか，
食品製造加工などの業務についているといった状況を別にすれば，多くの女性
が該当する．このメイク規範の連鎖構造の最上位にある要請を，ジェンダーす
なわち女性と男性という区分に基づき[24]，つくられた社会的性差の一部をなす，
〈ジェンダー規範〉（norm of gender）と呼ぼう（図 2 の最上段）[25]．

　ジェンダー規範の内容は，「女性だからメイクをしなければならない」とい
うことだが，これを反転させれば，女性を見る立場である「男性はメイクをし
なくともよい」ということになる．少々脇道にそれるが，ジェンダー規範を注
意深く考察するならば，一見，裏側のように見えている，「男性はメイクをし
なくともよい」が実は表筋なのである．メイクをキレイになる権利（換言する
ならば価値）と受けとるのか，キレイであるべき義務（換言するならば規範）とし
て受けとるのかで表裏は逆転する．男性のメイクは徐々に浸透しつつあるもの
の，いまだ日本社会では少数派であり，成人女性のように成人男性の多数派が
フルメイクするような時代は，おそらくは，この20年くらいはおとずれないだ
ろう．もし，男性にとって，キレイになる権利としてのメイクが受容されてい

るのであれば，こういう状況にはなっていない．メイクに必要な時間やコスメ費用が惜しい，パウダーやリキッドを肌にのせるのは気持ちが悪い，そもそもの，メイクなんて面倒くさい，女性がしているのはよいけど，自分ではやだなぁ，という男性たちのホンネが聞こえてきそうだ．

　成美堂が2005年に刊行した『男のキレイ基本講座』を散見すれば，日本の男性が自身にたいしてどの程度のキレイ規準を有しているかがわかる．女性のメイクに相当する男性のフェイスケアの項目として挙げられているのが次の七つだ．「洗顔」「保湿」「ニキビ，肌荒れの回避」「髭剃り」「眉ケア」「鼻毛，目やに」「ヘア・スタイリング」（成美堂出版編集部 2005: 22）[26]．毎朝全部こなしても10分以内で済むことだろう．それにもかかわらず，多くの男子はこれらについても毎日すべてケアしているとは思えない．女性のフルメイクは少なくとも20分以上，ヘア・スタイリングを含めれば30分から40分かかるのは普通である．そして自宅に戻ればクレンジングオイルでメイク落としをしなければならない．入浴後の化粧水やパックなどの保湿や肌ケアも大切だ．女性は男性にくらべて毎日数倍もの時間というコストを美容化粧にかけている．くわえて，コスメ購入の費用もかかる．現在の日本男性にとっては，自身がしなければならないと考えたならば，それらはすこぶる負担であり，勘弁してほしいというのがやはりホンネにちがいない．

　男性優位主義社会にあっては，「男性はメイクをしなくともよい」という隠れたジェンダー規範の，本当は裏側にあるはずの，「女性だからメイクをしなければならない」が表通りに跋扈しているだけの話だ．脇道が長くなった．メイク規範の連鎖構造に話をもどそう．

　メイク規範の連鎖構造における最上位に位置する，ジェンダー規範「女性だからメイクをしなければならない」からの離脱も可能であることは，先述したとおりだ．ゆるがぬ信念もしくは若干の勇気さえあれば，成人女性であってもメイクしない自由は確保できる．しかしながら，多数派の女性たちはこれにしたがっている．メイク規範にかぎらず，規範はその上位規範にしたがうことによって，より下位に位置する一連の規範群にしたがうことを期待される連鎖構造になっていることが多い．メイク規範も同様だ．村上春樹（むらかみ はるき 1949–）の短編集『カンガルー日和』の有名な台詞，「他人の靴を磨いてやると

その次は靴紐を結ばされる」というわけだ（村上 1983/1986: 181）．靴磨きの次の靴紐，もとい，ジェンダー規範に次ぐ位置にあるのが，〈セクシュアリティ規範〉（norm of sexuality）だ（図 2 の二段目）．セクシュアリティ規範は斯_かく宣_{のたま}う．「美しくなるためにはメイクをしなければならない」と．女性たちは，メイクをするならば，キレイでありたいとねがう．いや，逆だ．キレイであるためにメイクをするのである．筋力を保ったり，記憶力を向上させたり，親孝行のためにメイクをするのではない．どうせメイクをしなければならないのならば，あるいは，メイクしたくてたまらないのは，第一義的には，異性関係で有利に立つ，いわゆるモテるために．同性間でリスペクトを得る，いわゆるウケるためにメイクをする．これをセクシュアリティ規範と呼ぼう．この段階での離脱ももちろん理論的には可能である．しかしながら，ここでの離脱は，ジェンダー規範の時よりも困難になる．社則でメイクが義務づけられている場合であっても，近隣の主婦コミュニティでの世間体を保つためであっても，女子校クラスでの同調圧力の結果のメイクであっても，それらが純粋にメイクのためのメイクにおわることはめったにない．ジェンダー規範「女性だからメイクをしなければならない」を遵守するためだけの形式的メイクは絵に描いた餅ともいえる．メイクする以上はなんらかの効用，効能がのぞまれるからだ．セクシュアリティ規範は，「美しくなるためにはメイクをしなければならない」と，女性たちの心の奥底_{のたま}で宣うが，メイクのために支払う諸々のコストの対価として，キレイという効能，効用を授けられるのだ．もちろん，この効能，効用の大きさやその質は，自身のメイクリテラシーや技量次第であるが．

　セクシュアリティ規範から離脱せずに，服従するならば，さらに，その下位にも複数の規範連鎖がまっている．その最初は，その人の年齢にかかわる二つの側面に関する，〈年齢規範〉（norm of age）ならびに〈世代規範〉（norm of generation）だ（図 2 の三段目）．年齢規範と世代規範は上下関係ではなく，並列している．一つの規範の 2 側面として理解するとわかりやすいだろう．年齢規範は，その内容については，「中学生だから，それにふさわしいメイクをしなければならない」「高校生だから，それにふさわしいメイクをしなければならない」「20 歳前後だから，それにふさわしいメイクをしなければならない」「25 歳前後だから，それにふさわしいメイクをしなければならない」「60 歳近いから，

26

それにふさわしいメイクをしなければならない」などといった詳細をそなえていると考えられる．くわしくは，第50節「ファッション系統」（第８章）であつかうが，現代日本の場合は，年齢によって細分化，セグメント化された女性ファッション誌，美容化粧誌が数十種刊行されており，その細分化は著しい．年齢によるメイクの量と質，その志向性が異なることを，まずは年齢規範が制御している．小学生や中学生ならば新潮社の『ニコ☆プチ』や『nicola』から[27]，高校生ならば集英社の『Seventeen』や『non-no』などから美容化粧服飾の情報をとりいれる[28]．年齢規範とは，その人の年格好にふさわしいメイクをえらぶということだ．

　年齢に関する二つの規範のうち，年齢規範が加齢による変化を前提としているのにたいして，もう一つの世代規範には，少し込みいったメカニズムがはたらいている．実は，われわれは，メイクやファッションなど行動文化の受容は若い頃には迅速だが，その後の更新については意外と保守的なのである．思春期からおおむね20代いっぱいにかけての若者期（youth）に獲得した規範と価値を生涯抱きつづける．それは特定の時期に誕生した単なる年齢集団である世代状態が，同時代的に体験する出来事や時代の空気によって同質の文化を内面化した世代関連に進化し，さらには，年長の世代との差異化や摩擦，場合によっては軋轢（あつれき）や闘争をくりかえすなかで，その世代特有の世界観を創造する「世代統一」（generational units）にまで昇華するのだと（Mannheim 1928/1952），20世紀ドイツの社会学者であるカール・マンハイム（Karl Mannheim 1893-1947）は論じる（栗田 1989: 4）．年齢規範にもとづき，自身の年格好に応じたメイクをほどこしつつも，リップやチークカラーの彩色の色合いや濃度，アイライナーで描く瞳の輪郭，アイブロウで描く眉の太さなどメイクの根幹の要所については若者期に獲得したスタイルがかなりの程度持続してゆく．自身が若者であったその時代においては斬新に映ったメイクであっても，時代が過ぎれば流行にとりのこされた残滓（ざんし）と化してゆくが，前述の年齢規範の制御によって，著しく時代との齟齬は避けるべくマイナーチェンジはほどこされてはゆくものの，一旦，獲得したスタイルは容易には変わらない．年齢規範のはたらき，すなわち年相応のメイクによってその女性の年齢がわかると同時に，世代規範のはたらきによって，かつて流行したメイク作法をおおむね遵守しているがゆえに，その人

の世代もわかる．この年齢規範と世代規範からの離脱ももちろん可能であるが，それは理論的には，ということであり，実際には，ここまで，メイク規範の連鎖構造の深層にいたってくると，セクシュアリティ規範の時以上に，離脱は困難になる．村上春樹の言葉を敷衍（ふえん）するならば，靴を磨き，靴紐を結び，靴篦（くつへら）で靴をはかせてあげる段階まできている．規範連鎖は一旦その流れにのればあとは最後までその遵守があたりまえで自然なことに当人にも周囲にも映るものなのだ．

　年齢規範と世代規範の次位に位置するのだと考えられるのは，〈状況規範〉（norm of situation）である（図 2 の四段目）．人はいつでも同じスタイルのメイクをほどこすわけではない．たとえば，現今の女子大学生であれば，「デートにふさわしいメイクをしなければならない」「女子会にふさわしいメイクをしなければならない」「就活にふさわしいメイクをしなければならない」などといった内容をそなえている．この状況規範のバラエティは多種多様であり，まさに状況次第．先行する，より上位の，セクシュアリティ規範，年齢規範と世代規範の制御を受けつつも，あたえられた諸状況において最適なメイクをほどこすようにはたらくのが，この状況規範であるからだ．

　ファッション誌の掲載記事はもちろんのこと，そのためのメイク指南本は数多く出版されている．その状況がかなり特定化される，就職活動という場面にしぼれば，実業之日本社から2011年に刊行された『「資生堂」ビューティトップスペシャリストが教える就活メーク』もその一冊だ（画像 2）．「目指すは「清潔感」「知性」「意欲」が伝わる“就活顔”！」といった明快なコピーが表紙に謳われている（西島 2011: 表紙）．この書籍では，「スッピンノーメーク」は「年齢より幼稚に見える」「きちんと感がない」「暗く不健康」とされ，かつてのギャルに代表されるような瞳全体をアイライナーでかこむ「バッチリ

画像 2
『「資生堂」ビューティトップスペシャリストが教える就活メーク』（西島悦著，実業之日本社，2011年）

派手メーク」も「清潔感に欠ける」「外見に手をかけすぎ」「知性を感じられない」とズバリ批判される．就活では，眉は「顔のバランスが決まる重要ポイント！！」「整ったラインが知性を表す」，目元は「「目の大きさ」ではなく「目力」が大事」「ラインで意志を感じさせる目元に」，睫毛は，「上向きカールで目の輝きを増して！」「マスカラのつけすぎは厳禁」，ベースは，「ファンデは顔中心から，輪郭はのばす程度」「ナチュラルでなめらかな肌」，チークは，「コーラル，オレンジ系で自然な立体感をプラス！」「微笑みながらつけて」，口紅は，「肌の血色をアップする暖かみのある色で」「輪郭からはみ出ささないように！」という具合に，その指示は，懇切丁寧，きめこまかく，具体的かつ総合的である．以上をととのえれば，「理想の就活メーク！！」に到達できると，資生堂スタッフでもあった西島悦（にしじま えつ）は記す．池坊短期大学教授であり，メイクやヘアメイクの講義や実習指導をおこなう，寿マリコ（ことぶき まりこ）も女子の就活では「素顔」「派手メイク」は御法度であり，「健康的」「明るい」「清潔感」をそなえた「就活メイク」が面接でチャンスをつかむと強調する（寿 2014: 2–3）[29]．就活における状況規範は強力にはたらくのだ．

デートや女子会では，規範としてのメイクよりも価値としてのメイクが前面に出そうだが，就活という状況は，どんな大学生であっても，緊張と不安感で一杯になる場面である．まさに，状況規範としての「就活にふさわしいメイクをしなければならない」というメッセージが彼女たちの心の奥底から響く時にちがいない．

メイク規範の連鎖構造は，この後も，さまざまな「〜だから，それにふさわしいメイクをしなければならない」といったメッセージを発する〈サブカルチャー規範〉（norm of subculture）が幾種類もひかえている．赤文字系，ギャル系，青文字系といった，ファッション系統などがそれに当たるが（栗田 2009: 127–128; 2015b: 129），ここでは，規範の連鎖はいったん発動すると，それが一応の完結を見るまでは，そのロジックが貫徹し続けるということを押さえておけば良いだろう．メイク規範の連鎖構造もその例外ではなく，ジェンダー規範にはじまり，多様性の極みである，サブカルチャー規範にまで，そのしくみははたらいてゆく．これはメイクにかぎらず，フレグランスやコスチュームなどでもまったく同様な機構である．

まとめ

　第 1 節では，メイクの一般的定義をおこない，第 2 節では，メイクを美容化粧服飾全般に位置づけた．つづいて，第 3 節から第 6 節では，18歳から23歳の女子大学生をレスポンデントとした，社会調査のデータセットCCJD13，ならびに，16歳から19歳までのハイティーン女子をレスポンデントとしたデータセットCCJH14を用いて，彼女たちがメイクの際に使うコスメのあり方を，利用率，割愛率，特性類型といった概念を通じて分析し，そのコスメ利用パターンの出自についても，実証的な方法にもとづいて，理解を深めた．さらに，第 7 節では，キレイの中心はフェイス，と題して，フェイスがメイクの中心になぜなりうるのかを論じ，第 8 節では，キレイに係わる厄介な規範の問題として，美しさのダブルバインドをあつかった．第 9 節では，先行する諸節をふまえ，キレイの主人公たる，美人，美女が本当に得をしているのかを職業面，金銭面を中心に検討した．そして，第10節では，メイク規範の連鎖構造について，順を追って説明を加えた．

　人はなぜ化粧するのだろう．他人より美しく見せたいためなのか，鏡の前でうっとりする自分自身のためなのか，性的に魅力的な姿をつくりだすためなのか，職場や学校で〈よそゆき〉の自分を演出するためなのか，はたまた，化粧はこの社会のジェンダーや性別役割分業の単純な反映にすぎないのか．あるいは，セクシュアリティや，その欲望の宛先までもが関係してくるのか．さまざまな状況と制約が，人を化粧にむかわせる．本章では，狭義での化粧すなわち顔へのメイクに焦点をあて，メイクの意義と実際を社会学的に分析，解釈してきたわけだが，次章では，「若さ」「幼さ」に焦点を移し，引きつづき，メイクについて論じてゆく．

註
1）ジェンダー（gender）とは「社会や文化の中で作られてきた性差」であり，「生まれながら，あるいは自然にもたらされた性質ではなく」「歴史の中で形成されてきた人為的産物」である（栗田 2006: 84; 2012: 184）．女性と男性の身体には生殖器官を中心とした生物学的な違いがあり，「その解剖学的差異をセックス（sex）と呼ぶけれどもジェンダーはそれとは異なる」のである（栗

田 2012: 160). 哲学者である, ジュディス・バトラー（Judith Butler 1956-）は,「ジェンダーは
つねに「おこなうこと」」であり,「ジェンダーの表出の背後にジェンダー・アイデンティティは
存在」せず,「アイデンティティは」「まさにパフォーマティヴに構築される」と述べると同時に
（Butler 1990＝1999: 58-59）, 解剖学的差異としてのセックスの自明性にも疑いを向け,「セック
スの自然な事実のように見えているものは」「さまざまな科学的言説によって」「作り上げられた
ものに」過ぎず, セックスも「ジェンダーと同様に, 社会的に構築されたもの」と主張する（Butler
1990＝1999: 28-29）. 本書は, バトラーの立場に依拠しながらも, 解剖学的差異に基づく自然科
学上の知見も排除せず, 適宜, 相補的にあつかう. なお,「構築」の社会学的含意については第
32節「世間によって構築されたBMI」（第5章）を参照のこと. ちなみに, セックスの視点から
の性別については, 社会学者の千田有紀（せんだ ゆき 1968-）による議論が参考になる（千田
2009: 1-27）. 千田は, 米国において1973年までは精神障害の判断材料の一つに同性愛が含まれ
おり, 治療対象となっていたことを例にあげ,「過去の科学において, いわれてきたことが, 現
在のわたしたちの眼から見ると間違っていること」があり,「科学決定論を疑ってみる必要がある」
と明快に述べる（千田 2011: 25）.
2）セクシュアリティ（sexuality）とは「性愛対象に向けられた欲望もしくは性愛そのものを指し,
快感を伴う器官的反応などの自然の要素を含みつつも, ジェンダー規範によって形成, 制御, 拘
束された社会的, 文化的な働き」である（栗田 2006: 86；2012: 184）.「性的欲望」とりわけ「性
志向」の意味で用いる論者もいる（高井 2005: 24）.
3）セクシュアリティの宛先や性自認に係わる論点としての, LGBTQについては, 第7章の註5
を参照のこと.
4）化粧文化史家の山村博美（やまむら ひろみ 1961-）によれば, 美意識に関して, 昭和末期から
平成時代以降, 米国流の外面重視の価値が普及したという. もともと日本では「内面重視の考え
がベースにあり, たてまえでは化粧はあくまでみだしなみ, 礼儀のひとつという意識が強く, 化
粧する様子も決して他人には見せなかった. 道徳的にみれば, 化粧によってきれいになるのは,
ひそかにするもので, 個人が表だって吹聴することではなかった」のである（山村 2016: 208-
209）.
5）伊波の枠組みは, 阿部（2002）の分類にもとづく. 本書では音引き「ー」を「イ」に代え,「ヘ
アメイク」と表記した.
6）本書では音引き「ー」を「ウ」に代え,「アイブロウ」と表記した.
7）身体文化としてのメイクと, そのハビトゥスは階級階層のみならず, 文化圏ごとにも異なる.
社会学者の黄順姫（ファン スンヒー 1958-）は, 化粧品広告のあり方を比較し,「韓国では化粧
の過程を人にみせない, 化粧し完璧に変身した自然な顔を他人にみせる身体文化」であるのに対
し,「日本では薄化粧の価値が高く, 化粧におけるわざとらしい完璧性が好まれない身体文化」
であると述べる（黄 2019: 6）. 現代日本では「自然な感じ」のメイクが好まれるのだ（石田か
おり 1996: 23）. 蓄積された文化的性向ならびに身体技法としてのハビトゥス（habitus）につい
ては, フランスの社会学者, ピエール・ブルデュー（Pierre Bourdieu 1930-2002）の議論を参照
のこと（Bourdieu 1979＝1990）. また, メイクのあり方は, 時代によっても大きく異なる. 化粧
文化史家の陶智子（すえ ともこ 1960-）が記すように, 江戸時代中期以降の既婚女性が, 現代で
はまったく廃れてしまった「お歯黒」「眉剃り」をしていたことは広く知られている（陶 2005:
80）. 近現代の百年間を遡っただけでもメイクの変遷は甚だしい. 大手コスメメーカーの資生堂が,
同じモデルを用いて, 大正時代から現代までの変遷を写真で再現したウェブサイト「日本女性の
化粧の変遷100年」を公開している.「1920年代／大正ロマンのモダンガール」「1960年代／欧米

志向真っ盛り　西洋人形風」「2000年代中期〜後期／モテ気分の盛化粧」といったメイクの違いによって，同一女性でありながら，それぞれ別人に見えるほどだ（資生堂 2017）.

8）コスメは地肌に直に塗布する性質上，また，近年では，ティーンの年代からメイクをおこなう機会も多くなってきたゆえに，製品に含まれる成分につねに注意をはらう必要がある．残念ながら，毎年「皮膚疾患や中毒症状」の被害報告がある（体験を伝える会編 2003: 2）.合成界面活性剤を中心とした市場に流通するコスメに対する根本的批判については，ゼノア化粧料本舗の小澤王春（おざわ たかはる 1938–）の見解を参照のこと（小澤 2004）.ヘアカラーに用いる自然成分であるヘナ（ミソハギ科の薬草）にさえ，発色を良くするために化学染料を混ぜた製品が流通しているという（境野 2003: 103）.コスメが有する危険性とメイクによってえられるメリットはトレードオフの関係にあり，その損得判断のためにも，適切な情報開示が必要である.

9）下地（コントロールカラー・日焼けどめなど）といった丸括弧内の表現は，レスポンデントの理解を助けるための，質問紙における項目並列表記である．以下も同様.

10）アイメイクが日本で本格的に普及定着したのは，1960年代半ば（ポーラ文化研究所編 2016: 143）である.

11）前世紀終盤の1990年代初頭に姿をあらわし（渡辺 2005: 120），歌手の安室奈美恵（あむろ なみえ 1977–）を流行のアイコンとした第一次ギャルブームは1995年前後がピーク．当時，主婦の友社の編集者であった，作家の長谷川晶一（はせがわ しょういち 1970–）は，1995年 7 月に，ギャルに大いに支持されることになる写真シールいわゆるプリクラを撮れる「プリント倶楽部」（アトラス）の登場，同年 9 月にギャル系ファッション誌の『egg』（ミリオン出版，その後，大洋図書）が創刊，そして，なによりも，安室奈美恵を模倣し，茶髪で細眉，ミニスカートで厚底ブーツの「アムラー」の出現などを指して，「1995年という時代」と呼んでいる（長谷川 2015: 29）.彼女たちは，女子高校生を主体としており，制服にあわせた定番コスチュームの一つとして，足元はローファーとたるませた厚手のルーズソックスを着用し，当時は「コギャル」と呼称されていた．ローファー（loafer）は，「サドルにスリットがある」「コインローファー」でなければならない（上月 2014: 96）.そして，「ピンクや白の口紅といったサーファー系メイク」で（成実 1995a: 236），肌を焼き一年中夏のようなノリの「パラギャル」（パラダイス・ギャル）がコギャルの前身（難波 2007: 317; 渡辺 2005: 120）.当時高校生であった，モデルの，押切もえ（おしきり もえ 1979–）は，「ルーズソックスを履き」「スカートはできるだけ短く」「肌は褐色に近いくらいこんがりと焼き」「髪にはメッシュを入れ」「眉毛はできるだけ細く」「カラーコンタクトはブルーを愛用」「渋谷・センター街」に繰り出していたと述懐する（押切 2009: 14–15）.ちなみに，「マリン系ファッション」でサンダルをはき，渋谷センター街周辺のショップを愛用する，「カマタ系」がそれだという見解もある（馬場 1997: 30–31）.「ガングロ」や「ヤマンバ」メイクがシンボルとなった第二次ギャルブームは前世紀末から2005年前後まで．当時の流行のアイコンは浜崎あゆみ（はまさき あゆみ 1978–）.第一次と第二次は連続しつつも，前者は，おおむねの傾向として，従前のサブカルチャーのリメイク混合型，後者は既成の価値へ対抗した独自サブカルチャー創造型という差異がある．「ギャルサー」などギャル文化の遠景を構成する組織ならびに組織論については，荒井（2009）を参照.

12）単純にUからMを減じた差を割愛率として定義することも可能であるが，それでは母数が当該コスメを使わない人たちも含んだサンプル全体になる．ここではMをUで除した商を用いることによって，当該コスメ利用者のみを母数とするのが，割愛率の主眼である.

13）データセットCCJH14の19歳時点でのコスメ利用率の順位と，先述してきたデータセットCCJD13の順位にどの程度の齟齬があるか否かを知るために順位相関係数を求めてみた．スピア

マンのロー係数は，ρ＝0.962であり，0.1％水準で有意であった．また，ケンドールのタウb係数は，τ_b＝0.872であり，同じく0.1％水準で有意．双方ともすこぶる高い相関を示しており，ハイティーン女子についてのデータセットCCJH14の19歳時点でのコスメ利用率の順位と，女子大学生のデータセットCCJD13での順位はほとんど齟齬がないことがわかる．この知見により，CCJH14を用いて，高校一年生から女子大学生にいたるまでのコスメ利用率の変遷有無を推測することに一定の経験的根拠はあるといえよう．

14）本書では，顔の同義語としてface【英】のカナ表記であるフェイスを用いる．また，綺麗をキレイと表記する．漢字で顔や綺麗と記した場合に含意される，伝統に由来する意味文脈的なゆらぎを最小限におさえ，現今の意義内容に特化した科学的思考を構築したいからだ．

15）エクマンらの研究に対して，感情の文化的学習を強調する社会学者や人類学者からの反論が存在している．これについては，エクマン自著での吐露を参照（Ekman 2003＝2006: 53-57）．もちろん，エクマンらは，後天的に学習された文化要因をまったく無視しているわけでもなく（大坊1998: 34-35），彼らの研究は，非言語コミュニケーション論ならびに感情論の分野において有益かつ標準的な業績であることも広く認められている（Mehrabian 1980＝1986: 228; Patterson 1983＝1995: 71-72; Turner 2000＝2007: 94-95; von Raffler-Engel 1980＝1981: 4; Vargas 1986＝1987: 48）．

16）ベイトソンたちによるダブルバインドの概念ならびに学説は，病棟での，統合失調症ならびにそれに類似した所見の調査研究から導きだされたものだ．このロジックの背景には，哲学者のバートランド・ラッセル（Bertrand Russell 1872-1970）によるtheory of types（階型理論）がある（Bateson et al. 1956: 253-254）．ダブルバインドにかかわる本文中の訳出については，Bateson（1972＝2000）を参考にした．

17）社会学者の小林盾（こばやし じゅん 1968-）は，2018年に日本で実施された全国調査のデータセット（N＝2199）を用いて，「容姿レベルが高い人ほど，これまで恋人が多く，多くの人とキスをし，告白されたりしたりすることが多かった」，ならびに，「容姿レベルが高い人ほど，教育が高く，正規雇用者が多く，無職者が少なく，世帯年収が高かった」という，容姿とモテ，容姿と経済格差に関する示唆的な知見を導いている（小林 2020: 84-85, 101）．

18）杉浦由美子（すぎうら ゆみこ 1970-）によれば，美貌は共学校におけるスクールカーストの上下にも影響をあたえる（杉浦 2013: 76-77）．

19）社会学者の西倉実季（にしくら みき 1976-）がおこなったインタビューによれば，単純性血管腫をもつ女性，インフォーマントのAさんは，顔などのあざを隠してくれる「カムフラージュメイク」を「大学一年生のときに大学病院で医師に勧められ」おこなった「途端，男性に声をかけられるように」なり「結婚においても大きな役割をはたしている」反面，「あざを隠して生きる」「ハンディ」も大きく，「もう化粧なしでは生きてゆけない」「強迫観念」も抱くようになったという（西倉 2009: 104, 107-108, 111）．その効能は大きく，「顔にアザやキズのある女性にとって，カモフラージュメイクが福音であることは間違い」ないけれども（石井 2005: 192），それと同時に，カモフラージュメイクのもたらす問題群も認識しておかねばならない．英語では，cover-up make up と表現する（神田 2002: 65）．

20）フェイシャルセラピストのかづきれいこ（1952-）によれば，リハビリメイクが扱うクライアントの代表的症例には，「形成外科の症状としては，熱傷，交通事故の怪我，血管腫，母斑，白斑，口唇裂」，「美容外科の症状としては，ピーリングのあとの赤み，ニキビ，血管腫，シミ，たるみ，シワ」，「皮膚科の症状としては，アトピー」「膠原病による皮膚症状」，「内科の症状としては，顔面神経麻痺」「腎不全（透析）」，「精神科の症状としては，うつ病，神経症，更年期障害，摂食

障害，醜形恐怖症」など，外科から精神科まで多方面にわたる（かづき 2009: 121-122）.

21）メイクによって，「抑うつ状態」「認知症」などが軽減されることが報告されている（資生堂ビュー
　　ティーソリューション開発センター編 2010: 46-97）.

22）サムナーによれば，「モーレスとは社会的福利に係わる哲学的かつ倫理的一般化を含むフォー
　　クウェイズ」である（Sumner 1907/2002: 30）.

23）化粧心理学者の平松隆円（ひらまつ りゅうえん 1980-）によれば，「美的な身体装飾としての
　　化粧をおこなう者が男性か女性かといった問題は，所属する社会が母権社会か父権社会かによる」
　　（平松 2009: 62）. 現代日本で多くの男性がメイクしないのは，日本では，相対的に男性の地位が
　　女性より高いためなのだ. 今後，男性のメイクは，彼らのキレイ意識の高まりに加え，日本社会
　　における女性の社会参加ならびに権限増大の進展とともに，徐々に浸透してゆくと思われるが，
　　実は，1980年代半ば，コスメメーカーと広告代理店がその流行をしかけたものの，いくつかのミ
　　スマッチによって不発に終わった歴史がある. 当時のエピソードについては，村澤（1996: 146-
　　147）が詳しい.

24）ジェンダーは日々つくられるものだ. われわれは，「成長の過程のどこかで女／男として完成
　　するわけでは」なく，「他者から女／男としてみなしてもらうためには，そのつどそのつど，身
　　のこなしや話し方を女／男らしくしなければ」ならず，「その調整は」「日常生活世界においてつ
　　ねに必要」とされるのだから（北村 2017: 112-113）. 現代の社会学では，至極あたりまえに思え
　　るものの，このようなジェンダーの観点は，社会学者の北村文（きたむら あや）が記すように，フェ
　　ミニストたちによる，次に示す二つの実践を通じて，学術界における男性的な支配的価値への挑
　　戦のなかで獲得されてきたものである. 第一に，「それまで看過されてきた女性たちの経験に焦
　　点を当て」「女性たち自身の声を浮かび上がらせ」「支配的言説に疑義を呈する」ことで，第二に，
　　「男性的パラダイムにおいては忌避されてきた双方的なコミュニケーション，感情的反応，連帯，
　　共感を調査のあらゆる段階に組み込むことで，既存の学問的価値体系をラディカルに覆す新し
　　い視座を開拓」したことである（北村 2009: 50）.

25）社会学者の中西祐子（なかにし ゆうこ 1968-）は，「若者たちがファッション雑誌をみて自分
　　のファッションやメイクあるいはヘアスタイルを真似するときにも」「ジェンダーの自己演出」
　　がおこなわれる，と述べる（中西 2013: 118）. ここでのジェンダー規範は「女性だからメイクを
　　しなければならない」となるが，その離脱は二通り存在し，一つはメイクをせずに世間から期待
　　された「女性らしさ」もしくは女性性（femininity）をすてさること. もう一つは，「女性が女性
　　らしさを追求したがために女性らしさから逸れていく」ことだ（北村 2017: 119-121）. 換言すれば，
　　「社会によっておしつけられる女らしさ」ではなく，みずからえらびとった女性性の過剰な実践だ.
　　具体例をあげれば，原宿や池袋でみかける「まるでお人形のようないでたちで」「女らしさを，
　　これでもかというほど身にまとっている」ロリータ，ゴスロリファッションや，2000年代に一躍
　　注目をあつめたファッション誌『小悪魔ageha』（インフォレスト，休刊ならびに主婦の友社など
　　による復刊を経て，現在は，メディアパルから季刊）における「夜の歓楽街でしかみなかったよ
　　うなつけまつげやデコネイル」で過剰なまでに女性らしさを演出したキャバクラ嬢もしくはキャ
　　バ嬢風モデルたちである. このような技法もしくは戦術としての女性性の過剰を，「盛る」と表
　　現することができる（北村 2017: 119-121）. ラディカル・フェミニズムが興隆した1960年代後半
　　から1970年代なかばにかけてのジェンダー規範からの離脱は，その外見においては女性性の忌避
　　が中心となっていたが，近年では，「盛る」ことによって，つまり女性性を過剰に演出することで，
　　逆説的に，ジェンダー規範から距離をおく行動文化が主になっている. ただし，みかけの現象と
　　してはメイク規範に服従しているように映る. このような抵抗は，両義的であり，「当人がおもっ

てもみなかったような」「意図せざる効果」も生みだしてゆく（北村 2017: 125）．ちなみに，ラディカル・フェミニズムについては，Brownmiller（1975＝2000）を参照のこと．

26）近年では男子のキレイ意識も相当高まり，メイクにはまだ届かないものの，コスチュームに関しては，一般層でも，相当な底上げが見られた．初心者向けファッション指南本として話題となり，大きな売上を記録した，久世（2005）『脱オタクファッションガイド』（オーム社）ならびに，久世（2009）『脱オタクファッションガイド改』（オーム社）を参照のこと．

27）『ニコ☆プチ』ならびに『nicola』は双方ともにローティーン誌．『nicola』の妹誌として2006年に創刊された隔月刊の『ニコ☆プチ』の主たる読者層は小学生．先行する1997年に創刊された月刊誌『nicola』は，『ニコ☆プチ』を卒業した小学校高学年から中学生あたりまで．ローティーンにおいてはこれら2誌が最も影響力を有している．

28）1968年に創刊された『Seventeen』の主たる読者層は，中学生から高校生にかけて．創刊当初は，読みものや，まんがを掲載する週刊誌『セブンティーン』としてスタートした．その後，月2回刊行にかわり，現在は月刊誌となった．誌名を『SEVENTEEN』としていた時期もある．1971年に創刊された『non-no』の主たる読者層は，現在は高校生から20歳前後まで．ながらく月2回刊行であったが，現在は月刊誌となった．『non-no』はその最盛期には，ABC公査部数で100万前後を記録するメガ媒体であった．『non-no』は，1970年に創刊された『an・an』（平凡出版，現在はマガジンハウス．ファッション誌から，より一般的な女性誌に転換）とともに，短大・大学進学率の上昇，都市部における大量のOL層の出現等とあいまって，若年層女性に「アンノン族」と呼称される「メディアの介在を必須とする」社会現象を引きおこした（難波 2007: 174）．『an・an』『non-no』は，型紙を付録し，自身によるドレスメイキングを前提とした従前の服飾誌とは大きく異なり（富川 2015: 35），個性的な「既製服」すなわち魅力ある完成品としてのコスチュームの写真掲載が主となった（米澤 2017: 17），いわゆるファッション誌の嚆矢である（加藤 2014: 34）．社会学者の坂本佳鶴恵（さかもと かずえ 1960-）は，これらを指して，「きわめて視覚的な訴求力が強く」「カラー写真（グラビア）を多用して女性の既製服の組み合わせ方＝コーディネートや着こなし方を提示する」「ビジュアル・ファッション誌」と呼ぶ（坂本 2019: 176-177）．しかも，「編集者による指導的，啓蒙的な内容ではなく」「等身大の女性の視線に立って，新しいライフスタイルを提案するとともに，ファッション，インテリア，グルメ，旅行と占いを中心とする誌面作りがなされていた」点が画期的であった（渡辺 2011: 98-99）．国鉄（現在JR）の「DISCOVER JAPAN」キャンペーンとも呼応し（須川 2017: 174），両誌の旅行特集を手にしたアンノン族による国内旅行ブームも生みだされた（難波 2007: 179）．ただし，社会学者の石田あゆう（いしだ あゆう 1973-）が指摘するように，業界での反響の大きさに比して，当初，販売部数が伸びなかった『an・an』に対して，『non-no』編集部の方針が，「読者を置き去りにしない，先走らない」ことであり，「差異化がはかられていた」ことは注目に値する（石田あゆう 2015a: 113）．ファッション誌の「北極星」として不動の地位を獲得した『non-no』であるが（栗田 2010），近年では，その誌面内容を人格にたとえて「自信のなさすらも奥ゆかしさとして長所に転じさせる力を持った，「女性性」の強いモテる女子」という評価もある（能町 2013: 158）．『non-no』のファッション誌としての性格についての計量分析は，栗田（2007, 2016a）を参照のこと．ちなみに，『non-no』などに代表される「ファッションや化粧品情報をはじめとする広告媒体としての女性向けメディアの形式」のルーツは，1917年に「婦人実用雑誌」として創刊された『主婦之友』（主婦之友社，現在の主婦の友社．『主婦の友』に改題，2008年に休刊）にある（石田あゆう 2015b: 180）．現代のファッション誌を含む雑誌全般であたりまえとなっている裏表紙（表4）の色刷りの先駆も『主婦之友』だった（石田あゆう 2016: 16）．

29）短大生や大学生の就職活動におけるメイク指南本の嚆矢は，学習研究社が2003年に世に出した
『面接革命！ リクルートメイク術』（就職面接研究会編）であった．今世紀に入ってからのルッ
クス至上主義のいっそうの高まりをうけてのことだが，かつては小学生，中学生向けの学年別の
月刊学習誌を多数作り，受験競争を煽ってきた勢力の一角でもある学習研究社が手を染めたこと
は〈学業という業績重視〉から〈外見重視〉への日本社会のパラダイムシフトを象徴している．
ちなみに，寿マリコの，この『好印象で面接に勝つ！ 就活メイク講座』の版元が，研究書，専
門書刊行をミッションとした老舗の学術出版社であるミネルヴァ書房であることも，いまの時代
を考えてゆくうえで示唆的である．

第2章

「若さ」と「幼さ」の価値とは
——メイク（その2）

はじめに

　いつまでも若々しくありたい，と思うのは女性のみならず，太古からの人類のねがいだ．秦の始皇帝が不死の仙薬を求めて，東方の桃源郷と信じられていた日本に徐福を使いに出したという伝説も有名である．帝国の権力者でなくとも不老不死は人間の叶わぬ永遠のテーマだ．そして，女性をはじめ現代人にとっては，不死よりも不老がより深刻であろう．10代後半から20代前半までの素肌の美しさの頂点を過ぎても，いかに若々しくいられるか，いや，いかに若々しく見せることが出来るか，というのが，不老不死願望の現代的形態．本章では，前章に引きつづき，メイクをあつかうが，広義での化粧すなわちボディのメイクに焦点をあて，若々しく見せるためのメイクとその意義について社会学的に分析，解釈する．

第11節　「若さ」「幼さ」の戦略的意義

　生まれたからには，死ななくてはならず，成長・加齢は，誕生と死亡の過程に過ぎない．にもかかわらず，われわれは子どもでありつづけること，若くありつづけることを常に欲している．なぜならば，それは社会が要請する，身体的な望ましさの規準に合致しているからだ．それゆえ，若さは，キレイと同様に，メイクとファッションの基本的目標となる．

　とりわけ，女性にとってこれは深刻さを増す．「男性とはちがって，女性が

38

画像3
ナンシー・エトコフ『なぜ美人
ばかりが得をするのか』（草思
社，2000年）

年をとることは，力，名声，富，権限などの増大とは結びつかない．たとえば（中略）ニュース番組でもアナウンサーはたいてい年配の男性と若い女性の組み合わせである」（Posch 1999＝2003: 71）．オーストリアのジャーナリスト，ヴァルトラウト・ポッシュ（Waltraud Posch 1972-）のこの指摘は，日本でも，おおむね，あてはまるからだ．

　さて，米国の心理学者であるナンシー・エトコフ（Nancy Etcoff 1955-）の著書『なぜ美人ばかりが得をするのか』という邦訳題名は人目を引く（画像3）．そして刺激的だ．訳書の表紙にも描かれた原題は*Survival of the Prettiest*であるから，直訳すれば，「最も美しい者が生き残ること」ということになる．端的に記せば，「美人生存」．適者生存（survival of the fittest）からヒントを得ているのだろう．進化生物学に傾斜した原著タイトルとしては，すこぶるふさわしい．ただし，これでは日本語ではピンとこない．邦訳出版に際しての『なぜ美人ばかりが得をするのか』への意訳はもっともな試みだ．

　美しい女性が好まれやすいという命題は，前章で紹介したハマーメッシュと同様である．しかしながら，経済学者であるハマーメッシュが，主に，人間行動の制度的制約もしくは社会的選択を基本にすえた社会科学の視角から論を張るのに対して，エトコフは，進化生物学，生理学，実験心理学などの自然科学的知見を基盤にした，美形を好む人間心理と行動の傾向を俯瞰した立論である[1]．「美人は赤ん坊にでもわかる」「人はなぜ髪と肌にこだわるのか」「声，しぐさ，匂い，そしてフェロモン」といった各章のタイトルからも，それを垣間見ることが可能だ．ハマーメッシュは，美人が入手する社会的利得という結果に着目したのにたいして，エトコフの方は，美人がなぜ好まれやすいのかという原因を探ろうとしている．

　エトコフは，実験から導き出された，乳児が，提示された複数の顔を写した

スライドの中から，美しく魅力的な男女の顔をより長く凝視する心理学上の知見に注目する．これはアフリカ系，アジア系，白人の別なく，美形が，より長い間見つめられている．「乳幼児には生まれつき美しさを感知する能力が組み込まれており」「左右非対称のものより左右対称のものを，表面がざらついたものよりなめらかなものを長く見つめ」「美しい顔をまじまじと眺め」「美人を見ると目で追い」「姿のいい人に恋する」人に成長してゆく，とエトコフは述べる（Etcoff 1999＝2000: 44-46）．これは長らく影響力を保ってきた美的感覚の文化起源説への大いなる反駁だ．社会科学では「人間の美の本質にかんする議論はほとんどなされてこなかった」とまでいいきるエトコフの（Etcoff 1999＝2000: 31-39），その社会学批判やフェミニズム批判にも頁を割きたいところだが，議論の先を急ぎたい．

　美的感覚の起源論争はさておき，エトコフの著作において，注目したい点は以下の記述である．これは彼女によるジェンダー把握の基本前提でもある．

　　動物の雌は死ぬまで生殖能力があるが，人間はちがう．そこで生殖能力を読みとるうえで年齢的な特徴が重要な鍵になる．女性の生殖能力が頂点に達するのは，20歳から24歳，そして20代のあいだは最盛期がつづく．30代の終わりになると，女性の生殖能力は31パーセント減少し，その後は急激に衰えていく．そしてだいたい50代のはじめごろに閉経を迎える．男性の場合は事情はまったく異なり，94歳でも受精が可能である．優秀な精子の持ち主かどうかを外から知る手がかりはない（少なくともわかってはいない）．女性とちがって，男性の体には生殖能力をしめす特徴はないのだ．このちがいのおかげで，性欲をかきたてる10代から20代の女性の外見に，興味が集中することになる（Etcoff 1999＝2000: 88）．

　容姿端麗な似非家族の虚像を通じて，物欲と虚栄心を揶揄したハリウッド映画『幸せがおカネで買えるワケ』（2009年公開，原題は*The Jones*）などにも出演経験のあるローレン・ハットン（Lauren Hutton 1943-）による「排卵が終われば，仕事も終わり」といった発言エピソードも交えながら，生殖を前提とした配偶者選択での男女の格差をエトコフは論じている（Etcoff 1999＝2000: 89）．

　平均余命は第二次世界大戦後，先進国を中心に劇的に伸びたが，女性の排卵

可能時期もしくは閉経時期はそれほどの変化がない．配偶者や恋人選択における男女の年齢格差は長らくフェミニストや社会学者が問題にしてきた事柄だ．裕福な高齢老齢の男性が，若くて美しい女性をえらぶ，いや女児を買うことさえおこなわれてきた[2]．それは，伝統社会のみならず，現代にいたるまで世界中でくりかえされてきた．その究極原因は，エトコフによれば，女性を従属的立場に強いる制度的なジェンダー差別ではなく，女性の閉経時期が男性の受精可能時期にくらべて，相当に早くおとずれる点にあるという．

エトコフの所説は，産業革命以前の伝統的な農業社会でこそ説得力を有すると筆者は考える．工業化の恩恵を受ける前の農業社会，日本では明治以前の江戸時代までにおいては，人口のほとんどが百姓すなわち農民であった．そこでの「家族はものを生産する単位であり」，近代家族とは大きく異なる（千田2011: 6）．農家にとっては，牛馬といった家畜に加え，耕作や収穫，水田耕地維持の労働力確保が最大の課題である．そのためには人口再生産すなわち将来の労働力となる子を産む女性の役割がとてつもなく大きい．農家が他家から嫁をもらっても，出産してくれなければ，跡継ぎはおろか，日々の農作業の従事者に事欠くことになる．そして，一子だけではなく可能なかぎり多子を産み育てることが女性の使命であった．自身が労働力であることはもちろん，次世代の労働力を再生産することが女性に課せられた至上命題だったのである．奴隷制が基本であった古代の地中海世界やユーラシアの大陸国家，中世の農奴制であっても，労働力再生産の重要性は変わらない．

農業社会では，女性イコール嫁イコール母親という図式が望ましいとされたがゆえに，子を産まない，子を産めない女性は無用として疎んじられた．かつての日本をはじめ多くの伝統的な農業社会では，出産できなかった嫁は実家にもどされる慣わしがめずらしくはなかったのである．それは女性の立場からすれば，社会学者の上野千鶴子（うえの ちづこ 1948-）が，「女性のセクシュアリティの男性による領有」と的確に指摘するように[3]，不条理な性差別ならびにジェンダー的不平等の起源であると同時に，労働力再生産が，生活の糧の維持，社会持続の要件とする伝統社会では過酷な経済合理性の原理的貫徹でもある（上野千鶴子 1990: 90）[4]．

出産可能であるか否かの最も簡明な規準は，年齢である．若ければ若いほど

その可能性は高まる．逆に高齢者は回避される．北原白秋とともに白露時代を築いた詩人の三木露風（みき ろふう 1889–1964）による作詞，山田耕筰作曲の著名な童謡『赤とんぼ』の三番では，「じゅうごで ねえやは よめにゆき」とある．露風が幼少を過ごした明治期の播磨地方，現在の兵庫県南西部，その伝統的農村の情景と郷愁にあふれ，発表から百年近くを経た現在でも愛唱され，日本の歌百選にもえらばれている．『赤とんぼ』の歌詞では，三木家の女中奉公をしていた，ねえやは，数え年で15歳だとするならば，現在の満年齢では13歳もしくは14歳の若さ，いや，幼さで，他家に嫁ぐ．旧民法では女性は満年齢15歳が婚姻適齢の下限とされていたが，実際には，初潮があれば，15歳未満であっても嫁に出すことがあった．要は，出産が可能であればということだ．現在の民法でも，親権者の許可さえあれば，女性は男性よりも 2 年も早く，16歳で結婚が出来る．これも農業社会の残滓（ざんし）なのだろう．

　数千年の長きにわたって続いてきた農業社会で，出産可能性という要件から，女性の若さ，場合によっては，その幼さが重要視されてきたことは無視できない．それは，男性は年齢フリーなのにもかかわらず，女性のみが若さや幼さが求められる性差別，ジェンダー格差の起源であることに加えて，人類文化への大きな刻印として，男性側，社会側が適切な配偶者選択，恋人選択の手がかりとして，若さや幼さ，しかも，その見かけの姿を第一に置くように強いてきた．婚姻の場面にいたるまえの，ごく普通な自然なやりとりにおいて，公的，法的な年齢提示などではなく，見かけの姿から，この女性は「若い」「幼い」と数千年もの間，見なしてきたにちがいない．そもそも国家や社会による個人の正確な年齢把握は，近代以降の産物に過ぎない．伝統社会では年齢の詐称（さしょう）という観念も希薄であり，大体このくらい，という認識だったのであろう．

　その結果，「若くみえる」「幼くみえる」ことが，価値として結晶化したのだ．であるならば，これにたいする女性側の反撃を考えてみることが有用だと思われる．俗流フェミニズムや社会学が，女性たちを性差別の一方的な被害者，被収奪者としてだけとらえることは，事態の一面的な見方に過ぎない．男性優位主義に染まった社会側が，若いこと，幼いことを配偶者選択の最優先事項とするならば，高齢であっても，見かけの年齢が低く見えればよいだけの話である[5]．実年齢が若い10代の「田舎娘」よりも，美しく若々しく化粧をほどこし，

絢爛たるヘアメイクと華麗なコスチュームを纏った20代，30代の都市型女性の方が次第に好まれるようになってくる．農家の嫁として労働力再生産を期待される時代では，そうはゆかないが，産業革命以降の工業社会であれば，女性が次世代を産み出す役割はまったく消えるわけではないものの，そのウェイトは随分小さくなるのだ．性行為と性欲（sex and sexuality）の第一の目的が，人口再生産すなわち生殖（reproduction）から解き放たれ，恋愛（romantic love）が謳歌されはじめるのもこの時代からである．現代まで連綿と続く，経済・社会制度である，近代資本主義が誕生した時代でもある．近代資本主義は近代そのものといってもよい．日本ではおおむね明治期に相当する．

　貨幣および増殖した貨幣である資本をG（Geld）およびG'，商品をW（Ware）と表し，貨幣所有者が商品購入すなわち消費者W—G—Wでおわるのではなく，剰余価値を梃子として貨幣を増やすための目途で投資をおこなう資本家に変貌するG—W—G'の過程を論じた『資本論』（Marx 1867＝1983: 249-266）．これを著した19世紀ドイツの社会主義者，カール・マルクス（Karl Marx 1818-1883）流にいえば近代とは資本の原初的蓄積に他ならない．資本はその欲望のままに富を無限に増やす．ドイツの社会学者，マックス・ヴェーバー（Max Weber 1864-1920）が，『プロテスタンティズムの倫理と資本主義の精神』で説く，近代資本主義は禁欲的なプロテスタンティズムによる自己を律する内的行動規範から生みだされたという立論（Weber 1904-05/1920＝1989）．それとは対照的に，ヴェーバーの友人でもあった経済学者，ヴェルナー・ゾンバルト（Werner Sombart 1863-1941）は，『恋愛と贅沢と資本主義』において，資本主義と贅沢はむしろ共存し，富裕層による恋愛，具体的には性愛，や享楽を謳歌する贅沢な消費行動によって資本主義は成長してきたと，彼の仮説を述べる（Sombart 1912＝2000）．伝統社会での下層農民による労働力再生産のための地道な婚姻と生殖活動とは，真っ向から対立する（社会全体では，それを補完する），貴族層や上層市民による婚姻外の性愛つまり愛人や妾への瀟洒な贈答，既婚者の姦通，売買春なども資本主義の生みの親だというのだ．マルクスを屈折させたヴェーバーをさらに屈折させているがゆえに，ゾンバルトの資本主義論は，資本が欲望の自己目的の結果であるという側面では，出発点であるマルクスに不思議と回帰する．もっともマルクスには性愛や恋愛などの観点はまったく欠如しているのだが．

　経済・社会制度としての近代資本主義は，物理的には大規模な工業生産を可能とする産業革命がなければ成立しえないし，その帰結に過ぎない．ヴェーバーがいうように，宗教的救済を信じた禁欲的で清廉な生産者が現世的な享楽につながる消費を厭い，生みだした利潤をさらなる投資に振りむけることで，近代資本主義が成長してきたのか，ゾンバルトがいうように，その原動力は，飽くなき享楽と現世利益を肯定した富裕層による酒宴や美女や贅沢品を得るための欲望だったのか問う二者択一は，おそらくは意味をもたない[6]．双方の力学がはたらいたにちがいないが，伝統的な農業社会から産業革命後の工業社会に移行する過程での，個々の女性による美容化粧服飾を武器とした，男性たちへの抵抗と反撃を重視する本書の立場からいえば，ゾンバルト説に軍配をあげたい．

　その重要性において，実年齢（years）と見かけ（looks）が逆転し，実際の「若さ」「幼さ」よりも，「若くみえる」「幼くみえる」ことの方が，大切になったのは，農業社会から工業社会への転回点の時であろうことは先述したとおりだが，そこで，本書の主題，美容化粧服飾すなわちメイクとファッションが大きな役割を果たす．農業社会での労働力再生産や，マルクス，ヴェーバー，ゾンバルトらによる社会全体の歴史的，経済的俯瞰から離れ，もう一度，メイクとファッションの本題に戻ろう．

　エトコフが的確に整理したように，まず，①女性の場合，生殖能力の衰え（閉経時期）が男性より早く訪れるため，ジェンダー的不平等の起源の一つでもあるが，より「若さ」「幼さ」の価値が社会的に称揚されやすい．しかしながら，産業革命以降，労働力再生産の軛から解きはなたれた後は，男性優位主義社会への女性の反撃が徐々に始まる．なぜならば，②「若さ」「幼さ」は，美容化粧被服の方法論（methodology）によって人工的に補償・代替可能となったからである．次世代を産みそだてることが優先された旧時代には尊ばれた生娘や乙女は舞台裏に退場し，実年齢が若くとも，見かけに劣る「田舎娘」よりも，メイクとファッションに長けた艶やかな都市の貴婦人の方が性愛や婚姻のパートナーとしてふさわしい時代が到来したのだ．つまりは，③美容化粧被服の発達によって，実際の「若さ」「幼さ」よりも「若くみえる」「幼くみえる」ことの方が重要になった．現代のコスメやコスチュームの基本目標として，④美容化粧被服の多くは，彩色，光沢付与，形態変化などの諸技法（techniques）によっ

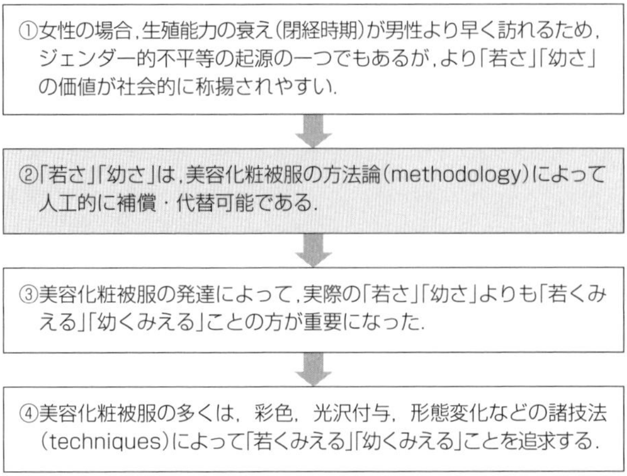

44

①女性の場合，生殖能力の衰え（閉経時期）が男性より早く訪れるため，ジェンダー的不平等の起源の一つでもあるが，より「若さ」「幼さ」の価値が社会的に称揚されやすい.

②「若さ」「幼さ」は，美容化粧被服の方法論（methodology）によって人工的に補償・代替可能である.

③美容化粧被服の発達によって，実際の「若さ」「幼さ」よりも「若くみえる」「幼くみえる」ことの方が重要になった.

④美容化粧被服の多くは，彩色，光沢付与，形態変化などの諸技法（techniques）によって「若くみえる」「幼くみえる」ことを追求する.

図3　「若さ」「幼さ」の戦略的意義

て「若くみえる」「幼くみえる」ことを追求する．以上のロジックをまとめたのが図3である．このロジックにおいて要となる②の段階については，図中では灰色に塗ってある.

第12節　「若くみえる」「幼くみえる」条件

　女性の立場から見れば，ライバルの同性に恋人や配偶者選択競争で打ち勝つためには，つまり，よりモテるためには，前章で論じてきたとおり，フェイスを中心としたキレイをいかに自分のものにするかであった．これにくわえ，「若くみえる」「幼くみえる」ことが美容化粧服飾を武器にした女性にとって，キレイとならび枢要な目的なのである．ベビーフェイス，幼顔，赤ちゃんのような肌，透き通る肌などといった女性を惹きつけるキーワードがファッション誌や美容誌には並ぶ．これらは，その証左ともいえよう.

　オーストリアの，動物行動学創始者，コンラート・ローレンツ（Konrad Zacharias Lorenz 1903-1989）は，哺乳類や鳥類の仔である幼体と，大人に成長した成体の頭部輪郭を比較し，ある結論にいたった．生物学の範疇をはなれて，現代のわれわれにとって，ローレンツのベビー図式として有名な知見がそれだ.

　ローレンツのベビー図式（Kindchenschema
【独】baby schema【英】）を要約するならば，
哺乳類，鳥類といった陸上動物の幼体は成
体にくらべて，とりわけ，頭部に注目した
場合，①顔・頭部が丸い．②額が長い．③
目が大きい．④鼻が小さい．⑤口が小さい．
⑥あごが発達していない．⑦ふっくらした
丸みがある．などといった共通の特徴を有
しており，これら①から⑦などの諸要因に
よって，保護すべき個体であることの判別
が容易になる，ということだ．「保護・養

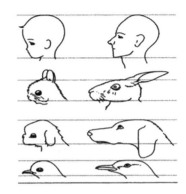

絵 2　ローレンツのベビー図式
出典：大坊（1998：92）．原典はLorenz（1943
＝1971）．

護の反応を触発する生得的なメカニズム」なのである（大坊 2001: 4）．具体的
には，ローレンツ自身のスケッチによる，絵 2 を参照していただきたい（大坊
1998: 92）．

　生態学的に見れば，生きものの世界は，基本的に弱肉強食，喰うか喰われる
かである．被食者は捕食者の餌となり喰われてしまうのが日常だ．野山を駆け
る可愛い鹿たちも，熊などの捕食動物のまえではあわれな被食者と化す．ただ
し，捕食動物の成体，とりわけ，授乳中の母親が，被食動物の幼体を食い殺す
ことはせずに，保護し，自分の仔と一緒に乳をあたえ，育てることがある．ヤ
マネコの母親が仔リスを育てるようなことがそれだ．授乳期の母親には，人間
であるわれわれに，母性や愛情として映るような擁護反応，援助行動を喚起す
るオキシトシンなどの生理物質が分泌されやすく，このような行動をとるのだ
という生理学上の説明もつく．ただし，被食動物が成体の場合は餌として食い
殺されるのが普通だから，捕食者側で，成体と幼体とを区別する何らかの手が
かりがあるはずだ．

　そこで登場するのがローレンツのベビー図式である．高等動物は，幼体と成
体を判別する一般枠組みをあらかじめ有しているのではないか，という仮説だ．
これがあれば，捕食者は被食者の無駄に食い殺すことがなくなる．餌となる体
重が少ない幼体よりは，ある程度，成長した成体を捕食した方が，効率的な狩
りができる．幼体が捕獲されたとしても，逃がして大きく成長するまで待った

方がよい．人間の釣りの場合でも，針にかかった小魚は海や川に逃がしているから同じことだ．もっともこれは平時で余裕があればの話であり，飢餓の時は別であろう．

　捕食被食の関係をはなれて，同種同族の個体間でも幼体と成体の区別は必要だ．いや，同種同族であるからこそ，保護すべき個体か否かの判別がより大切になる．群れで生活する動物たちは，複数の母親が同族の仔たちを集団的に世話することがある．この際にも，幼体と成体の判別が不可欠だ．

　人間の場合も，全く同じ．頭部に注目した場合，①顔・頭部が丸い．②額が長い．③目が大きい．④鼻が小さい．⑤口が小さい．⑥あごが発達していない．⑦ふっくらした丸みがある．などといった共通の特徴がある個体を，子どもとして，われわれは認識する．自分の子であるか否かにかかわらず，愛らしい，保護すべきものだと，われわれは考える．というか，考える以前に，生体に組みこまれているであろう擁護反応，援助行動をうながされる．

　幼体を判別可能とさせる，ローレンツのベビー図式は，かわいい，愛らしいと感じさせる共通要素を示しているといえる．逆にいえば，相手にかわいい，愛らしいと思わせるためには，ローレンツのベビー図式に沿った容姿や顔つきであればよいということだ．これは，キレイにならび，「若さ」「幼さ」と追求する現代女性にとっても重要な意味をもつ．

　先述した，前世紀末から今世紀はじめにかけて，日本中をかけめぐった第一次，第二次ギャルブームのことはまだ記憶にそれほど古くはない[7]．第二次ギャルブームでは，日焼けにくわえて，ファンデーションの明度を極限にまで下げた「ガングロ」（ポーラ文化研究所編 2020: 18），瞳の周りをハイライトで大きくかこんだ「ヤマンバ」メイクが話題を呼んだ．「歌舞伎の隈取のように目の周りは白く，アイホールはラメのたくさん入った青いアイシャドーを塗りたくり，リップも白，マスカラは瞬きができないくらいに濃く長く」，「その風貌が真っ黒〈ガングロ〉で，さらに山姥に似て」おり（渡辺 2005: 185-186），この個性的メイクは多くの人びとの注目をあつめた（谷本 2017: 103）．ポーラ文化研究所は当時の少女たちがそのようにメイクした姿を写真に残している（ポーラ文化研究所編集部 2000: 54）．「もはや明らかに男性への性的なアピールでは」なく，「同性同士で〈カワイイ〉と共感し合えるものを洗練」させているのだ（吉光・西

原 2017: 31）．米澤泉（よねざわ いずみ 1970–）は「化粧史上類を見ないガングロ・メイクの評判は頗る悪」いけれども「万人に愛される化粧を打破するための嚆矢となった」という（米澤 2008: 40）．つまり，男性モテではなく自分たちの個性化のための化粧．しかしながら，ローレンツのベビー図式に照らしあわせて見ると，別の発見がある．くっきりとハイライトでかこんだ瞳は，まさに幼体の大きな目ではないか．当時のギャルたちがローレンツのこの知見を参考にしていたわけではないにせよ，「ヤマンバ」メイクといいつも，どこか憎めない愛らしさがあったのは，この理由によるものだろう．ギャルムーブメントの要素の一つには，社会学者の吉光正絵（よしみつ まさえ）と西原麻里（にしはら まり）が述べるように，他のストリートファッションと同様に，「行為によって，主体としての自己や価値の再定義を行い，同じファッションを身につけている者の間でのコミュニティ感覚を生み育」くむ大人社会への対抗がある（吉光・西原 2017: 16）．それゆえに，大人イコール成熟の対語ともいうべき「若さ」「幼さ」のベビー図式に関連するのは自然なことでもある．

第13節　身体パーツへの彩色

　本章でも，前章同様に，CCJD13「女子大学生のメイクとファッション係わる全国調査」のデータセットを用いて俯瞰してみよう．

　コスメの利用率や割愛率の分析で登場した13種のコスメの内で，主に皮膚の彩色に係わる 6 種を選び，それらの次元分解を試みた．要は，ネイルカラー，アイカラー，リップグロス，チークカラー，ファンデーション，化粧下地といった主に彩色に係わるコスメ利用に共通する成分が存在するか否か，そして，存在するのならば，それを取りだすということだ．因子分析は投入する変数群を，それらに潜在する共通性とその変数独自の固有性へ分解する．もし，レスポンデントである女子大学生が全員，メイクの際に，ネイルカラー，アイカラー，リップグロス，チークカラー，ファンデーション，化粧下地といった，彩色に係わるコスメを同時に使っているならば，因子は一つしか抽出されないことになる．前章では，各コスメの利用率にちがいがあることがすでにわかっているから，実際には，その可能性はないことが予想される．

　ここでは，標準的な手法である主因子法を用い，因子同士を完全に分離させ，内部相関を 0 とする，バリマクス直交回転をほどこすことにしよう．表 5 を参照していただきたい．寄与率が高かった第二因子までを抽出し，直交回転させた因子分析の結果である．抽出された因子は絶対値が 0 から 1 までの範囲をとる各投入変数の因子負荷量の大きさから，その意味を解釈，判断することになる．

　因子負荷量の大小の判断規準を0.400とした場合，抽出された第一因子への負荷が大きいコスメは，チークカラーの負荷量が0.449，同様にファンデーションが0.557，化粧下地が0.510であった．ここから判断されるのは，彩色の中でも，とりわけ，フェイスにおける肌の基礎的な色調を整えるチークカラー，ファンデーション，化粧下地に係わる次元であり，この因子は〈フェイスカラー〉と呼びうるものではないかということだ．すなわち,第一因子,〈フェイスカラー〉は，肌の色調因子である．

　次に，第二因子を解釈してみよう．抽出された第二因子への負荷が大きいコスメは，ネイルカラーの負荷量が0.426，同様にアイカラーが0.441，リップグロスが0.406，チークカラーが0.405であった．チークカラーはうまく分離せず

表 5　メイクにおける色調についての因子分析　N＝703

主因子法によるバリマクス直交回転　灰色セルは因子負荷量が0.400を超えたもの
CCJD13「女子大学生のメイクとファッション係わる全国調査」2013年 9 月中旬実施

	I 〈フェイスカラー〉 肌の色調因子	II 〈ポイントカラー〉 身体パーツの色調因子	共通性
ネイルカラー	0.018	0.426	0.182
アイカラー	0.330	0.441	0.303
リップグロス	0.061	0.406	0.169
チークカラー	0.449	0.405	0.366
ファンデーション	0.557	0.093	0.342
化粧下地	0.510	0.038	0.261
個別寄与率	15.1%	11.9%	
累積寄与率	15.1%	27.0%	

注：メイクをしてない43名は集計から外した．

に, 第一因子と第二因子の双方に負荷している. ただし, 第二因子への負荷量がわずかに小さい. ここから判断されるのは, 彩色の中でも, 手足の爪, 目元, 唇, 頬といった要所で目立つ身体パーツの色調をポイント毎にととえることが目的のコスメである, ネイルカラー, アイカラー, リップグロス, チークカラーに係わる次元であり, この因子は〈ポイントカラー〉と呼びうるものではないかと云うことだ. すなわち, 第二因子, 〈ポイントカラー〉は, 身体パーツの色調因子である.

　色調をととえる対照的な二つの因子が抽出されたことは注目に値する. ファンデーションなど肌そのものの色の管理と, ネイルカラーやアイカラーなど身体パーツの部分にしぼった彩色が二つの因子である. チークカラーのみが完全に分離せずに双方の因子にまたがっていることは, 分析の不徹底というよりは, チークカラーの性格に由来するのではないか. チークカラーは第一因子である肌の色調をととのえる〈フェイスカラー〉と, 第二因子である身体パーツの色調をととのえる〈ポイントカラー〉の双方をつなぐ存在なのであろう. 〈ポイントカラー〉の中で, ネイルカラーだけが唯一, フェイス以外を彩色するコスメであるが, ファンデーションと化粧下地が, 色調の濃淡はあるにせよ, 原則としてベージュを基調とした肌の地色の範囲外を出るものではないことを考えあわせれば, この問題に決着がつく. 前述した, 日本化粧史において異色の存在である, かつての「ヤマンバ」メイクであっても, その明度を極限までに暗くはしているものの, ファンデーションをベージュや茶系統から変えることはほとんどなかった. 青系統や緑系統は, ファンデーションとして, 基本的には御法度である. それに対して, チークカラーを含む, 第二因子の〈ポイントカラー〉はカラフルである. 赤系統, オレンジ系統, 茶系統, 青系統, 緑系統, さまざまな彩色選択が可能である. チークカラーとリップグロスについては, やはり暖色系が中心になるものの, アイカラーとネイルカラーについては, 選択の制限がない. 換言するならば, 彩色と色調管理に関して, 〈フェイスカラー〉はすこぶる保守的であるのにたいして, 〈ポイントカラー〉は大胆かつ冒険的なのだ. その意味では, 全身を奔放に彩色し光沢を付与し神々しさを演じる, 現代芸術としてのボディペインティング（body painting）にも似ている（写真 1 を参照）[8].

50

写真1　ボディペインティング
出典：Color art face and body painting on woman for inspiration. Abstract portrait of the bright beautiful girl with colorful make-up and bodyart.／Mike Orlov- stock.adobe.com

コスメにおける，この二種の色調管理は，メイクの原初からの悠久なる歴史を反映しているのではないか．太古の部族社会に見られた身体への彩色や光沢付与には原色がとりいれられていた．近現代のメイクは，前章で述べたようにフェイス中心に収斂（しゅうれん）してゆくが，それでも，彩色の自由さ，奔放（ほんぽう）さという側面は，第二因子で抽出された，身体パーツをととのえる目的での〈ポイントカラー〉に保存されてきたのではないか．太古の恐竜が現在の鳥たちや爬虫類にかすかに，その姿をとどめているように．

　この論題は，本章の最終節である次節にて，メイクにおける集約的技法と拡散的技法，そして消費社会におけるメイクとそれ以前におけるメイクの対比の問題として，引きつづき述べられることになる．

第14節　集約的技法と拡散的技法

　メイクの美容化粧服飾全般における位置づけについては前章でくわしく述べたが，ここでは前章であつかったフェイス中心のメイクと，フェイス以外の身体全体に係わるメイクを対比したい．

　一般にメイクといえば，フェイスにほどこす化粧を指す．これは狭義のメイクだ．しかしながら，化粧はフェイス以外にもありうる．現代ではエンゼルメイクと呼ばれる，死後の旅立ちへの美的な餞（はなむけ）として，故人の遺体に化粧をほどこす行為は，大昔からつづけられてきたものだ．旧人ネアンデルタール人でさえも，仲間の埋葬に際して，オークル色素で遺体を彩っていたのではないかという証拠がある（Delamere et Guineau 1999＝2007: 10; Kaiser 1985＝1994a: 30）．身体への化粧は，それほどまで古い．新人クロマニョン人である，われわれの話にもどそう．部族社会の時代から現代まで,世界中に見出されるボディペインティングは，身体全体へのメイクである（DeMello 2014＝2017: 179）．独立した芸術と

してのボディペインティングを直に目にする機会は少ないが，スポーツ競技の際にほどこされるペインティングは一般の人びとにも馴染（なじ）み深い．ノースリーブのドレスやオフショルなど露出度の高いコスチュームを着用した際に，肩や腕，胸部，鎖骨部，背中などにグロスを塗ることも身体全体のメイクに含まれるだろう．

いや，忘れてはならないフェイス以外の重要なメイクがある．それは，マニキュアとペディキュアである．ネイルケア，ネイルカラー，ネイルアート全般は，現代を生きるわれわれにとって最も馴染（なじ）み深いフェイス以外のメイクだ．ただし，これら手足の爪に係わる加工彩色としての化粧行為は，ボディペインティングや身体へのグロスやオイル塗布との共通点と同時に，根本的に異なる側面がある．それは何か．ネイルケア，ネイルカラー，ネイルアートなどは，確かにフェイスに局限した狭義のメイクではないものの，ボディペインティングのように身体全体にほどこされているわけではない．手足の爪というきわめて限定的，局所的なメイクなのだ．その点においては，ネイルケア，ネイルカラー，ネイルアートなどは，フェイスに限定された狭義のメイクに似ている．

この関係を表6で示そう．この表の横軸は，メイクをほどこす身体パーツがボディなのか，フェイスに限定されているのかで分割されている．表中の中段，右側のセルにフェイスのみを対象とした狭義のメイクが位置している．そして，中央のセルには，ネイルケア，ネイルカラー，ネイルアートなどが，中央の下段セルにボディペインティングなどが位置している．中央の中段下段双方は，フェイス以外のボディに係わるメイクの領域だ．

表6 集約的技法と拡散的技法

		メイクされる身体パーツ	
		ボディ body	フェイス face
技法	集約的 intensive	ネイルケア，ネイルカラー， ネイルアートなど	狭義のメイク
	拡散的 extensive	ボディペインティングなど	成立しない φ

注：1）中段の淡灰色セルは消費社会におけるメイク．
　　2）下段の濃灰色セルは消費社会以前からのメイク．

　さて，中段の右側は狭義のメイクであるが，その隣の下段右側のセルには空集合を表すφ（ふぁい）が記されている．この領域には該当するメイク行動が成立しないこと意味している．これを説明するためには，縦軸が何を根拠に分割されているかをいわなければならない．縦軸は，メイク行動の対象が集約的か拡散的かを表しているのだ．ボディペインティングなどは，身体の一部だけにほどこす場合もあるが，一般には，身体パーツを網羅し，皮膚表面のすべてにほどこすものだ．目立たない下着のみを着用し，場合によっては性器のみを隠して，ほぼ全裸でほどこすこともある．このようなメイクを拡散的（extensive）と定義しよう[9]．フェイスなど，どこか身体の一部ではなく，体表にまんべんなく彩色をほどこし，光沢を付与することが拡散的なメイクの本来的ありかたである．

　それに対して，集約的（intensive）とは，拡散的とは対照的に，身体の一部に局限されていることを意味している．だから，フェイスや手足の爪に限られた狭義のメイクや，ネイルケア，ネイルカラー，ネイルアートなどは，集約的なメイクということになる．

　身体全体のボディペインティングなどは芸術の領域，部分的ペインティングはスポーツ競技の応援や観戦の際には多く見られるが，これを日常生活の中でほどこすことは，勇気のいることだ．通勤通学，会社や学校でボディペインティングをしている人がいたとしたら，どういう視線で見られるだろうか．想像してみればよい．そのような選択をする人はきわめてめずらしい．というよりも，社会通念上，不適切とされる．

　狭義のメイクは，彩色光沢付与をフェイスに限定しているために，衣服を着用し，仕事や学業に係わる用具を抱えたり，用いたりしても，パウダーやリキッドがよそに付いたり染みこんだりすることはない．産業社会の進展と消費社会の発達が，メイクの対象を，フェイスと手足の爪という極限の極限にまで集約化してきたともいえる．前節でも記したが，マニキュアとペディキュアは，太古の鮮やかな身体彩色の現代的末裔なのである．対象面積こそ随分狭くはなったが，そのカラフルさでは決しては負けてはいないだろう．いや，局所的であるからこそ，より鮮やかになるのかもしれない．

まとめ

　第11節では，エトコフの立論から出発し，マルクス，ヴェーバー，ゾンバルトの社会変動論を経由し，「若さ」「幼さ」の戦略的意義を論じた．続く，第12節ではローレンツのベビー図式にもとづき，目を大きく見せるギャルメイクにもふれつつ，「若くみえる」「幼くみえる」条件について記した．第13節では，女子大学生をレスポンデントとしたCCJD13のデータセットを用いて，ネイルカラー，アイカラー，リップグロス，チークカラー，ファンデーション，化粧下地といった彩色に係わるコスメ利用について，肌の色調を整える〈フェイスカラー〉と身体パーツの色調をととのえる〈ポイントカラー〉からなる二つの次元を見出した．人類史の観点からは，メイクはフェイス中心に収斂してゆくものの，彩色の自由さ，奔放さという側面が〈ポイントカラー〉に保存されてきたのであろう．つづく，第14節では，メイクにおける集約型技法と拡散型技法を対比，整理した．

　冒頭で，女性をはじめ現代人にとっては，不死よりも不老がより深刻なテーマであり，10代後半から20代前半までの素肌の美しさの頂点を過ぎても，いかに若々しくいられるか，いや，いかに若々しく見せることが出来るか，というのが，不老不死願望の現代的形態だろうと，まえおきし，社会学的に分析，解釈してきた．次章では，メイクと同様に，一時的な美の演出である，身体の非形成，かつ，皮膚に密着した装飾でもある，フレグランスについて論じる．

註 ---

1）エトコフの議論は，ジェンダー概念を軽視し，性染色体に基づく解剖学的差異を重視した本質主義（essentialism）に過ぎない，と批判するのは容易だが，それは生産的ではない．本書の立場は，第 1 章の註 1 で述べたとおりだ．社会学者の赤川学（あかがわ　まなぶ 1967-）も，「遺伝か環境か」といった二分法的な問いに執心することの不毛を指摘している（赤川 1999: 4）．

2）米国の文化人類学者，マーゴ・デメッロ（Margo DeMello）によれば，「多くの文化において，男性は年齢を重ねるにつれて権力を得るが」「だからこそ勃起不全を恐れる男性は多い」という（DeMello 2014＝2017: 44）．

3）上野は，マルクス主義フェミニズムの立場から，「生産関係における階級概念を，再生産場面に持ちこめば，男性は再生産支配階級，女性は再生産被支配階級と呼ぶことができる．女性は子宮という再生産手段を持っているが，子宮が肉体的に女性の身体に帰属していることは，それを

女性が「所有」していることを少しも意味しない」と続ける（上野千鶴子 1990: 90）.

4）「女性のセクシュアリティの男性による領有」は、封建領主が花嫁の処女を奪うことができた「初夜権」や、戦時の強姦など女性を支配するための卑劣な威嚇としての、イデオロギー的に正当化された「レイプ・イデオロギー」によって暴力的に支えられてきたと、筆者は考えている（Brownmiller 1975＝2000: 23, 36）. くわえて、処女性を確保するための女児のクリトリスなど性器切除（FGM）も惨たらしい. 性器切除は現代でも1億2千万人の女性たちにおこなわれているという（Andreae 1998＝2001: 131）.

5）認知心理学者である野村理朗（のむら みちお 1973-）はアヒルのくちばしのような形をした女性の「アヒル口」が、男性を萌えさせるメカニズムを記しており、これは、男性優位主義社会にあって、女性が「男に選ばれる」「男を選べるようになる」戦術だという（野村 2010: 167）.

6）ゾンバルトは別の著書で、プロテスタンティズムの一つ、スコットランドのピューリタンの道徳律を指して、ヴェーバーを意識しつつ、「ピューリタンのなかにも、偉大な資本主義企業家はいた」ものの、勤勉、節度、節約などを重視するピューリタニズムは「資本主義精神の発展にはまったくわずかな影響しか及ぼさなかった」と述べる（Sombart 1913a＝1990/2016: 393）.

7）第一次、第二次ギャルブームについては、第1章の註11を参照.

8）柏木博（かしわぎ ひろし 1946-）によれば、1960年代の対抗文化的な文脈においては、ロックコンサートなどでおこなわれた「裸体に装飾を施す」ボディペインティングは、既存のシステムに「反抗する若者たち」による「もっともミニマルな形式での装いとも考えられる」という（柏木 1998: 144-146）.

9）前章の第2節にて既述.

第 **3** 章

無臭という香りをまとう
——フレグランス

はじめに

　フレグランス，すなわち芳香は，それを身につけた人の性的魅力を増進させるのみならず，社会的勢力や文化的卓越を示すことすらある．日本では，体臭をおさえるために香りをくわえる芳香よりも，清潔に保つことでの無臭が好まれてきた経緯があり，美容化粧服飾の中でフレグランスの位置づけは，伝統的には，それほど大きくはない．西洋世界では，芳香は体臭をおさえる決め手であったために重要な位置づけをあたえられてきた．日本でも，ヨーロッパの香水やオードトワレなどが輸入されることで，はじめて，美容化粧服飾の観点からの本格的な芳香の時代を迎えたといえる．中世近世の香を焚く習慣を別にすれば，日本のフレグランスの歴史は，それほどは長くはない．しかしながら，その普及は著しく，無臭を尊ぶ伝統とせめぎあいながらも，現代のメイクとファッションにおいて，フレグランスは，その重要度を増しつつある．

第15節　バラ風呂とバラの香油

　世界史に疎くとも，古代エジプトの女王，クレオパトラ（Κλεοπάτρα 69BC–30BC）の名前を知らない人は少ないだろう．しかも美女として名高い．それほどではなかったという史実もあるが，2000年後の現代のわれわれにとっては，美女であった方が，夢がある．クレオパトラが入浴したと伝えられている香り高いバラ風呂を，温泉旅館やホテルの売り物にしているところがあるという．

56

写真2　オールドローズ
出典：Old Rose ~ Madame Hardy by
VasenkaPhotography is licensed
under CC BY 2.0

しかし，これらはモダンローズ．バラはバラではないのか，といわれそうだが，クレオパトラが用いたバラは，モダンローズではない．香油に蒸留するためのオールドローズというバラであったといわれている．写真2は，香油の原料となりうるオールドローズである．オールドローズの中にはダマスク種と呼ばれているものも存在しており，それは紀元前5世紀に古代ギリシアの大歴史家ヘロドトスが『歴史』に記した品種である．

　バラの香油のためのバラであるからオールドローズの香りは誠に芳しい．オールドローズの方がモダンローズよりも健気で可憐にみえるという意見もありそうだが，その見た目の華麗さや洗練具合は，モダンローズにくらべるよしもない．モダンローズは観賞用，贈答用に改良に改良を重ねてきたからだ．ホテルや温泉旅館側も，もちろん，知っていてのことだろう．商品としてのバラ風呂は宿泊施設の看板写真にもなるのだから，オールドローズよりは数段麗しいモダンローズを使う，経営者や広報担当の気持ちもよくわかる．ただし，香油採取はオールドローズだということはおさえておきたい．クレオパトラのバラはオールドローズだ．

　現在，香油生産用のオールドローズはヨーグルトや長寿国でも有名なブルガリアが，そのほとんどのシェアを占める．バラの香油は香水やオードトワレなどの原料となるのだから，古代フレグランスの故郷がクレオパトラのエジプトであったとするならば，現代フレグランスの根拠地は，ブルガリアということになる．ローマ時代にはトラキアと呼ばれていた地域だ．このトラキアの南に接するのがマケドニアとギリシア．古代のギリシア諸都市はヘロドトスの故郷であり，現代のファッションブランドであり，有数のフレグランス・メーカーであるブルガリ（BVLGARI）の創業者，「銀細工師の一族の子として生を受けた」，ソティリオス・ブルガリス［ソティリオ・ブルガリ］（Σωτήριος Βούλγαρης ［Sotirio Bulgari］1857-1932）の出身地も，ギリシアである（古賀 2001: 171）．彼は，かつて

の大帝国首都であったローマに渡り，1884年にブルガリの元となる宝飾店を創業している．いずれも地中海世界である．以下に，現代における香油の中心地ブルガリアのバラ香油生産者の言葉を借りることにしよう．

　　ブルガリアはヨーロッパのバラ香油の一大産地として知られている．この地域一帯は香水用のバラ栽培が主要産業で，現在全世界の約 8 割近くのシェアを占めるという．バラの収穫は，全てひとつひとつ手摘みで早朝 4 時ごろから始まり，昼前に終わるのが通例である．バラは日にさらされると香り成分が消えるため，その作業は短時間で行う．摘まれた花はその日のうちに工場に届けられ，釜で蒸され，蒸留されて香油となる．1 キログラムの香油を造るのに，3.5 トンの花弁（香油 1 グラムにバラ花弁2000個）が必要とされる（ヨーグルトサン商事 2017）．

　バラ花弁採取のための早朝からの手摘みでの重労働もさることながら，香油 1 グラムにバラ花弁2000個には驚かされる．香油 1 グラムは金 1 グラムに相当するという逸話は，あながち，大袈裟（おおげさ）ではないのだ．高価なバラの香油を原材料とするフレグランス．本章の冒頭でも記したように，フレグランス，すなわち芳香は，それを身につけた人の性的魅力を増進させるのみならず，社会的勢力や文化的卓越を示すことすらある．その事由の一つには，原材料の貴重さ，希少性もあげられよう．

第16節　perfumeの語源

　一般に芳しい香り（perfume）のことをフレグランスもしくは香気（fragrance）と呼ぶ．日本語では芳香と悪臭を区別し，よいにおいを香る，悪いにおいを臭（くさ）いと記す．英語でも悪臭をodorで記すので，双方はほぼ一対一対応である．日英で芳香悪臭の弁別がなされていることは興味深い．というよりも，芳香と悪臭を，嗅覚を刺激するにおいとして統一的に認識するようになったのは，近代の自然科学発達以降の話であり，古来，人類はこれらを別物として把握してきたのにちがいない．だからこそ，用いる漢字が異なっているわけであるし，語源の異なる語幹をあてているのだろう．

画像4
ロジャ・ダブ『フォトグラフィー
香水の歴史』（原書房，2010年）

さて，芳しい香りperfumeの語源は，ラテン語のper（【英】through 通して）とfumum（【英】smoke 煙）にあるが，地中海世界でのバラ香油とならぶ，もう一つの芳香の源は，樹脂の加熱からえた香りだった．書籍に巻かれた白帯のコピー「心を奪われる香りの美学」の期待どおり，読むだけではなく，ながめて楽しい『フォトグラフィー 香水の歴史』（画像4）を著した，英国の調香師，ロジャ・ダブ（Roja Dove 1956-）によれば，perfumeは，古代の信仰とともにあったという[1]．

香料の歴史は悠久の流れとともにある．神への供物として人や獣が生け贄として捧げられたように，太古から，高貴な香りが献上されてきた．人は化粧を体に施す以前に，香料を用いて神々に問いかけ，お互いに結びついてきた．最初は花，野草，樹脂をそのまま使っていたが，まもなく樹脂（レジン，バルサム）を加熱すると芳しい香りが増すことを知った．古代エジプト人は芳香性の樹脂を焚き，香りを神々に捧げ，煙が天と地をつなぐ道となるよう願ったのだ（Dove 2008＝2010: 13）．

ダブがいう古代エジプトとは，クレオパトラ七世いわゆる女王クレオパトラで終焉をむかえた，アレキサンダー大王の築いたヘレニズム大帝国の末裔プトレマイオス朝エジプトおよびそれ以前の古代諸王朝を指す．古代エジプトの宗教祭儀の一環として樹脂加熱による香焚きがおこなわれていたことは注目に値する．先述のとおり，旧人ネアンデルタール人の埋葬祭儀においても遺体にオークル色素が使用されていた．ダブもいうように，悠久の太古から，美容化粧服飾は宗教祭儀，それらは神々とともにあったことがわかる．われわれ自身が心地よくありたい，キレイでありたい，いつまでも若々しくありたい，といった欲求に突き動かされて，メイクとファッションの方法論や技法が進化，発達してきたことはいうまでもないが，その根源には，さらに，神々との対話，宗教的源泉が広く認められるからだ．神道では多紀理毘売命，市寸島比売命，

<ruby>多岐都比売命<rt>たぎつひめのみこと</rt></ruby>の宗像三女神や，霊峰富士の祭神たる<ruby>木花之佐久夜毘売命<rt>このはなのさくやひめのみこと</rt></ruby>，グレコローマン神話ではアフロディテ（Αφροδίτη）やヴィーナス（Venus）など，古来の美神や美を司る神々が人びとの信仰の中で今でも息づいていることとそれは無関係ではないだろう．美容化粧服飾は美しくかつ神々しいものなのだ．

第17節　フレグランスとデオドラント

　第2節（第1章）で提示したメイクとファッションの一般図式において，フレグランスは〈身体の非形成〉（non-plastic method）かつ〈皮膚に密着した装飾〉（internal design）に該当する．フレグランスは，まず，メイクやコスチューム，アクセサリーと同様に，身体に直に，もしくは，その外面になにかを加えるかたちでの美容化粧服飾をめざすという点で，身体を加工の対象とする美容整形に代表される〈身体の形成〉（plastic method）の方法論と区別される．次に，メイクと同様に〈皮膚に密着した装飾〉という点で，〈身体外面の装飾〉（external item）に徹するコスチュームやアクセサリーと区別される．要は，メイクと同じカテゴリーに含まれ，まれにパウダーもありうるが，主にリキッドを用いて皮膚や衣服にほどこされる化粧行為である．ただし，メイクが彩色や光沢付与といった視覚に訴えることを目的とした技法であるのに対し，フレグランスは嗅覚に訴える技法である点が大きな特徴である．〈身体の形成〉〈身体の非形成〉における他のすべての技法を通じて，嗅覚に訴えるのは唯一フレグランスのみだ．

　視覚にくらべて嗅覚は，より生物学的，生理学的な局面から脳を刺激する感覚である．理性的判断以前に直に原初的な受容もしくは拒絶反応を引きおこす．生理的受容や拒絶は心理的好悪にもつながる．これに加えて，フレグランスが，社会的，文化的機能をも有することは，クレオパトラについて記した箇所で述べたとおりだ．生理学（physiology）から心理学（psychology）を経て社会学（sociology）にまでいたる幅広い機能を香りやにおいは有している[2]．

　さて，フレグランスとデオドラントの一般的位置づけを提示したものが図4である．先述したとおり，においは，芳しい香りであるperfumeと臭気もしくは悪臭を防ぐdeodorantの二つの視点から考える必要がある．しかしながら，

防臭のための工夫より，人類の歴史では，まず，芳香が優先されてきた．香料や香水の利用によるものだ．水浴びや入浴，シャワーによる身体清浄を別にすれば，デオドラント剤やデオドラント化粧品の利用や普及はごく最近の出来事に過ぎない．

　フレグランスとデオドラントの機能は，大別して，四つの局面が想定される．後述する方が，より高次元の機能であると考えていただきたい．

　まず，図4の最下段，〈①性的魅力の増進〉であり，芳香が他の個体を惹きつける魅力となる，きわめて生理学的な機能である．これはヒト以外の動物でも観察されることである．哺乳類の場合は，自らの身体からフェロモンを分泌し，それを受容することで，生殖行動や育児行動に大きな影響をおよぼすことは広く知られている．人間の場合にも身体から芳香が分泌されるけれども，個人差があり，ほとんど香ることがない場合も多い．それを補うのが，バラの香油など外部からの芳香の追加である．いわゆるフレグランスだ．フレグランスは，香料全般はもちろん，香水やオードトワレの代名詞としてここでは使うことにする．香りが神々との対話のみに使われていた牧歌的な時代があったか否かは，今後の考古学や自然人類学の研究調査にその判定をまかせたいが，古代

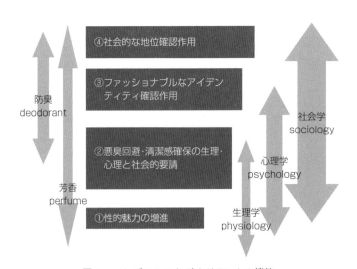

図4　フレグランスとデオドラントの機能

社会を含め文明期以降の人間にとって，フレグランスの利用は，まずは異性の関心を惹くことであったことはまちがいないだろう．

　次に考えられるのが，図 4 の下から二段目，〈②悪臭回避・清潔感確保の生理・心理と社会的要請〉である．人間は社会的動物であるから，集団での生活が基本となる．家屋や仕事場での臭気を相互に回避し，清潔さや快適さを保つことは，日々の食事に足り，ある程度，豊かになってきた社会では，望ましい価値のみならず，あるべき規範の一つになるだろう．原初的には水浴び，文明期においては恒常的な入浴施設の設置，建造を前提とした風呂に入る生活の日常化ということであるが，湿度や気温が相対的に低く，加えて水資源に乏しい高緯度の地域や民族にあっては，体臭を隠す用途でのフレグランス利用も頻出したことだろう[3]．欧州貴族の香水利用がこれにあたる．また，酷暑かつ香木の有数な産地でもあるインドから仏教が伝来した経緯で，日本でも不浄を絶つという意味での宗教儀礼での香焚きを中心に，平安時代にはすでに美容化粧服飾の文脈での芳香の利用が見られる．戦国期に武士がいくさの験担ぎのために入浴を絶ち，体臭を香で隠すというエピソードも伝えられている．この〈②悪臭回避・清潔感確保の生理・心理と社会的要請〉の局面では，広義でのフレグランスに加え，水浴びや入浴を中心としたデオドラントの双方が関与する．そして，①の生理学的機能と心理学的機能に加えて，社会学的機能も登場する．異性モテつまり生殖行動に係わる嗅覚のはたらきは生理と心理だけなのにたいして，②はそれらに加えて社会の三局面がある．悪臭を回避したくとも水資源の欠乏や経済的，社会的事情を含め，それが叶わない場合も多々ある．回避したい心理と辛抱する心理との葛藤や，悪臭への耐性ともいうべき社会的習慣やその逆に過剰なにおいフェチもありうる．不可逆的な生理学的機能とある程度可塑性のある心理学的ならびに社会学的機能が，〈②悪臭回避・清潔感確保の生理・心理と社会的要請〉には存在するのだ．

　おおむね，①と②が古代中世においても観察されることであるのにたいして，その次の，〈③ファッショナブルなアイデンティティ確認作用〉は，基本的には，化学ならびに調香技術が大きく発達を遂げる，近現代の話である（図 4 の上から二段目）．女優マリリン・モンロー（Marilyn Monroe 1926-1962）の愛用のフレグランスは，ロシア生まれの調香師，エルネスト・ボー（Ernest Beaux 1881-1961）の

手による[4]，CHANEL N° 5であったことはあまりにも有名だ[5]．寝間着代わりにN° 5をふりかけるというエロチックなエピソードとともに知られている（山口 2002: 177)[6]．恋人や親しい友人が用いているフレグランスが，その特有な香りから，ブランド名や商品名まで，すぐわかるという話は，それほどめずらしくはない．「あれぇ，先週まではANASUIのスイドリームスを使ってなかった？」「うん，今日からDiorのブルーミングブーケ．ちょっと大人の気分を味わいたいの」などといった華やいだ会話がどこかのロッカールームから聞こえてきそうだ．

〈③ファッショナブルなアイデンティティ確認作用〉は，フレグランス普及社会である近現代に特徴的なのだ．もっとも，西洋にくらべて，古から香りやにおいに格段に敏感な日本社会では，いまから千年もの前，平安時代中期の文学作品，紫式部（むらさきしきぶ 970/978-1019）の『源氏物語』において，光源氏が秘伝の調香に執念を燃やす場面が，至極自然に描かれているわけだから，その意味では大いにフレグランス先進国ともいえる．③の局面では，②と同様に，フレグランスとデオドラントの併用はもちろんのこと，ここでのデオドラントは，入浴やシャワーに加えて，デオドラント剤やデオドラント化粧品の日常的利用を前提としている．いくら身体に芳香を加えても，体臭が消えていなければ，おしゃれとしては台無しだ．少なくとも現代の規準では．〈③ファッショナブルなアイデンティティ確認作用〉では，生理学的機能は背面に後退し，心理学的機能と社会学的機能が主役となるのだ．

最後の局面は，図4の最上段，〈④社会的な地位確認作用〉である．古から香油1グラムが黄金1グラムに相当する高価なフレグランスを惜しみなく使う財力権力そのものである．現代のわれわれにとっても，それはそのままあてはまる．恒常的な入浴やシャワーはもちろんのこと然るべき防臭措置，日常的にデオドラント剤やデオドラント化粧品を使用した上で，気品を醸し出すフレグランスの適度な利用は，男女問わず，現代社会においても，その経済的余裕と文化的作法を身につけた一定の社会階層以上の人間にとっては不可欠なマナーともいえる．香りやにおいの管理も社会人としての好ましさの条件に含まれる時代だからだ．現代社会の，四季を問わず室温や湿度が保たれた空調管理や，第51節（第8章）で述べる〈おしゃれにおける露出効果〉や〈おしゃれにおけ

る裏舞台効果〉の進展によって，薄着が常態化し，インナーや地肌の露出部分が増えてゆく趨勢とも無関係ではない．美容化粧服飾の高度なリテラシーのなかに，香りや臭いの管理も重要な要素として含まれている．「さすが上場企業の常務取締役さんだな，香水にも気遣いが偲（しの）ばれる」「先輩からはレディの香りがする」といった呟（つぶや）きがオフィスタワーのあちこちで聞こえてきそうな今日の世の中である．この最後の局面，〈④社会的な地位確認作用〉では，生理学的機能はもちろん，心理学的機能も背面に後退し，主たる役割を果たすのは，当然のこと，社会学的機能である．

　以上，フレグランスとデオドラントの機能を四つの局面から俯瞰（ふかん）してきたが，香りと匂いの人間社会における作用はかくも広く深いものがある．たかがフレグランス，たかがデオドラントなどと侮（あなど）れない存在なのだ．それが隠れた主因となって，恋愛が成就しないことはもちろん，重要な商談が流れてしまうことさえある．

第18節　香気規範の四類型

　日本のように香りとにおいに敏感であるために，フレグランスの利用さえも忌避する人びとが一定数存在する社会もあれば，浴びるように使う習慣のある国々もある．時代や空間によって芳香と悪臭のとらえ方が異なるのを分析する枠組みを提供するのも社会学の仕事であろう．ここでは，それを〈香気規範の四類型〉（four types on norm of fragrance）として提示しよう．

　人間の身体は生体である以上，汗腺を含む外皮から汗など老廃物を常に排出している．気温や湿度にも依存するが，一定時間経過後に細菌の繁殖によってこれらから腐敗臭が発生するのは避けられないことだ．要は水浴びや入浴などで身体を清浄に保たないかぎり，身体が臭（にお）いはじめる．もちろん，フレグランスに頼らなくとも，個人差は大きいが，身体からわずかな芳香を醸（かも）しだす生体機能もヒトは有している．天からの贈り物ともいえるこの芳香だが，残念ながら，前述の悪臭を隠すほど強いものではない．したがって，われわれは〈自然状態〉（Nature）においては，他のあらゆる動物と同様に，やはり臭（にお）うのである．図5の最も左側に図解したとおりだ．

64

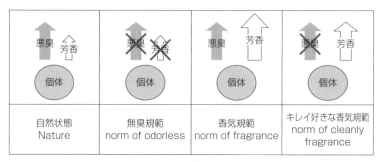

図5　香気規範の四類型

　文化的動物たる人間は，水浴びや入浴によって体臭を除くことができる．動物にも砂浴びや水浴びで身体の清浄を保つ行動が観察されるが，人間の場合は，風呂やシャワーなどの入浴施設を建造，設置し，これを恒常的におこなう文明を築いてきたのである．ただし，身体から生じる悪臭を除去すれば，同時に，天からの贈り物であるヒト固有の自然な芳香も消しさってしまうことになる．いわゆる無臭状態である．この状態を「よい」とする文化や社会も多く観察される．〈無臭規範〉（norm of odorless）と呼ぶべきものだ．年間にわたって降雨量が多く，天然河川による水資源に恵まれた日本では，水浴びや入浴が，そうでない地域にくらべて，大変幸運なことに，頻繁かつ安価なコストでおこなうことができた．無臭に保つことがそれほど困難ではなかったゆえに，おそらくは，香りやにおいの社会的管理において，無臭規範が主たる役割を果たしてきたのだと思われる．その反面，酷暑になりにくく，湿度も相対的に低い，地中海世界や欧州北部であれば，頻繁な水浴びや入浴はそれほど必要ではないが，夏季には高温多湿になりやすい日本の気候では，快適な共同生活を送るためには，防臭対策は不可避でもある．〈無臭規範〉は風土の産物ともいえる．図5では左から二番目にあたる．

　ジャコウネコの肝から作られる麝香（じゃこう）のように，すこぶる強力なフレグランスが欧州では普及，流通してきた（Dove 2008＝2010: 19）．香りで飾るというよりは，悪臭を隠す目的でのフレグランス利用である．〈無臭規範〉の風土とは対照的に，酷暑になりにくく，湿度も相対的に低い，とくに欧州北部においては，王族貴族や上層階級を中心に，強力な香水による体臭隠しがフレグランス利用の主と

なってきた経緯がある．これが，〈香気規範〉（norm of fragrance）だ．〈香気規範〉と聞くと，一見，キレイに思えるが，強力な芳香によって悪臭を覆い隠すだけだから，実は，清潔とはほど遠い．というように感じてしまうのは，〈無臭規範〉で育ってきた者の自らの風土観による偏見なのかもしれない[7]．図5では右から二番目にあたる．

　現代のわれわれは，入浴，シャワーによる身体清浄はもちろんのこと，デオドラント剤やデオドラント化粧品を用いたうえで，香水やオードトワレなどのフレグランスを使うのが普通である．つまり，体を清め，いったん無臭状態にした上で，芳香を付すのである．これは，無臭規範と香気規範の双方の良い面をとった，豊饒な消費社会あってこその，いわばパーフェクトな状態だ．これを，〈キレイ好きの香気規範〉（norm of cleanly fragrance）と呼ぶことにしよう．図5では最も右側にあたる．

　香気規範の四類型の両側の〈自然状態〉と〈キレイ好きの香気規範〉は，あきらかに時代差があり，〈自然状態〉は太古もしくは文明の未発の状態であるのにたいし，〈キレイ好きの香気規範〉は，古代であっても近現代であっても，豊富な水資源と自然河川に恵まれた風土もしくは環境立地とそれを活かした風雅な文化，あるいは，人工の水道を建造する高度な文明なしには存立不可能だ．古代ローマの貴族や上層市民たち，平安期以降の日本の公家たち，そして近現代の産業社会．それに対して，〈無臭規範〉と〈香気規範〉については，時代や文明段階というよりは，空間の違い，すなわち風土と文化に大きく依存している．洋の東西もしくは気候帯の南北がその分水嶺になっているようだ．

第19節　フレグランスとメイクを利用頻度で比較

　香りとにおいには多層多次元にわたる機能，その規範にも時代と風土に依存する差異があることは前節までに述べたとおりだ．では，現代の女子大学生は，フレグランスをどのように用いているのだろうか．第1章，第2章と同様に，CCJD13のデータセットを用いて，その実態を明らかにしてみよう．「あなたは，メイク（お化粧），フレグランス（香水）を，どのくらいの頻度で行っていますか」という問いにたいしての回答を表7にまとめた．回答は，フレグランスとメイ

表7　フレグランス頻度とメイク頻度の比較　N＝746
CCJD13「女子大学生のメイクとファッション係わる全国調査」2013年 9 月中旬実施

	実人数		百分率		累積百分率	
	フレグランス	メイク	フレグランス	メイク	フレグランス	メイク
お家にいる日でも毎日	9	14	1.2%	1.9%	1.2%	1.9%
外に出かける日はかならず	92	436	12.3%	58.4%	13.5%	60.3%
週に 2 〜 3 回	60	120	8.0%	16.1%	21.6%	76.4%
週に 1 回	65	43	8.7%	5.8%	30.3%	82.2%
月に 1 回	76	33	10.2%	4.4%	40.5%	86.6%
半年に 1 回	57	27	7.6%	3.6%	48.1%	90.2%
年に 1 回	44	14	5.9%	1.9%	54.0%	92.1%
1 回だけしたことがある	54	16	7.2%	2.1%	61.3%	94.2%
今まで 1 回もしたことがない	289	43	38.7%	5.8%	100.0%	100.0%
計	746	746	100.0%	100.0%		

注：1 ）百分率における淡灰色セルは最も頻度が高いカテゴリー.
　　2 ）累積百分率における淡灰色セルは第 1 四分位数が含まれるカテゴリー.
　　3 ）累積百分率における濃灰色セルは中央値が含まれるカテゴリー.

クの別々に聞いているので，双方の頻度比較が可能になる．

　フレグランスを「お家にいる日でも毎日」と答えた人は746名のレスポンデント総数の内，9 名で1.2％，メイクでは14名で1.9％だった．双方とも自宅に一日中いる日には，おおむねしていないようだ．その値はきわめて少数であり，フレグランスでおおよそ83人に 1 人，メイクではおおよそ53人に 1 人の割合に過ぎない．ところが，「外に出かける日はかならず」になると，フレグランスでは92名で12.3％と一気に跳ねあがり，メイクでは，なんと436名で58.4％にものぼる．自宅にいる日を除けば，フレグランスではおおよそ 8 人に 1 人が，常態的な利用者である．メイクでは，その値は 5 倍近く，格段に多い．全体の半数以上，7 割にも肉薄する女子大学生が常態的にメイクをほどこしている．当然ながら，累積百分率はこのカテゴリーまでで60.3％となり，この区間に中央値を含んでいる．過半数の女子大学生が，出かける日はかならずメイクをするのにたいして，フレグランスに関しては，その利用度は 4 分の 1 から 5 分の 1

にさがる．メイクは必需であるが，フレグランスはそうではなく，目的に応じてということなのかもしれない．

　次に，「週に2〜3回」フレグランスを使うと答えた人は，60名で8.0％，おおよそ13人に1人の割合だった．メイクをすると答えた人は120名で16.1％，おおよそ6人に1人の割合であり，メイクの方では，その分厚い常用層は一つ前の「外に出かける日は必ず」であり，これは，その次の頻度にあたる．「週に1回」フレグランスを使うと答えた人は，「週に2〜3回」とほぼ変わらず，65名で8.7％，おおよそ11人に1人の割合だった．メイクの方は43名で5.8％，おおよそ17人に1人の割合に減った．「週に1回」の，ここまでが，フレグランスやメイクを毎日ではないにせよ，ある程度，日常的に接している層だ．フレグランスの累積百分率を見ると，30.3％であり，全体の3分の1弱の人びとがあつまっている．ちょうど，このフレグランス頻度について上位の4分の1を示す，第1四分位数も，このカテゴリーに含まれる[8]．これらの人たちは，前節で述べた〈キレイ好きの香気規範〉に相当するのではないか．〈キレイ好きの香気規範〉は全体の3分の1弱であり，少なくはないものの，過半ではない．それにたいして，メイクの方でこの「週に1回」までの累積百分率を見ると，8割を超える82.2％にまで達しており，ほとんどの女子大学生が，日常的にメイクとつきあっている層だということがわかる．第10節（第1章）で論じた〈メイク規範の連鎖構造〉に圧倒的多数の女子大学生が組みこまれているのだ．逆にいえば，〈キレイ好きの香気規範〉は，その存在は確認されるのだが，メイク規範にくらべれば，その強度は弱い．

　つづけよう．「月に1回」フレグランスを使うと答えた人は76名，10.2％，おおよそ10人に1人の割合であり，「外に出かける日はかならず」にはおよばないが，「週に2〜3回」「週に1回」よりも多い．たいして，メイクの方では，「月に1回」は33名，4.4％で，おおよそ23人に1人の割合に過ぎない．もはやメイク頻度のボリュームゾーンはとうに過ぎているからだ．「半年に1回」フレグランスを使うと答えた人は57名，7.6％，おおよそ13人に1人の割合であり，メイクの方では，「半年に1回」は27名，3.6％で，おおよそ28人に1人の割合に減少する．「年に1回」フレグランスを使うと答えた人は44名，5.9％，おおよそ17人に1人の割合であり，ここまでの累積百分率は54.0％に達し，ようや

く，このカテゴリーが中央値を含む．ただし，「年に1回」のフレグランス利用者が，女子大学生の平均的姿だと誤解してはいけない．フレグランス頻度に関しては，前述した〈キレイ好きの香気規範〉と後述する〈無臭規範〉が主体となった双極構造だからだ．メイクの方では，「年に1回」は14名，1.9％で，おおよそ53人に1人の割合．フレグランスを「1回だけしたことがある」と答えた人は54名，7.2％，おおよそ14人に1人の割合であり，メイクの方では，これもきわめて少なく16名，2.1％で，おおよそ48人に1人の割合．

これらの，フレグランス，メイクを「月に1回」から「1回だけしたことがある」と答えた人びとは，まったくフレグランスやメイクにふれたことがないわけではないが，利用頻度がすこぶる低く，日常的に用いているのではない．いわば，フレグランスやメイクに縁遠い層だ．フレグランスの場合は，これらのカテゴリーに，あわせて231名がおり，31.0％を占めている．日常的にフレグランスを用いる〈キレイ好きの香気規範〉とフレグランスをまったく用いない後述の〈無臭規範〉との中間的もしくは緩衝としての位置にある，あいまいな層でもある．メイクの場合は，これらのカテゴリーをあわせても90名しかおらず，わずか12.1％に過ぎない．後述のメイクを「今まで1回もしたことがない」人びとに近接した，〈メイク規範の連鎖構造〉からある程度離脱した層なのだろう．

最後の集計カテゴリーの値は衝撃的である．フレグランスを「今まで1回もしたことがない」女子大学生は，289名にも上り，38.7％，全体の三分の一以上がここに集中している．これは，フレグランスをまったく使わない層であり，まさしく〈無臭規範〉にしたがっている人びとである．しかも，このカテゴリーの頻度は他のどのカテゴリーよりも多い最大多数である．メイクを「今まで1回もしたことがない」女子大学生，つまりメイク規範から完全に離脱している層が，43名，5.8％，おおよそ17人に1人の割合に過ぎず，圧倒的な少数派であることとくらべると，その意味が浮かびあがってくる．現代の女子大学生，彼女たちのほとんどは，日常的に化粧をほどこすメイク規範の範疇に属しているのにたいして，フレグランスに関しては，二極分解しており，日常的にフレグランスを用いる3分の1強〈キレイ好きの香気規範〉と，4割にも肉薄した最大多数の〈無臭規範〉がならぶ構造になっているのだ．〈無臭規範〉強し．

　以上，メイク頻度とくらべてみると，フレグランス頻度から見えてくる利用者の規範は，現代的な〈キレイ好きの香気規範〉の存在も裏づけられたものの，日本の伝統と風土に色濃く影響された〈無臭規範〉の影響下にあることが，実証的な方法で得られた社会調査データから明瞭に見えてくる．

第20節　無臭規範の知覚過敏ループ

　現代日本では，水資源に恵まれた風土や，水浴びや入浴で身体を清浄にすることをよしとする伝統文化の影響にくわえ，手軽に使えるデオドラント剤やデオドラント化粧品の普及もあり，〈無臭規範〉が大きな影響力を有している．世界各国の行動文化は，今世紀に入り，消費生活という側面では，一様化の趨勢にあり，香気規範の四類型の最終形態である，〈キレイ好きの香気規範〉が優勢であることはまちがいない．入浴，シャワーなどで体臭を消したうえで，フレグランスを用いる，現代型の香気規範である．しかしながら，前節での集計からもあきらかなように，日本では，この〈キレイ好きの香気規範〉と〈無臭規範〉が拮抗しているようにも見える．自らが醸しだすにおいへの恐怖ともいうべき忌避感，嫌悪感が強いのだ[9]．

　〈無臭規範〉が生みだす，規範連鎖メカニズムを提示し，この苦しみに陥らず，もしくは，これを癒やし，香りの重要性とともに，どうしても悪役になりがちな体臭への寛容な精神を育む一助としたい．

　〈無臭規範の知覚過敏ループ〉（restraint loop on norm of odorless）とは，身体疾患もしくは心理的ストレスが原因となり，嗅覚過敏を生じることによって，〈無臭規範〉に強迫的に拘束されてしまう望ましくない状態を指す．

　〈メイク規範の連鎖構造〉と同様に，においについて，①「体臭が気になる」〈無臭規範〉（norm of odorless），②「清潔にしなければ」と思う〈身体清浄規範〉（norm of purification），③「デオドラント剤やデオドラント化粧品を使わなければ」と思う〈デオドラント規範〉（norm of deodorant），といった①から③に連なる規範の連鎖構造を考えてみれば，わかりやすいだろう．体臭や悪臭を気にすることは悪いことではない．むしろ社会生活上，必須の作法でもある．そして，それをふせぐために，入浴，もしくは，シャワーを浴び，洗濯済みの衣服に着

替えることも大切だ．新陳代謝が激しい若年層であれば，さらに用心し，デオドラント剤やデオドラント化粧品を使い，爽快感をえることもある．これも悪くない．問題は，それでもなお，体臭が気になることだ．デオドラント剤やデオドラント化粧品を使っても，まだ，自分の身体が臭う錯覚に陥り，もう一度風呂に入りなおし，デオドラント剤やデオドラント化粧品を塗りなおすことになる．〈デオドラント規範〉で連鎖が終結せずに，〈無臭規範〉にもどり，このループを何度でも循環してしまう．

　身体疾患もしくは心因性ストレスにともなう嗅覚過敏の可能性があり，まずは専門医に相談すべきだ．さらに，心因性ストレスの場合には，においにたいする寛容な気持ちを持つことが大切である．自身の体臭を，生きている証拠，生命とセットとなった天からの贈り物として受けいれる，おおらかな精神を持ちたい．「今日はちょっと臭うかも，でもフレグランスで誤魔化しちゃえ」くらいの気持ちでちょうどよいのだ．生理学的にいえば，あなたの身体から醸しだされるにおいが，天にも昇るほどの芳香に思えて，大好きでたまらない相手もいるのだから．

　あたりまえのことだが，ヒトも動物の一種である．太古において，今よりも，もっともっと，人間が動物に近かった頃は，親子姉妹兄弟や夫婦は，おたがいの身体のにおいを最重要な手がかりとして，愛すべき個体を判別し，そのにおいとともに集団生活を送っていたのであるから．

第21節　プルーストのマドレーヌ効果

　本章の最終節である本節では，日本のわれわれは，欧米圏にくらべると，まだまだ，近現代的なフレグランスとのつきあいが未熟な部分があるので，そこを補い，香りとともに楽しく生活するためのいくつかの情報を記すことにする．

　フレグランスは，榎本雄作（えのもと ゆうさく 1941-）が著した『香水の教科書』（学習研究社）によれば，賦香率と呼ばれる全量に占めるバラの香油など香料比によって，四大別される．賦香率が低い方から，列挙すると，3〜5％に過ぎないオーデコロン（l'eau de Cologne）．その香りは1〜2時間ほどしか持続せず，相対的に安価なこともあり，たっぷりと使うことができる．次は，賦香率が5

〜10％のオードトワレ（l'eau de toilette）であり，持続は 3 〜 4 時間程度．オー
デコロンと同様に気楽に用いることが出来る．その次は，オードパルファム
（l'eau de parfum）．賦香率は10〜15％であり，一旦数吹き用いれば，ほぼ半日に
近い 5 時間前後持続する．最後が，フレグランスとしては，最高ランクの香り
であるパルファム（le parfum）いわゆる香水だ．賦香率は15〜25％と高く，半
日以上持続する（榎本 2004: 41）．欧米圏では，このパルファムをフォーマルな
席では用いることが期待されているといわれており，賦香率がすこぶる高いゆ
えに，一度に用いるのは，ほんの数滴である．

　これらの四種のフレグランスの内で，日本市場において最も人気があるのは，
フォーマルなパルファムいわゆる香水や，それに次ぐパルファムに近い存在で
あるオードパルファムではなく，賦香率が相対的に低いランクに位置するオー
ドトワレだという．それも近年のことであり，かつては，最も賦香率が低いオー
デコロンが隆盛をきわめていた時期もある．欧米圏とくらべて，低い賦香率が
好まれる日本的事情は，〈キレイ好きの香気規範〉と〈無臭規範〉が拮抗して
おり，どちらかといえば，〈無臭規範〉の方が多数派であることがあきらかになっ
た，前節のデータからも伺えるところだ．日本では，その伝統と風土ゆえに，
やはり強力な芳香は避けられる傾向なのだろう．

　次に，調香の視点を鑑みたフレグランスえらびの智慧を紹介しておこう．読
者のみなさんは，フレグランス売り場で販売員にわたされる香りのテスター用
紙を使うことがあるだろう．オードトワレなどを吹きつけ，自分の好みか否か
を判定する例の小さな厚紙のことだ．たいていの消費者は，売り場で数種類の
フレグランスを手にとり，テスター用紙を使って試し，その判断にもとづいて
購入する．しかしながら，それはまちがっている．テスター用紙を使うな，と
いうことではない．これでは，つけてから 5 分〜10分くらいの香りであるトッ
プノートしか判定できないのだ．現代の多くのフレグランスは単一の香料だけ
で製造するのはまれである．複数の香料をバランスよく組みあわせてつくって
いる．最初に香るトップノートは，揮発性が高いレモンやラベンダーなどが主
となっており，販売店でかぐこの香りだけで，そのフレグランスとの相性を決
めるのは早計だということなのだ．つけてから30分〜 2 時間くらいすると，ミ
ドルノートと呼ばれる，配合されたすべての香料がバランスよく漂ってくる．

このミドルノートを参考にしなければならない．なぜならば，つけた直後に消えてしまうトップノートではなく，長く持続するミドルノートがそのフレグランスの本当の香りだからだ．つまり，テスター用紙はポーチやポケットにしまい，自宅に帰ってからもう一度かぐべきだ，ということなのだ．その日にショッピングが済まず，二度手間になることを回避したいのであれば，あるいは時間が許せば，カフェなどで，ゆっくりとお茶を楽しんだあとに，もう一度香りを試せばよいのである．このミドルノートこそがフレグランスのコアであり，おぼえておいて損はない．ちなみに，つけてから2時間以降，芳香が消えるまでは，ベースノートと呼ばれる残効性の強いバニラや動物性香料が香る．だから，置きすぎも禁物．もっとも一晩も置けばたいていの香りは消し飛んでしまうのだが．

　本章で述べてきたように，香りはわれわれの生活や社会に色濃く影響をあたえる重要な要素である．しかも，それを生かすも殺すもわれわれの利用次第である．つけすぎは，公共交通機関の車内はもちろんのこと，職場や学校でも，香水ハラスメントともいうべき弊害を生みだしてしまう．ただし，完璧な〈無臭規範〉は，前節の〈無臭規範の知覚過敏ループ〉で述べたような苦しみのもとになる．楽しみながら，香りをかしこく活かし，臭いをうまくおさえる，香りリテラシーを高めてゆくことがもとめられている．

　本節の最後に，香りにまつわる著名なエピソードを紹介したい．香りには，自身がわすれてしまった事柄を，心理学でいうところのいわゆる長期記憶からあざやかに蘇生させる機能がある．

　20世紀を代表する，フランスの大小説家，マルセル・プルースト（Marcel Proust 1871-1922）．彼が生涯をかけて執筆した『失われた時を求めて』は，フランス語原文で3000頁，全7篇におよぶ．まさに，これこそが文学中の文学，文芸の最高峰といえる．『失われた時を求めて』では，社交界をもふくむ場面と時期をかえつつ，世相や風俗をまじえての，壮大な自伝的物語が展開される．それもさることながら，従前の小説という完結した物語世界の構造をやぶる画期的かつ重層的な叙述形式があいまって，新時代をきりひらいた作品として，現在でも高い評価をうけている．そのプルーストの文章のなかに，嗅覚と味覚が過去の記憶をよびおこすシーンがある．「ひと匙の紅茶をすくって口に持っ

ていった」から記され，紅茶にひたされた洋菓子のマドレーヌを口にした瞬間に，その香りと味にさそわれて，はるか昔の幼少の頃の思い出が見事に想起されてゆく場面である（Proust 1913＝2002: 75）．フランスの哲学者，シャンタル・ジャケ（Chantal Jaquet 1956–）は，プルーストによる，この描写について，嗅覚と味覚，とりわけ，嗅覚は「もうなくなってしまったものの鮮やかな思い出を保存するためにとどまる」と記す（Jaquet 2010＝2015: 119）．紅茶とマドレーヌの香りと味にみちびかれて幼少期をすごした家や村の思い出が一気呵成（いっきかせい）によみがえるのだ．この『失われた時を求めて』に描かれたエピソードを指して，プルーストのマドレーヌ効果，もしくは，プルースト効果あるいはマドレーヌ効果とよぶことがある（上野吉一 2002: 179）[10]．本章のテーマである嗅覚のみに特化していえば，〈プルーストのマドレーヌ効果〉とは，無意識的記憶の香りを媒介とした急速な再現，のことである．

　プルーストのマドレーヌ効果は，別に特別な文学作品だけでおこるわけではない．われわれの日常生活に至極ありふれている現象でもある．電車や地下鉄で偶然隣にのりあわせた人が，別れた恋人が愛用していた，おなじフレグランスをつけていた．久方ぶりにかぐ，その芳香によって恋人とすごした楽しかった日々や別離にいたる悲しい記憶が急速によみがえる経験をした人もいるかもしれない．お盆休暇に帰省した実家の納屋から香る藁（わら）のにおいから，幼少の頃を思いおこすこと等々，さまざまな形で多くの人が経験していることだろう．香りがいかに人間と社会に色濃く影響をあたえているかが，よくわかる．

　フレグランスは美容化粧服飾の一環に位置づけられるが，メイクやコスチュームなど他の方法が，基本的には視覚中心であるのにたいして，嗅覚をもちいる点で，異色かつ個性的な存在である．嗅覚は，その性質上，「望まれなくとも我々の親密空間に侵入してくる」のだから（Jaquet 2010＝2015: 26）．香りとうまくつきあうことで，われわれは生活の質を向上させ，自らのメイクとファッションの水準を，さらにワンランクアップさせることができるだろう．

まとめ

　本章の第15節では，バラ香油の希少性から芳香を論じ，第16節では，調香師

ダブの視点を借り，太古から，美容化粧服飾が，宗教祭儀，神々とともにあったことを示した．第17節では，フレグランスとデオドラントの生理学的，心理学的，社会学的機能を，四つの局面別に整理し，つづく，第18節では，地域や時代，風土や文化に拘束された，そのうちに〈無臭規範〉も含む，香気規範の四類型を提示した．第19節では，前章までと同様に，CCJD13のデータセットを用いて，女子大学生のフレグランスとメイクを利用頻度で比較し，〈無臭規範〉の存在を確認した．第20節では，〈無臭規範〉の過度な拘束や呪縛を解くことをうながした．第21節では，香りに係わる長期記憶の再現である，プルーストのマドレーヌ効果について記した．

　冒頭で，フレグランスは，それを身につけた人の性的魅力を増進させるのみならず，社会的勢力や文化的卓越を示すことすらあるが，日本では，体臭をおさえるために香りをくわえる芳香よりも，清潔に保つことでの無臭が好まれてきた経緯があることを述べた．美容化粧服飾のなかでフレグランスの位置づけは，伝統的には，それほど大きくはないと，まえおきし，それを考える社会学的枠組みと調査データにもとづく知見を提示してきた．

　次章では，一転して，その方法論が〈身体の非形成〉であったメイクやフレグランスとは異なり，日常的な美容化粧服飾でありながらも，分類としては〈身体の形成〉に属するヘアメイクについて論じる．

註 --
1）現在は自身の会社と香水ブランドを保有しているが，ダブの調香師としてのキャリアは，フランスの著名な香水ブランド，ゲラン（Guerlain）から始まる．
2）このあたりの事情を，『匂いの記憶』の著者である南アフリカ生まれの英国の著述家，ライアル・ワトソン（Lyall Watson 1939-2008）は問題提起している．彼の原著タイトルの改題である訳書副題がすべてを物語っている．「知られざる欲望の起爆装置：ヤコブソン器官」というのがそれだ（Watson 1999＝2000）．ヤコブソン器官とは主たる嗅覚である嗅神経とは異なる鋤鼻器と呼ばれるヒトを含む哺乳類，四肢動物に特徴的な副嗅覚器官である．哺乳類ではとくに一般的な嗅覚ではなく，フェロモン受容器官であると見なされている．特定のフェロモン物質を嗅ぎ，猫が顔をしかめているように見えるフレーメン現象でも有名な器官のことだ．彼の，におい，フェロモン，社会行動を繋げるその卓抜したアイデアと旺盛な想像力には感服する．ニューエイジやスピリチュアリズムに傾斜したワトソン独自の生物学，生理学解釈は割り引いて読む必要はあるものの，嗅覚が人間社会におよぼす多大な影響力への着目は現在でも評価に値する．
3）19世紀のフランスでは，「パリ市民のうち，風呂に規則的に入れたのは，食べることになんの心配もない，わずか25パーセントほどの人間にすぎなかった」という（北山 1991: 42）．中世か

ら近世にかけての欧州での入浴習慣については，辻原（2003: 196-200）を参照．

4 ）従前のフローラル系中心のフレグランスに対して，ボーが調香した，ジャスミンが香り立ち（平田 2007： 27），メチルノニルアセトアルデヒド（$C_{12}H_{24}O$）を中心としたアルデヒド化合物を含むN° 5 について，CHANELの創業者，ココ・シャネル（Coco Chanel 1883-1971）は，「女性は女性ならでの香りを漂わせなくてはなりません．バラの香りではなく」と語ったという（Dove 2008＝2010: 112）．

5 ）1921年の発売以来，N° 5 の世界での売上は，ゲランやニナ・リッチ（Nina Ricci）の商品とならび，常にトップクラスだといわれている（山口 2002: 178）．

6 ）1954年の来日記者会見で「寝るときはシャネルの 5 番だけよ」と発言した（山口 2002: 177）．

7 ）「香水を必需品として使う習慣がある欧米諸国」とくらべ，日本ではフレグランスの市場規模がすこぶる小さい（境野 2003: 136）．

8 ）四分位数（quartile）とは，分布全体を四分割して直感的に判りやすく把握するための指標．

9 ）いわゆる「自己臭症」（五味 2004: 41）．

10）霊長類学者の上野吉一（うえの よしかず 1960-）によれば，プルーストのマドレーヌ効果に代表される「匂いの働きの特異性」については認識されてはきたものの，その科学的研究は端緒についたばかりであり，いわゆる「思い出」は，「嗅覚の機能として進化的に手に入れた能力である可能性」があるという（上野吉一 2002: 179, 185）．

第4章

印象を決める身体の最上部

——ヘアメイク

はじめに

ファッションの要はヘアメイクにある．頭髪および頭皮は，第1章で論じた，フェイスの上側かつ身体の最上部に位置し，コスチュームやアクセサリーを含めたファッション全体の基調を決定する．それゆえ，ヘアメイクおよびカラーリングは，その時代のファッションのトレンドを知るための手段になると同時に，その人物のファッションセンスを測る精度の高いバロメーターにもなる．髪を侮るなかれ．あなたの髪の毛とそのセットであるヘアメイクは，あなたのおしゃれ度を決めてしまうのだ．

ベートーベンと並び讃えられる史上最大の音楽家モーツァルト．フルネームを，ウルフガング・アマデウス・モーツァルト（Wolfgang Amadeus Mozart 1756-1791）という．天才少年として人生をスタートした彼の生涯は謎に満ちている．ライバルが羨むありあまるほどの天賦の才に恵まれつつも，自由奔放な性格と行動が災いし，30代半ばで夭折．かならずしも安定した生活は営めなかったことだけはよく知られているが，ここで注目したいのは，このモーツァルトの時代における，王侯貴族や上流階級の人び

画像5
18世紀の男性用かつら
「ラ・バールとその演奏家達」
出典：Black and Madge（1975＝
1985b: 63）．

78

とを多数招いた演奏会や宮廷音楽家たちの，豪華な盛装とそれに見あう立派な
かつらである．当時の階層の高い人びとにかつらが普及したのは，衛生観念が
乏しく清掃が行きとどいていない都市環境に由来するという諸説も語られてい
るが，メイクとファッションの視座から見れば，その答えは明快だ．豪華絢爛
なコスチュームに負けない，ヘアメイクが必要であった（津田 2005: 18; 2003:
10）[1]．衣服が派手で華美であるほど，頭髪やそのセットアップはそれに見あ
うボリュームがもとめられる．ファッションの要はヘアメイクにあるからだ．
乏しい地毛だけではそれには対応不可能である．そこで登場するのが王侯貴族
や宮廷音楽家のかつらなのである．

　画像 5 は，邦訳で二分冊にわたる大著『ファッションの歴史』に所収された，
モーツァルトの同時代18世紀の宮廷音楽家たちが描かれた絵画である（Black
and Madge 1975＝1985b: 63）．このあたりの事情に関して大いにイメージが喚起さ
れるだろう．

第22節　ブロンドの色彩学的優位

　生まれつき黒髪がほんとんどの日本人には耳の痛い話だが，金髪いわゆるブ
ロンドの外国人女性が着物を着用すると，黒髪のわれわれよりも，意外に似あ
うという話がある．着物は日本の伝統衣装，民族衣装であるから，奇妙な気も
するが，これは本当のことだ．アジアアフリカ諸国民族の生まれもった髪色は，
基本的に黒もしくは黒に近い茶系統である．それにたいして，北欧を中心に，
欧米の白人種の人びとには，黒や茶系統はもちろん，ブルネットやブロンド，
プラチナブロンドといった多様な髪色が出現しやすい．これは継承してきた遺
伝子がなせる技であるから，人の力ではどうしようもない．そして，ブロンド
の髪色の人たちは，欧米出自の洋服をはじめ，世界各地の伝統衣装，民族衣装
を含めて，その着用の姿が映えるのだ．まさに絵になる．決して，人種的なコ
ンプレックスを吐露しているわけではない．それには物理的な理由がある．

　色彩には，明度や彩度など幾つかの要素から成る．ここでは，白から黒にい
たるまでの，その色の明るさを示す明度と，赤青緑といったその色の彩りの鮮
やかさの程度を示す彩度で考えてみよう．黒は色として，最も明度が低い暗い

色である．白は最も明度が高いが，ウサギや白熊などとは異なりヒトの髪色の白は加齢によるものか，あるいは遺伝的な事由でまれに出現する事例に過ぎない．生まれながらに常態的に出現する髪色で最も明度が高いのはブロンドよりさらに明度が高く金髪と銀髪の中間的な存在であるプラチナブロンドだ．一方，彩度という指標で考えてみると，黒は最も彩度が低い．プラチナブロンドは，明度は最高であるものの，彩度すなわち色本来の持つ彩りの鮮やかさではプラチナブロンドはブロンドに劣る．もっとも，緑系統や青系統，ピンク系統などの髪色が自然界に常態的に頻出していれば，こちらの方も彩度が高いことになるが，これらの髪色についても，先述した白髪と同様に，生まれながらには例外的な少数派である．つまり，黒，茶，ブルネット，ブロンド，プラチナブロンドといったメジャーな髪色の中では，ブロンドが最も彩度が高いことになる．

　明度が相対的に高く，彩度が自然界に出現しやすい髪色では最高のブロンド．このバランス最高の位置づけを〈ブロンドの色彩学的優位〉（chromatics supremacy of blonde）と呼ぼう．日本古来の和服が日本人より金髪碧眼の欧米人に似あってしまうのは，この〈ブロンドの色彩学的優位〉が存在するがゆえなのだ．こんな話をすると，「人種的偏見だ」「おまえは欧米の走狗か」などと叩かれそうだが，色彩学にもとづく，文化や社会とは無縁な事由から由来しているものだから，どうか御寛恕いただきたい．ブロンドであれば，どんなコスチュームでも着こなせてしまう．逆にいえば，諸国諸民族の伝統衣装，民族衣装はその国民や民族に最も似あうようにつくられている．着物も黒髪で黒い瞳かつ身長が低く，脚が短い日本人に映えるようなデザインと色あいでつくられている．しかしながら，金髪碧眼の外国人のみなさんにそのお株を優々と奪われてしまうのは些か悔しくもある．

第23節　なぜヘアメイクとカラーリングがファッション全体の基調を決定するのか

　本章の冒頭にも記したが，なぜヘアメイクとカラーリングがファッション全体の基調（tone）を決定するのか．そのことをくわしく論じよう．それは，以下に述べる四つの過程によって説明可能だ．

なぜヘアメイクとカラーリングがファッション全体の基調を決定するのか
①キレイの中心であるフェイスに隣接し，より上部に位置する．
　　→フェイスの仕上がりをコントロール．
②ボディ・パーツの中で最上部に位置する．
　　→その人のファッションとメイクをすべてコントロール．
③加工や彩色が自在に可能である．
　　→どんなメイク，コスチューム，アクセサリーにも対応．
④ボディ・パーツの中で露出する表面積が相対的に大きい．
　　→加工や彩色による効果が甚大．

　まず，頭髪は，キレイの中心であるフェイスのすぐ上側に位置している．これが，直に見る機会はまれな足の裏であるなら，その様相はまったく異なっていただろう．①キレイの中心であるフェイスに隣接し，より上部に位置する．すなわち，フェイスの仕上がりをコントロール出来る位置にあるのだ．どんな美女でも，どんな美形であっても，頭髪が見劣りするようであれば，その人が美女や美形であることを気がつかず，通り過ぎてしまうこともある．逆に，ヘアメイクが美しく決まり，冴えていれば，生まれながらの容貌やメイクの仕上がりに自信がなくとも，相当カバーできるのだ．ヒトの視覚，眼球の位置は顔の上部にある都合上，その視野は相手の首より下や下半身には注意がむきにくい．しかも，視覚の構成上，物体の下部よりも上部に視野が拡がりやすい物理的な特性がある．そのことは，容姿に恵まれない筆者自身が痛感するところでもある．フェイスに自信がなくとも，ヘアメイクがうまくまとまれば，その日は，上機嫌で過ごすことができる．その逆もまた然り．美容化粧服飾の世界では，なによりもまず，頭髪の管理やヘアメイクに心を向けよ，ということだ．

　日本全国で現在，美容室（サロン）の数は，増加傾向にあり，23万店舗を超えるという．理容室（床屋）の数は美容室の好調におされ，微減趨勢にあるといえ，13万店舗前後，存在するといわれている．双方あわせて36万店舗の美容室と理容室が営業をつづけているわけであり，日本人口のおおよそ360人あたりに１店舗が存在していることになる．日常生活に欠かせない存在であるコンビニエンスストアが，人口2300人あたりに１店舗であることを考えあわせると，

この値は驚異的である．美容室・理容室の店舗数が，コンビニの6倍以上なの
だ．小さな町や村にも美容室や理容室が一軒いや数軒は見かけることを裏づけ
る数値である．髪が長くのびて支障があるということだけならば，一家に一個，
理髪用はさみがあればよいだけの話だ．美容室や理容室のこれほどまでに多い
店舗数の説明にはならない．われわれにとって，美髪や理髪は生活上において，
おそらくは衣食住と同程度に重要な存在なのだ．この事実も，①キレイの中心
であるフェイスに隣接し，より上部に位置する．すなわち，フェイスの仕上が
りをコントロールする，という原理を日常知として身につけているからではな
いのか．

　次に，髪が生えた頭部は，②ボディ・パーツの中で最上部に位置する．すな
わち，その人のファッションとメイクをすべてコントロールできる位置にある，
ということだ．フェイスのすぐ上部に位置するだけでも大切な場所であるとい
うのに，それにくわえて，頭部そのものが身体の最上部であるということは，
さらに，大きな意味を有する．擬似的な生態や姿勢をとる霊長類や一部の齧歯
類を除き，高等動物である哺乳類でさえもヒトのように常時直立の姿勢を保て
る種は存在しない．人間の視覚が対象の下部よりも上部に集中しやすい事情は
先述のとおりである．身体の最上部にある頭髪は，否が応でもめだつ．人類が
直立型であったゆえに，ヘアメイクは，特権的な位置づけをあたえられたのだ．
ボディ・パーツのなかで最上部に位置する，すなわち，その人のファッション
とメイクをすべてコントロール，という原理はヒトの骨格構造に基づく動物学
的必然でもある．

　さらに，髪は，③加工や彩色が自在に可能である．すなわち，どんなメイク，
コスチューム，アクセサリーにも対応できるということだ．髪は生体の一部で
あり新陳代謝がある細胞組織でありながら，爪などと同様に神経が存在しない
ために，カットやパーマ，カラーリングが自由自在におこなえる．もちろん，
過度な加工や彩色が髪や頭皮を傷めるのも事実であるが，一定程度の範囲内の
利用に控えれば，健康被害もそれほど大きくはないといわれている．

　この加工や彩色が自在に可能であるという点は，美容化粧服飾からすれば理
想的な条件だ．第1章で論じたキレイの中心フェイスにおけるメイクでも，ア
イカラーやリップグロス，チークカラーなどによる彩色や光沢付与はかなりの

程度自由にできるが，ヘアメイクで一般的なカットやパーマなど生体そのもの
を切り，屈曲させる加工までは不可能だ．フェイスの加工は，次章で論じる美
容整形ではじめて可能になる技法だが，これも一生のうち，一回もしくは多く
とも数回程度にかぎられる特殊な手段であり，決して日常的なものではない．
それにたいして，ヘアメイクでは，少ない人でも，数ヶ月に一回程度，カット
はおこなう．毎月，カラーリング，パーマ，ヘアカットをすべておこなう人も
めずらしくはない．ヘアセットやカラーリングが自在におこなえることは，頭
髪より下部に存在し，色彩学的かつ視覚的にその制御を受ける立場にあるフェ
イス，さらには，首から下のコスチュームやアクセサリーをまとう身体にとっ
て大きな意味を有する．ヘアメイクによって，華麗さ，可憐さ，清楚さ，純朴
さ，精悍さなどのイメージを自由につくれることにつながる．「グレー系統マッ
トな質感のさらさら直毛セミロングだから小花模様のワンピが映えるし，今日
はお嬢様イメージでゆこう」「金髪ポニーテール，肩出しのオフショルを着て
元気いっぱい少女を演出したい」などといった美容化粧服飾の全面にわたる総
合的演出が可能となる．加工や彩色が自在に可能である，すなわち，どんなメ
イク，コスチューム，アクセサリーにも対応できるということは，ヘアメイク
は，天が人間にあたえたメイクとファッションにおける最高の贈り物なのかも
しれない．

　最後の，④ボディ・パーツの中で露出する表面積が相対的に大きい．すなわ
ち，加工や彩色による効果が甚大という原理は，日常生活において，その影響
を受けているのにもかかわらず，意外に看過されやすい．第13節（第2章）で
論じた，ボディペインティングの現代的末裔たるマニキュアやペディキュアも
加工彩色が自在であるという点ではヘアメイクに似ている．ただし，決定的に
異なる点は，手足の爪は，その表面積が髪にくらべて，すこぶる小さいという
ことだ．どんなにキレイに彩色や光沢付与をほどこしたとしても，それを見て
くれる相手が半径2メートル程度まで近よってこなければ，ほとんど視界に入
らない．視力のよくない相手の場合には，1メートルくらいでも判別できない
こともある．ところが，頭髪は露出する表面積が桁ちがいに大きい．ロングヘ
アやパーマなどをほどこした場合には，フェイスとくらべても数倍，手足の爪
とくらべたならば数百倍の表面積が確保できるのだ．視力のよい人であれば，

普通の声量では声も届かない10メートル以上の遠方の相手であってもその髪色やヘアスタイルは判別できるだろう．人体の中で，これほど顕著にめだつパーツは頭髪をおいて他には存在しない．だからこそ，ヘアメイクにおける加工や彩色は絶大なる影響力をおよぼすのだ．これを利用しない手はない．

　以上の四つの過程の説明で，なぜヘアメイクとカラーリングがファッション全体の基調を決定するのか，御理解いただけただろうか．宮廷音楽家や王侯貴族のかつらの意味もそこにある．

第24節　ブロンド規範

　ヘアメイクとカラーリングがファッション全体の基調を決定するのであれば，かつら着用を含めて頭髪の威力は甚大なものである．しかも，欧米圏の人びとにとっては，ブロンドという美容化粧服飾を一気呵成にランクアップさせる強力な武器もある．アジア圏に属する日本のわれわれにとっては羨ましいかぎりでもある．しかしながら，欧米圏の人びとにも，われわれと同様ないや，もっと強力なコンプレックスが存在していることは意外と知られていない．いや，その存在を隠すかのように彼女たちは力をつくしているともいえる．

　原題*Big Hair*，邦訳『ヘア・カルチャー』を著したカナダの文化人類学者，グラント・マクラッケン（Grant David McCracken 1951-）を繙くと，日本の黒髪の，われわれにとって衝撃的な事実が記されている．欧米系のアメリカ人女性で，生まれつきのブロンドは，８％に過ぎず，40％もの人がブロンドに染めている，というのだ（McCracken 1995＝1998: 92）．双方の割合を足せば，48％．約半数である．ニューヨークやロサンゼルスの街角で見かける欧米系の女性がおおむね半分くらいが金髪，といったおぼろげな印象とほぼ一致する．生まれながらのブロンドで羨ましいなぁ，ということではないのだ．12人に１人の比率に過ぎない，生まれながらのブロンドに似せるべく，その５倍に匹敵する全体の４割もの欧米系米国人女性が，ブリーチとカラーリングによって金髪に染めているのだ．先述した〈ブロンドの色彩学的優位〉にくわえて，時と場合によっては偏見にもつながりやすい，金髪碧眼への信仰にも近い憧れがそうさせているのだと推測される．この事実を知ってしまうと，金髪への憧れもあるにせよ，生

まれながらの「黒髪がキレイ」という伝統的価値に育まれてきた日本のわれわれにとっては，米国人女性のこの努力が涙ぐましくも思えてくる．これを〈ブロンド規範〉（norm of blonde supremacy）と呼ぼう．〈ブロンド規範〉とは，欧米圏，とりわけ北米において支配的な，「女性の髪色はブロンドが望ましい」とする人びとの意識のあり方を指す．

　欧米系の白人種で出現する主な髪色には，ブロンド（blonde/blond），ブルネット（褐色 brunette/brunet），赤毛（red hair），黒髪（black hair）などが存在するが，ハリウッド映画や人気テレビドラマのセクシー女優として活躍してきたのは，ブロンドがめだって多い．数度にわたって映画化もされた，1970年代後半から80年代初頭にかけて伝説的人気を誇った，女性探偵を主題としたABC系列のテレビドラマ『地上最強の美女たち！　チャーリーズ・エンジェル』の主演として視聴者に寵愛された，ファラ・フォーセット（Farrah Fawcett 1947–2009）やシェリル・ラッド（Cheryl Ladd 1951–）らもブロンド女優の代名詞として，いまだに語り継がれている．役柄や役者としての個性もあるのだが，名脇役であったジャクリーン・スミス（Jaclyn Smith 1947–）や知的な姉御的存在のケイト・ジャクソン（Kate Jackson 1948–）らがブロンドではなく，ブルネットや黒髪などであったことも，制作や演出におけるブロンド規範の存在を暗示している．拳銃で武装した強力な美女探偵軍団の演出と人気の中心は，やはり，ブロンドでなければつとまらない．

　モンゴメリの小説を題材に，自身の赤毛に劣等感を抱くアン・シャーリーを主役にすえた映画『赤毛のアン』を主演したカナダの女優，ミーガン・フォローズ（Megan Follows 1968–）が，実は赤毛ではなく，役柄上，染めていたことは有名だが，ブルネットの彼女が仕事上やプライベートで，ブロンドに染めている写真もウェブ上には散見される．ブロンドでない人がブロンドにする，という文脈で最も示唆的なのは，2016年のアメリカ大統領選挙でトランプ候補に惜敗を喫した元国務長官，ヒラリー・クリントン（Hillary Rodham Clinton 1947–）その人であろう．国務長官時代や大統領選挙期間中はもちろんのこと近年の彼女の写真や動画では鮮やかで見事なブロンドの髪色だ．しかしながら，配偶者であるビル・クリントン大統領のファーストレディになる直前の頃，弁護士時代の写真ではブロンドではなく，暗めのブルネットの髪色であることがわかる．も

　ちろん，公式の場でブロンドに染めているという情報があるわけではないが，おそらくはそうなのであろう．ファラ・フォーセット，シェリル・ラッドといった女優のみならず，米国のような強大な国家を代表する政治家，連邦上院議員，国務長官経験者であり，しかも，さらには，最高位である大統領を目指した知的リーダーであっても，〈ブロンド規範〉から自由ではない．いや，したたかなヒラリーの場合は，それを逆手にとって利用しているだけなのかもしれないが，それが可能になるくらいに米国社会で〈ブロンド規範〉が支配的であることを例証している．

　表8を御覧いただきたい．横軸は黒髪などブロンド以外の髪色の人がブリーチやカラーリングによってブロンドに見せる技術を利用するか否かを示している．縦軸は，その社会においてブロンド規範が存在するか否かを示している．この両軸の組みあわせを用いて，ブロンド規範の存在しない日本社会を想像してみればよい．生まれながらの黒髪が支配的な日本では，基本的に皆が黒髪である．だから，多数派の人びとが右下のセルに属することになる．〈ブロンドではない〉というところだ．

　ただし，ギャルブームの頃ほどではないにせよ，若者層を中心にヘアメイクのおしゃれに関心のある層が，ブリーチやカラーリングをほどこしているのも事実である．現代史をさかのぼれば，日本におけるカラーリングのブームは過去三度生じている．第一次ブームは今から半世紀さかのぼった1970年代のはじめ頃から中頃であり，ブリーチ剤やカラーリング剤の市販が本格化した時期で

表8　ブロンド規範

		ブリーチとカラーリング技術 techonology of hair bleaching and coloring	
		利用 use	利用しない not use
ブロンド規範 norm of blonde supremacy	支配的 dominant	あるべき姿としてのブロンド normative and aritificial blonde	生まれながらのブロンド natural blonde
	支配的ではない not dominant	おしゃれとしてのブロンド fashionable blonde	ブロンドではない not blonde

注：中段の灰色セルは北米社会における強固なブロンド規範.

ある．ただし，ブームの規模はごく小さく，この頃に髪染めをしているのは，周囲の評価を気にかけない，おしゃれに先駆的な若者たち，陰では「不良だよね」などと囁かれることもあった．四半世紀もの時は流れ，1990年代半ばに，第二次ブームが訪れることになる[2]．当時の厚生省によるブリーチ剤やカラーリング剤に関する規制緩和がプラスにはたらき，美容室でのプロによるサービス，市販品によるセルフ染めの双方において爆発的な流行を記録することになる．安室奈美恵や浜崎あゆみが金髪や茶髪のイメージ・アイコンとして寵愛された第一次，第二次ギャルブームとも軌を一にしている．信頼に足る統計は残されてはいないものの，女性にかぎれば，20歳前後であれば8割方がブリーチもしくはカラーリングをしていたと思われる．今世紀に入り，美白ブームや黒髪回帰志向とあいまって，一旦，カラーリング傾向は落ちつくが，近年，2010年代半ば以降，ふたたび，ブリーチもしくはカラーリング志向が強まってきている．それが，現在につづく，第三次ブームである．ただし，第三次ブームは，プラチナブロンドに近い明るい金髪や原色をあしらったカラーリングも多かった第二次ブームとは異なり，シックで落ち着いたアッシュ系統が中心である点が特徴でもある．話を〈ブロンド規範〉に戻そう．

　〈ブロンド規範〉がそもそも存在しない日本社会であっても，自身の好みによって，あるいは，服装がなんでも似あってしまう〈ブロンドの色彩学的優位〉を利用するために，黒髪をブロンドにブリーチすることは可能である．社会的要請ではなく，美容化粧服飾において自らの価値を自発的に選択した結果である．これを〈おしゃれとしてのブロンド〉と呼ぶことができる．現代日本のブロンド少女，ブロンド少年は，表8の左下のセル，このカテゴリーに属しているわけだ．

　右上セルの説明に移ろう．〈ブロンド規範〉が強い北米とりわけ米国のような社会にあって，とくに女性がブロンドとして生まれ，その髪色のまま成長できることは本人にとって，すこぶる幸せなことだ．本当は12人に1人という少数派でありながら，規範的な意味での，その社会の支配的潮流の中心に努力せずして乗っかることができるからだ．右上セルの〈生まれながらのブロンド〉は，この幸運なカテゴリーに属する人びとが含まれることになる．

　〈生まれながらのブロンド〉の左隣，左上のセルが本節の主題である〈ある

べき姿としてのブロンド〉だ，〈ブロンド規範〉が支配的な北米社会で，〈生まれながらのブロンド〉でなかった場合には，〈あるべき姿としてのブロンド〉として髪色のブリーチをほどこし人工的に金髪となることも有力な選択肢である．事実，欧米系米国人女性に関しては，12人に1人に過ぎないブロンドが，見た目では半数近く存在することが，そのなによりも証明である．女性人口の4割もの人びとに「ブロンドがよい」と思わせる〈ブロンド規範〉がいかに強力であるかがわかる．大統領候補であったヒラリーの見事なブロンドともイメージが重なる〈あるべき姿としてのブロンド〉．多くの欧米系米国人女性にとって，表層の意識のうえでは，美容化粧服飾のため，「おしゃれのためにブリーチしているだけなのよ」ということなのだろうが，社会学的に見れば，これは〈ブロンド規範〉のなせる技である．その意味では，気楽に金髪やカラーリングを楽しめる〈おしゃれとしてのブロンド〉という選択肢を持っている黒髪のわれわれの方が数倍気楽で幸せなのかもしれない．

第25節　美容室，ヘアカラーやブリーチの利用頻度

　ヘアメイクの重要性や北米の〈ブロンド規範〉を題材に頭髪や髪色とそれをめぐる問題を論じてきた．では，現代の女子大学生は，ヘアメイク，ブリーチやカラーリングといかにつきあっているのだろうか．前章までと同様に，CCJD13のデータセットを用いて，その実態をあきらかにしてみよう．「あなたは，ヘアサロン（美容室）にどのくらいの頻度で行っていますか」「あなたは，ヘアカラー（髪に色をつける）やブリーチ（髪の色を明るくする）をどのくらいの頻度で行っていますか」という二つの問いにたいしての回答の集計をまとめたのが表9である．ちなみに，美容室でのヘアメイクとくにヘアカットについては，それは店舗にてサービスをうけていることを意味しているが，ヘアカラーやブリーチについては，美容室はもちろん，自宅でのセルフもその数に含んでいることに留意しておこう．

　美容室に「毎週」行っていると答えた人は746名のレスポンデント総数のうち，1名で0.1％．ヘアカラーやブリーチについては1名も存在しない．美容室に「月に2回」行っていると答えた人は，2名で0.3％．ヘアカラーやブリーチにつ

表9　美容室頻度とヘアカラーやブリーチ頻度の比較　N＝746

CCJD13「女子大学生のメイクとファッション係わる全国調査」2013年9月中旬実施

	実人数		百分率		累積百分率	
	美容室	ヘアカラーや ブリーチ	美容室	ヘアカラーや ブリーチ	美容室	ヘアカラーや ブリーチ
毎週	1	0	0.1%	0.0%	0.1%	0.0%
月に2回	2	1	0.3%	0.1%	0.4%	0.1%
毎月	39	14	5.2%	1.9%	5.6%	2.0%
2か月に1回	162	97	21.7%	13.0%	27.3%	15.0%
3か月に1回	298	129	39.9%	17.3%	67.3%	32.3%
半年に1回	174	103	23.3%	13.8%	90.6%	46.1%
年に1回	45	61	6.0%	8.2%	96.6%	54.3%
今まで1回だけある	11	71	1.5%	9.5%	98.1%	63.8%
今まで1回もない	14	270	1.9%	36.2%	100.0%	100.0%
計	746	746	100.0%	100.0%		

注：1）百分率における淡灰色セルは最も頻度が高いカテゴリー.
　　2）累積百分率における淡灰色セルは第1四分位数が含まれるカテゴリー.
　　3）累積百分率における濃灰色セルは中央値が含まれるカテゴリー.

いてはようやく1名が現れ，0.1％である．さすがに，双方とも，月に何度も，といったヘアメイクの強者は存在しないことはないものの，その値はきわめて少数であり，無視できる範囲である．格安店を除けば，1回のヘアサロン代がカットのみでも数千円，ヘアカラーやブリーチ込みであれば1万円前後はかかることを考慮すれば，コスト面からも，これは至極当然．ところが，「毎月」になると，美容室では39名で5.2％，おおよそ19人に1人の割合となり，それほど少なくはない人数があつまっている．ヘアカラーやブリーチについても，美容室にくらべれば3分の1程度であるが，14名で1.9％，おおよそ53人に1人の割合だ．少数派ではあるものの，髪のおしゃれにすこぶる敏感な一群がここに存在していることがわかる．

　さらに，「2か月に1回」になると，美容室では162名で21.7％，おおよそ5人に1人の割合となり，一気にその値は跳ねあがる．累積百分率を見ると，27.3％であり，この区間に第1四分位数が位置していることもわかる．少なくとも「2か月に1回」はヘアメイクのために美容室に通う，高頻度利用のおしゃ

れ層が，全体の 4 分の 1 を超えているのだ．ヘアカラーやブリーチについては，美容室ほどではないが，「2 か月に 1 回」になると，97名で13.0％，おおよそ 8 人に 1 人の割合となり，ボリュームゾーンに入ったことを示している．「3 か月に 1 回」になると，美容室利用では，なんと298名で39.9％，全体のほぼ 4 割もの人がここに集中する．最も頻度が高いカテゴリーである．累積百分率は，67.3％を示しており，この区間に中央値が位置している．つまり，平均的な女子大学生は，少なくとも「3 か月に 1 回」以上は美容室に通っているということだ．19人に 1 人の割合である先進的なおしゃれ層が「毎月」以上，5 名に 1 名のおしゃれ層が「2 か月に 1 回」，全体の 4 割を占める，ごく普通な女子大学生は「3 か月に 1 回」．これが，統計が語る美容室利用頻度である．ヘアカラーやブリーチは，「3 か月に 1 回」になると，ようやく実人数が 3 桁台に突入し129名で17.3％，おおよそ 6 人に 1 人の割合だ．ヘアカラーやブリーチの累積百分率は32.3％となり，この区間が第 1 四分位数を含んでいることを示している．ヘアカラーやブリーチについては，その利用頻度の高い，おしゃれ層は，少なくとも「3 か月に 1 回」は行っている．第 1 四分位数の所在区間を目安にした，おしゃれ層の位置関係で，カラーリングは通常のヘアセットやヘアカットにくらべると 1 か月ペースが長いというのは興味深い．生え際が黒くなる「プリン」状態を我慢するならば，「3 か月に 1 回」あるいはそれ以上でもカラーリングはしなくとも大丈夫であるが，ヘアカットを含む一般的なヘアメイクに関しては，自らが理容はさみを持つか，家族に切ってもらうことができれば別であるが，少なくとも「3 か月に 1 回」以上は美容室に行きたい，というのが標準的な姿なのだろう．

　次に，「半年に 1 回」は，美容室では174名で23.3％，おおよそ 4 人に 1 人の割合．累積百分率は，90.6％であり，9 割を超えるほとんどの人は，少なくとも「半年に 1 回」は美容室に行っている計算になる．先述した，コンビニの約 6 倍，全国に36万店舗が存在する美容室・理容室の数の多さは，この利用頻度の高さからも頷ける．ヘアカラーやブリーチでは，「半年に 1 回」は，103名で13.8％，おおよそ 7 人に 1 人の割合．ヘアカラーやブリーチの「半年に 1 回」つまり年に 2 回程度のブリーチやカラーリングは，まだボリュームゾーンの延長であり，相当数の人がここをえらんでいる．「年に 1 回」になると，美容室

では45名で6.0％，おおよそ17人に１人の割合に急減する．もっとも，直前の区間である「半年に１回」までに９割以上の人びとがあつまっているのだから，当然でもある．ヘアカラーやブリーチでも，「年に１回」は，61名で8.2％，おおよそ12名に１名の割合にまで減る．ヘアカラーやブリーチの累積百分率は，この区間までで54.3％となり，中央値を含んでいることを示している．では，「年に１回」程度ブリーチやカラーリングを施すのが女子大学生の平均的な像かといえばそれでは統計値の誤読になる．なぜならば，「２か月に１回」ならびに「３か月に１回」をピークとして，釣鐘状のおおむね正規分布に近似した，美容室利用頻度とは異なり，ヘアカラーやブリーチの方は，最も頻度が高い区間は，まだ説明に現れていない「今まで１回もない」というカテゴリーである．そして，８人に１人の割合である「２か月に１回」ならびに６人に１人の割合である「３か月に１回」と，「今まで１回もない」の二つのピークを持つ，二瘤駱駝状の分布なのだ．

　美容室について，「今まで１回だけある」は，11名で1.5％，「今まで１回もない」は，14名で1.9％．双方をあわせても25名，3.4％，おおよそ29人に１人の割合に過ぎない．これらの人びとは，家族に美容師や達人がいて自宅でカットしてもらうことができる，もしくは，自身でカットできるほどの腕前を有しているのではないかと想像される．その意味では，幸運でもあり，レアな存在でもある．それにたいして，ヘアカラーやブリーチの方は，「今まで１回だけある」は，71名で9.5％，おおよそ11名に１名の割合で存在する．試しに１回やってみたが，リピートはしていない層なのかもしれない．そして，刮目すべきは，先述したように，「今まで１回もない」人が，270名もおり，36.2％，全体の３分の１を超える割合で存在しているということだ．このカテゴリーを選んだ人が最も多い．ヘアカラーやブリーチを一度もしていない人びとである．高校生まであれば，校則の縛りや，家族からの反対なども考えられるが，大学生であるから，これは自身の意思と選択によるものであると考えられる．アルバイトや課外活動でのカラーリング禁止，頭髪が痛むことへの懸念や，「そんな浮ついた人には見られたくない」といった髪染めや脱色への，どちらかといえばプラスではない評価，茶髪や金髪よりも黒髪が美しいと考えているなど，いくつかの事由が想像できる．北米の〈ブロンド規範〉にたとえれば，日本における

〈黒髪規範〉（norm of black hair）なるものが存在しているのだと推測できる．

　以上，要約してみよう．その中身としてはヘアカットとヘアセットが中心と思われる美容室利用については，「毎月」以上の頻度で通っている流行を先どりする先進おしゃれ層が5.6％，18人に１人の割合，「２か月に１回」のおしゃれ層が21.7％で，５人に１人の割合，「３か月に１回」が39.9％で，約４割で多数派であり，このあたりが平均的な女子大学生の姿．そして，90.6％，９割以上の人が「半年に１回」以上は美容室に行っている．美容室には「２か月に１回」もしくは「３か月に１回」は通うという表現でおおむねまちがってはいない．それにたいして，ヘアカラーやブリーチの利用については，「毎月」以上の頻度の先進おしゃれ層はわずか1.9％，18人に１人の割合に過ぎない．「３か月に１回」以上までをあわせて，32.3％，３人に１人の割合であり，彼女たちが，おしゃれ層といえる．分布は双極構造をとっており，最大多数は，「今まで１回もない」，36.2％，全体の３分の１を超える存在である．この人たちたちは，その事由は，さまざまであろうが，ヘアカラーやブリーチを一度もしない〈黒髪規範〉の担い手でもある．

　CCJD13のデータセットを用いて，女子大生のヘアメイク頻度を俯瞰してみたが，彼女たちは，美容室に年に少なくとも４，５回以上は通い，全体の約３分の１弱の人はブリーチやカラーリングを定期的にほどこし，それより若干多い，約３分の１を少し超える人が〈黒髪規範〉ということになろう．美容室利用は，ほとんどの女子大学生にとって，必需もしくは，あたりまえな日常になっている一方で，他方ではブリーチやカラーリングについては，〈おしゃれとしてのブロンド〉を含むカラーリング派と〈黒髪規範〉とに，大きく二分されている．

第26節　〈黒髪規範〉のおしゃれ度を探る

　では，美容室の利用頻度とヘアカラーやブリーチの頻度との関係はどうなっているのだろうか．もちろんヘアセットは毎朝の欠かせない日課だが，プロの美容師の手によるヘアセットやヘアカットを頻繁におこなうおしゃれ層と，ヘアカラーやブリーチを頻繁にほどこすおしゃれ層は一致しているのか否か，そ

92

れを知りたくなる．前節での集計の後には，そちらに関心がむかうのが自然であろう．〈黒髪規範〉を代表する3分の1以上もの人びとの，美容室利用という観点からの，おしゃれ度も知りたいところだ．〈黒髪規範〉に含まれる人びととは，ヘアカラー・ブリーチ頻度が最も低いカテゴリーに位置しているのだから，おしゃれではないという予想も外れてはいないように思える反面，地毛の黒髪を大切にする人びとだからこそ，ヘアメイクに敏感ではないのか，という正反対の仮説もありえる．さらには，先述してきた，ヘアメイクに隣接する美容化粧服飾の他の領域である，メイクやフレグランスとの関係はどうなっているのか，も気になるところだ．

　表10は，〈黒髪規範〉を中心に，この疑問に答えた集計だ．まず，前節で用いたヘアカラー・ブリーチ頻度変数について，その利用頻度にしたがって，毎月以上の間隔でヘアカラーやブリーチをほどこす人を〈おしゃれ超先進層〉，

表10　〈黒髪規範〉と美容室，メイクやフレグランス頻度の関連　N＝746
CCJD13「女子大学生のメイクとファッション係わる全国調査」2013年9月中旬実施

| ヘアカラー・ブリーチ頻度 | 美容室，メイクやフレグランス頻度のTスコア（偏差値） | | | | N |
	美容室利用	メイク	ネイルサロン利用	フレグランス	
おしゃれ超先進層 毎月	59	56	67	63	15
おしゃれ先進層 2か月毎	58	54	55	55	97
おしゃれ層 3か月毎	52	53	52	52	129
中間層	50	52	49	50	235
〈黒髪規範〉	46	45	48	46	270
全体の平均値	50	50	50	50	746
相関比	$\eta=0.409$	$\eta=0.373$	$\eta=0.349$	$\eta=0.345$	
決定係数	$\eta^2=0.168$	$\eta^2=0.139$	$\eta^2=0.122$	$\eta^2=0.119$	
分散分析 F値	37.315***	29.952***	25.653***	24.961***	
群間自由度＝C-1	4				
群内自由度＝N-C	741				
全体自由度＝N-1	745				

*** 0.1%水準で有意
注：Tスコアは平均値50，標準偏差10の標準化得点．分散分析のCはカテゴリー数．

２か月毎を〈おしゃれ先進層〉，３か月毎を〈おしゃれ層〉，半年に１回から今まで１回だけを〈中間層〉，今までで１回もない層を〈黒髪規範〉として，５カテゴリーからなる新変数を作った．そのうえで，この５分類の新変数のカテゴリー毎に，前節および前章までであつかってきた他のおしゃれ変数との関連を探るために，美容室利用頻度，メイク頻度，フレグランス頻度，ならびに，今回新たにネイルサロン頻度もくわえ，その頻度が高いほど値が大きくなるように平均値50，標準偏差10の標準化得点Ｔスコア，いわゆる偏差値に変換したうえで，カテゴリー毎で，それらの値を示したものである．

　まず，美容室利用頻度との関連を見てみよう．〈おしゃれ超先進層〉では，Ｔスコアの値は59であり平均値を大きく超え標準偏差１個分に肉薄するほど高い値を示している．つまり，ヘアカラー・ブリーチ頻度が毎月を超える超先進的におしゃれな人びとは，美容室利用においてもすこぶる高頻度であるということだ．２か月毎の〈おしゃれ先進層〉でもＴスコアは58であり，〈おしゃれ超先進層〉に準じる値を示している．ところが，３か月毎の〈おしゃれ層〉になると，52となり，平均値に近づいてくる．さらに，〈中間層〉は，まさにその名のごとく，Ｔスコアは50であり，平均値にぴったり落ちつく．そして，ヘアカラーやブリーチについて今までで１回もない〈黒髪規範〉では，美容室利用頻度のＴスコアは，平均値から標準偏差半個分ほど低い値である46にまでさがってしまう．〈黒髪規範〉をボトムとして，美容室利用頻度はヘアカラー・ブリーチ頻度と見事に正比例な関係が見いだせるのである．〈黒髪規範〉はカラーリング派とくらべて，より髪を大事にする人びとであるから，かえって美容室は頻繁に通うだろう，という仮説はデータの傾向に反している．そして，きわめて素直な予想である，美容室利用頻度が高いほど，ヘアカラー・ブリーチ頻度が高いという命題の方が妥当であった．分散分析を施してみると，群間自由度４，群内自由度741，全体自由度745において，$F=37.315$が算出され，0.1％水準で有意であることも判った．分散分析の知見にしたがえば，1000分の１の危険度で，このＴスコアの値はカテゴリー間で統計的に見て有意な差が存在するということだ．また，その変化量の目安として，ヘアカラー・ブリーチ頻度と美容室利用頻度との関連の大きさを示す相関比イータを算出して見ると，$\eta=0.409$であり，その決定係数は，$\eta^2=0.168$となり，変数の散らばりを表す

統計値である分散の17％近くを説明していることもわかる．これら，分散分析と相関比イータの知見をあわせれば，やはり，ヘアカラーやブリーチを頻繁におこなう，いわゆる，おしゃれ層の方が，〈黒髪規範〉のグループにくらべて，頻繁に美容室に通う，という平凡だが常識と違うことがない結論が導きだされる．筆者としては，〈黒髪規範〉に少し肩入れもしていただけに残念な検証結果だが，読者のみなさんはいかに思われただろうか．

　気を取りなおして，他のおしゃれ変数との関連を，さらに調べてみよう．実は，メイク頻度でも，美容室利用頻度とほぼ同様な結果なのだ．〈おしゃれ超先進層〉では，Ｔスコアの値は56であり平均値を超え，標準偏差半個分以上の高い値を示している．ヘアカラー・ブリーチ頻度が毎月を超える超先進的におしゃれな人びとは，メイクにおいても高頻度である．2か月毎の〈おしゃれ先進層〉でもＴスコアは54であり，3か月毎の〈おしゃれ層〉になると，53となり，徐々に平均値に近づいてくる．この傾向は，〈中間層〉にもあてはまり，Ｔスコアは52となる．そして，ヘアカラーやブリーチについて今までで1回もない〈黒髪規範〉では，メイク頻度のＴスコアは，平均値から，ちょうど標準偏差半個分低い値である45にまでさがるのだ．メイク頻度も，美容室利用頻度と同様に，〈黒髪規範〉をボトムとして，ヘアカラー・ブリーチ頻度と正比例な関係が見いだせる．カラーリング・ブリーチ派が〈黒髪規範〉グループよりも頻繁にメイクをおこなっているのだ．ここでも，分散分析をほどこしてみると，$F = 29.952$が算出され，0.1％水準で有意．また，その変化量の目安としての，相関比イータを算出して見ると，$\eta = 0.373$であり，その決定係数は，$\eta^2 = 0.139$となり，分散の14％近くを説明している．これらの知見を総合するならば，ヘアカラーやブリーチを頻繁におこなうおしゃれ層が，より頻繁にメイクをほどこす，メイクのおしゃれ層と一致するという，結論が導きだされる．メイクに関しても，カラーリング・ブリーチ派が，〈黒髪規範〉よりも，やはり，おしゃれだった．

　次に，本節の分析で新たにくわえたネイルサロン頻度ならびにフレグランス頻度との関係を見てみよう．ネイルサロン頻度は，〈おしゃれ超先進層〉では，Ｔスコアの値は67であり平均値を大きく超え，標準偏差2個分に近いきわめて大きい値を示している．ヘアカラー・ブリーチ頻度が毎月を超える超先進的に

おしゃれな人びとは，ネイルサロンの高頻度利用者なのだ．フレグランス頻度
の方も，〈おしゃれ超先進層〉では，Ｔスコアの値は63であり，ネイルサロン
頻度に次ぐほど大きい値を示している．ヘアカラー・ブリーチ頻度が高い〈お
しゃれ超先進層〉は，フレグランスについても，すこぶる高頻度利用者という
ことだ．この67ならびに63というＴスコアの大きさは，美容室利用頻度やメイ
ク頻度とくらべても，それを上回るほど大きな値であることは刮目すべきだろ
う．ヘアカラー・ブリーチ頻度が毎月を超える15名は，ネイルサロンなどで，
爪の彩色加工光沢付与に係わるプロのサービスを受け，芳香を日常的に用いる，
美容化粧服飾に関して，図抜けて敏感な，傑出したおしゃれ層なのだ．いわゆ
るファッションリーダーに相当する人びとなのだろう．

　ネイルサロン頻度は，〈おしゃれ先進層〉では，Ｔスコアの値は55であり平
均値を超え，フレグランス頻度の方も，Ｔスコアの値は同じく55であった．〈お
しゃれ層〉でも，ネイルサロン頻度とフレグランス頻度のＴスコアは同じ52，〈中
間層〉では，Ｔスコアは49ならびに50となる．そして，〈黒髪規範〉では，48
ならびに46にまで下がる．ネイルサロン頻度とフレグランス頻度についても，
〈黒髪規範〉をボトムとして，ヘアカラー・ブリーチ頻度と正比例な関係が見
いだせる．分散分析での知見は，ネイルサロン頻度では，$F=25.653$，フレグ
ランス頻度では，$F=24.961$が算出され，双方ともに0.1％水準で有意．相関比
イータの値は，$\eta=0.349$ならびに，$\eta=0.345$，その決定係数は，$\eta^2=0.122$
ならびに，$\eta^2=0.119$となり，双方ともに分散の12％前後を説明している．こ
れらの知見から，ヘアカラーやブリーチを頻繁におこなうおしゃれ層ほど，ネ
イルサロンに通い，フレグランスも多用するということが，統計的にも確認さ
れる．

　ヘアカラー・ブリーチ頻度が毎月を超える人びとが，ネイルサロン利用やフ
レグランス利用で，美容化粧服飾に関して，図抜けて敏感な，傑出したおしゃ
れ層すなわちファッションリーダーであることの検出を含めて，ここでもまた，
カラーリング・ブリーチ派が，〈黒髪規範〉よりも，やはり，おしゃれである
傾向は変わらない．

　おしゃれとは，美容室利用やメイク，フレグランスの頻度なぞには係わらな
い別次元にある，といってしまえば，〈黒髪規範〉のおしゃれ仮説は捨てずに

済むが，それも無理が感じられる．行動科学や推測統計の力を借りた経験的な分析の範囲でいえば，やはり，ヘアカラーやブリーチを頻繁におこなう一群の人びとの方が，〈黒髪規範〉グループより，美容室に通いメイクをほどこすという文脈での，おしゃれ活動により積極的なのだ，というべきだろう．〈黒髪規範〉より〈おしゃれとしてのブロンド〉を含むカラーリング・ブリーチ派に軍配があがった格好だ．

第27節　ヘアメイクの本来性回帰

　前節ならびに前々節では，現代の女子大学生のヘアメイク行動をCCJD13のデータセットの集計分析を通じて，〈おしゃれとしてのブロンド〉や〈黒髪規範〉など，本章の理論的説明と関連させつつ，論を進めてきたが，最終節である本節では，ふたたび，ヘアメイクの現代史としての側面に記述をもどそう．そして，ヘアメイクの目的が一体どこにあるのか，だれのためのヘアメイクなのか，といった存在論的問いに答えたい．

　ヘアメイクに際して，考えおよぶことは，それがなんのために存在するのか，ということだ．本章の書きだし部分で，ファッションの要はヘアメイクにある．髪を侮るなかれ．あなたの髪の毛とそのセットであるヘアメイクは，あなたのおしゃれ度を決めてしまうのだ，と述べたが，これはヘアメイクの効果もしくは効能の甚大さを語っているのであり，その目的については述べてはいない．この美容化粧服飾における最強の武器たるヘアメイクは，なんのために存在しているのか．いや，言葉を換えてみよう，その目的について，ヘアメイクをほどこす自分自身がどの程度自覚しているのか，という命題に．

　2010年前後，第二次ギャルブームの衰微とともに，青文字系と呼ばれる一群のファッション誌が人気を博した時期があった[3]．社会学者の渡辺明日香（わたなべ あすか）によれば，「ストリートファッションは，ひとことでいえば」「原宿や渋谷など」「主に若者たちが集う街から生まれる」「いま・ここ」で「人びとと街が織りなす」ファッションだという[4]．このストリートファッションを中心にとりあつかった，青文字系ファッション誌は[5]，具体的には，宝島社の『mini』や学研プラスの『mer』などを指す[6]．紙媒体のファッション誌その

ものは長引く出版不況にともない勢いを欠いてきたものの，男性への媚びから
距離をおく，そのファッション傾向は，ヒールをめったにはかず，バッグでは
なくリュックをさげた現在の若年層女性の標準的な美容化粧服飾の底流を作り
だした．青文字系は，その全盛期に数年を遡る2000年代に，蛯原友里（えびは
ら ゆり 1979–）や押切もえ（おしきり もえ 1979–）といった人気専属モデルを擁し[7]，
一世を風靡した小学館の『CanCam』や光文社の『JJ』，主婦の友社の『Ray』
などに代表される[8]，赤文字系と称されたファッション誌群との対比で使われ
る言葉である[9]．誌名ロゴが，青系統の色が多く，赤文字系はピンクや赤系統
が多いのが命名の由来だというもっともらしい説もあるが，定かではない．青
文字系，赤文字系，他に並立する，ギャル系やカジュアル系などともに，ファッ
ション系統を構成しており，美容化粧服飾の好みや購読誌のちがいを表してい
るのだ（栗田 2009; 2015a）．端的に記せば，赤文字系が，異性を意識した男子モ
テを目的としたメイクとファッションを目指すのにたいして，青文字系は，同
性の中での評価すなわち女子ウケを目指している．結果として，赤文字系でも
女子にウケたり，青文字系でも男子にモテたりすることはあるけれども，初期
のベクトルがどちらに向いているのか，という点で区別されている．
　青文字系ファッション誌『mer』のモデルとして流行の寵児となったのが，
三戸なつめ（みと なつめ 1990–）だ（ASOBISYSTEM 2017）．前髪を，おでこの，相
当上側で「ぱっつん」と切った独特のヘアメイクが特徴的である．前髪の「ぱっ
つん」は，彼女が歌う楽曲のCDリリースもあり，2015年に大いに流行した．
『mer』の熱心な愛読者たちは，三戸の「ぱっつん」をうまくまねた．彼女た
ちの目的は，同じファッション系統の同性女子たちといかに同化，一体化でき
るかにあり，男子モテではなく，女子ウケが第一義的だ．それゆえに，赤文字
系ファッション誌専属モデルのヘアメイクで見られるような，男性の視線を意
識した，セミロングの巻き髪などは青文字系ではすこぶるマイナーな存在であ
る．
　現代日本のヘアメイクをバロメーターとした，ファッション系統と人気モデ
ルの推移を，①1990年代後半から2000年前半まで，『CanCam』『JJ』等の赤文
字系ファッション誌で，美しいセミロングで男性ファンを中心に大いに支持さ
れた藤原紀香（ふじわら のりか 1971–）や米倉涼子（よねくら りょうこ 1975–）がア

イコンであった「きれいなお姉さん系」，②その直後もしくは並行して『egg』などで「ガングロ」や「ヤマンバ」メイクの**金髪**モデルが注目され，安室奈美恵や浜崎あゆみが熱烈に支持された「**ギャル系**」[10]，③2000年代中頃からその後半にかけて，赤文字系ファッション誌が大きく隆盛し，**茶髪セミロングの華麗な巻き髪**の蛯原友里がカリスマ的人気を誇った「**モテOL系**」，④2010年前後からの，前述の**前髪**「ぱっつん」で一躍人気者の仲間入りをした三戸なつめの『mer』等の青文字系ファッション誌のモデルが支持されるようになった「**ガーリーカジュアル系**」の四期に分類することもできる（田島・伊神 2015: 16）．世紀の変わり目あたりに位置する一次，二次にわたるギャルブームの興隆期をはさみつつも，男子モテの赤文字系から，女子ウケの青文字系へと，ファッション誌やモデルの人気から判断されるファッション系統の主流が，徐々に入れかわってきた．ギャル系は赤文字系から分派した妹分的な存在ではあるものの[11]，「ガングロ」や「ヤマンバ」メイク，そしてキラキラした鮮やかなブロンドヘアは，男子モテというよりは，女子ウケいや正確には〈同志としてのギャル仲間〉に向けた女子ウケを目指していたことは，まえにもふれたとおりだ[12]．これを指して，社会学者の谷本奈穂（たにもと なほ 1970–）は，「彼女たちは，より自分の身近にいる友人からは「カワイイ」として評価されて」おり，「その評価こそが，彼女たちをガングロに向かわせ，そのファッションを支えていた」と記す（谷本 2017: 103–104）．ギャル系の時代は，その意味では，見かけは相容（あい）れないように思えるが，男子モテ狙いを排した女子ウケ志向であるという側面で，現在に連なる「ガーリーカジュアル系」時代と，奇（く）しくも共通している．その意味では，ギャルたちは青文字系が標準となる以前から，美容化粧服飾における女子ウケ行動文化の地ならしをしてきたのだ．

　男子モテねらいの赤文字系以前の流行や趨勢についても気になるところだが，議論を単純化し，ここでは，原初的なヘアメイクの理念型として，現代から回顧したときにそう思える，男子モテも女子ウケも双方ともかならずしも自覚的ではなく，カットやヘアセットのためのコストも安い，効率重視の伝統的ともいえるヘアメイクがあった，と仮定しておこう．飾りのないボブ，日本的にはいわゆる，おかっぱ，などである．この〈ヘアメイク伝統規範〉（traditional norm of hair design）は，男子モテか女子ウケかという〈異性愛志向〉（hetero-sexual

orientation）とは直交する，もう一つの軸であると仮定してみよう[13]．そうする
と，〈異性愛志向〉を縦軸に，〈ヘアメイク伝統規範〉を横軸に置いた，ヘアメ
イク理念型の四分類が定義できる（表11を参照）．

　この表11にもとづき，近年の日本におけるヘアメイクの変遷を考えてみよう．
この四分割クロス表の下段中央のセルにある①〈伝統的なヘアメイク〉
（traditional design）は，手のかからないボブやおかっぱといった低コストで済む，
抽象的かつ一般的に定義するならば，ヘアカット，ヘアセットを能率的に処理
することのみが主眼の，あるいは，過去のある時代に確立し，その地域，文化，
社会，国家における伝統という意味での標準的な髪型やその形成法を指す．歴
史のなかで，日本ではそれがどれにあたるのかは難しい問題を含む．明治期，
大正期，昭和初期，大戦前までのヘアメイク史を繙けば，伝統的な日本髪に並
行して，すでに商業主義的な企図での時代を風靡した髪型が多数，流行してい
るからだ．では近世の江戸期はどうかといえば，日本髪自体が複数の手法や異
なる時期に開発され普及した，やはり複数の髪型からなる混合型のヘアメイク
の集成である．その意味では，ここでいう〈伝統的なヘアメイク〉の概念は，
先述したように，現代から回顧したときにそう思える，かつてあった，あるい
は，現在もなお，現役の美容化粧服飾の手法として普及，存在しているものの，
大多数の社会の成員からは，よい意味でも悪い意味でも，昔ながらのスタイル
として認知されているという意味で使っている[14]．以上が，①〈伝統的なヘア

表11　ヘアメイクの本来性回帰

		ヘアメイク伝統規範 traditional norm of hair design	
		強い　high	弱い　low
異性愛志向 hetero-sexual orientation	強い　high	②「媚びた」ヘアメイク coquettish design	③斬新なヘアメイク sexual new design
	弱い　low	①伝統的なヘアメイク traditional design	④自分のためのヘアメイク design for her/himself

（表中央にまたがる見出し：ヘアメイクの本来性回帰）

注：モード①から，モード②モード③を経て，モード④への遷移を，ヘアメイクの本来性回帰と呼ぶ．

メイク〉のセルを設けた企図である．この①〈伝統的なヘアメイク〉は，横軸の〈ヘアメイク伝統規範〉では，それが相対的に強い左側に，縦軸の〈異性愛志向〉は，それが相対的に弱い下側に位置することになる．

　次に，横軸の〈ヘアメイク伝統規範〉が〈伝統的なヘアメイク〉と同様に，それが相対的に強い左側に，縦軸の〈異性愛志向〉は，それが相対的に強い上側に位置する，中央のセル②「媚びた」ヘアメイク〉（coquettish design）について考えてみよう．それほど斬新ではなく，そのスタイルは従前から存在するものの，基本目標が男子モテねらいのヘアメイクということだ．過去，赤文字系ファッション誌に特集されることも多かった黒髪セミロングの，先述の「きれいなお姉さん系」などが，ここに含まれるだろう．清楚やピュアなどのキーワードがちりばめられることが多い．くわえて，お嬢様やプリンセスといった表現も．伝統規範からは離脱せずに，男子モテを目指し，「周囲の空気をうまく読むけれども，彼氏ゲットにはしたたか」というところだろうか．

　つづけて，横軸の〈ヘアメイク伝統規範〉が相対的に弱い右側に，縦軸の〈異性愛志向〉が相対的に強い上側に位置する，中段右側のセル③〈斬新なヘアメイク〉（sexual new design）について考えてみよう．先述の〈「媚びた」ヘアメイク〉がさらに進化すれば，ここにいたることになる．〈「媚びた」ヘアメイク〉の進化形は〈ヘアメイク伝統規範〉からの離脱を意味する．〈「媚びた」ヘアメイク〉では，お嬢様やプリンセスにふさわしい清楚，ピュア，素朴といった男性優位主義的な規範に順応したイメージが重要であり，〈おしゃれとしてのブロンド〉よりは〈黒髪規範〉が望ましい．しかしながら，この〈斬新なヘアメイク〉では，男子モテという至上命題のために，茶髪や，大胆にヘアアイロンを使ったセミロングの華麗な巻き髪など，〈ヘアメイク伝統規範〉では許容されないカラーリングとヘアカット，スタイリングが特徴である．「モテれば，どんなヘアメイクでもいいでしょ」という女子たちの声が聞こえてきそうだ．〈斬新なヘアメイク〉は，先述の四つの時期区分でいえば，「モテOL系」が該当するだろう．いずれにせよ，男子モテねらいの究極スタイルが，この〈斬新なヘアメイク〉なのである．

　では，右下のセル④〈自分のためのヘアメイク〉（design for her/himself）とはなにか．この〈自分のためのヘアメイク〉は，横軸の〈ヘアメイク伝統規範〉

の位置は〈斬新なヘアメイク〉と同じで，縦軸の〈異性愛志向〉が弱まった状態である．ヘアメイクの目的が男子モテねらいにあるのではなく，女子ウケを含めて，仲間集団や自身の自己実現のために，髪色や髪型をさまざまに工夫し，それを実践してゆくモードだ．美容室でのプロの美容師からのサービスはもちろん，それだけでは足らず，セルフで実験的な試みをしてゆく女性たちも多い．先述の前髪「ぱっつん」もこれに含まれる．前髪「ぱっつん」は，前髪を過度に短くカットすることで，伝統規範からの距離を置こうとする，すこぶる小さな工夫がきわめて大きな効果を生む，アイデアの勝利である．さらに，これをブロンド化すれば，その効果，すなわち，伝統規範からの離脱，は極大化する．かつてのギャルたちの，ブリーチを数度重ねた後にしか発色しないような淡いグレー系の実験的な色味でのロングヘア，ゆるゆるカールのプラチナブロンド，いわゆる弩金髪なども含まれるだろう．地毛では困難な装飾についてはエクステなども多用される．服飾の世界でいえば，古着を自身のアイデアでリメイクしてゆくことに，ちょうど相当する．そういえば，『mer』の旧誌名は『古着MIXガールズ』であった．〈自分のためのヘアメイク〉と古着リメイクは相性がよいのだ．先述の四区分でいえば，『mer』や『mini』など青文字系ファッション誌が主体となった「ガーリーカジュアル系」が該当する．

　加えて，このモードには，ギャル系も含まれる．メイクの観点からは「ガングロ」「ヤマンバメイク」は，異性愛志向ではなく仲間集団志向すなわち女子ウケであることはまちがいない．第二次ギャルブームの末期には，ヘアメイクに関しても，男子モテから大きく距離を置いているという文脈で，この〈自分のためのヘアメイク〉が出現した．現在は休刊中の，リイド社の『ESPOSHH!!』に掲載された「ポニーテール進化形」もその一つだった．クジャクの姿態に似せて大胆な赤味と青味を帯びたテールを設けたヘアセットとカラーリングの工夫は，その現象のかたちこそ異なっているものの，女子ウケ志向というベクトルにおいては，青文字系のヘアメイクと軌を一にしていたかもしれない．「ポニーテール進化形」と前髪「ぱっつん」は双子の姉妹ともいえる．ただし，この〈自分のためのヘアメイク〉も，〈異性愛志向〉がまったくゼロということではない．あくまで，男子モテねらいの〈「媚びた」ヘアメイク〉や〈斬新なヘアメイク〉にくらべて，相対的に弱いということに過ぎない．美

容化粧服飾全般についてあてはまることなのだが，ときには人生を賭けている
かのように思える，いやそれは確実にそうなのだが，大きく敬意を払うに値す
る，その情熱と工夫と実践は，いくばくかの異性愛志向の成分をそのうちに含
みうるものなのだ．

　要約してみよう．①〈伝統的なヘアメイク〉→②〈「媚びた」ヘアメイク〉
→③〈斬新なヘアメイク〉→④〈自分のためのヘアメイク〉というように，順
をおって，説明をくわえてきたが，この流れは，美容化粧服飾の一環としての
ヘアメイクが，一定の時間幅の中で遷移してゆくプロセスであると考えられる．
その一巡りは，世界史の数千年というロングスケールではないことはもちろん，
百年を超えることすらない．一世代（one generation）に相当する，せいぜい四
半世紀から30年前後の期間だ[15]．おそらくは，それ以前にも，このような循環
が何度もくりかえされており，近年では，1990年代から2020年代の今日にかけ
ての，おおむね30年間で①②③④の四つのモードが入れかわってきたのだと推
測される．理論上は，〈伝統的なヘアメイク〉の出発点は，近現代のどこでも
かまわない．ある時代の当該世代がそれを伝統としてとらえているだけで充分
なのだから．現在の目線で述べれば，ボブや単純なおかっぱに象徴される，あ
まり色気を感じさせない①〈伝統的なヘアメイク〉から，清楚なお嬢様やプリ
ンセスをイメージさせる②〈「媚びた」ヘアメイク〉へ推移し，『CanCam』『JJ』
『Ray』に代表される赤文字系ファッション誌が興隆させてきた③〈斬新なヘ
アメイク〉を経て，青文字系やギャルブーム最終段階，④〈自分のためのヘア
メイク〉へと，おおよそ30年のサイクルで遷移してきた，ということなのだ．
系統的に分析可能な史料資料が残されていれば，近世から明治期，大正期，戦
前についても同様のサイクルの確定は可能であろう．このサイクルを指して〈ヘ
アメイクの本来性回帰〉（authentic cycle on hair design）と呼びたい．これと相似
のプロセスは，美容化粧服飾をふくむ，「ある様式の不特定多数受容」という
文脈での（柳 1977: 57），流行（fad and fashion）現象全般が[16]，みな共通して有し
ている[17]．

まとめ

　以上，本章では，ヘアメイクについて，その重要性と社会における位置づけを俯瞰してきた．冒頭の記述を再説すれば，ファッションの要はヘアメイクにある．頭髪および頭皮は，フェイスの上側かつ身体の最上部に位置し，コスチュームやアクセサリーを含めたファッション全体の基調を決定する．それゆえ，ヘアメイクおよびカラーリングは，その時代のファッションのトレンドを知るための手段になると同時に，その人物のファッションセンスを測る精度の高いバロメーターにもなる．このまえおきをうけて，第22節では，ブロンドの色彩学的優位を論じ，第23節では，頭髪の身体における優越的位置と加工彩色可能な表面積の大きさに着目したうえで，ヘアメイクとカラーリングがファッション全体の基調を決定することを記した．第24節では，金髪に特別な重きを置いた北米におけるブロンド規範を論じた．第25節では，前章までと同様に，CCJD13のデータセットを用いて，女子大学生における美容室，ヘアカラーやブリーチの利用頻度を考察し，つづく，第26節では，前節で明るみに出た〈黒髪規範〉の担い手たちのおしゃれ度を探った．期待に反してヘアカラーやブリーチを頻繁におこなう一群の人びとの方が，〈黒髪規範〉グループより，おしゃれ活動により積極的であることが判明した．最終節の第27節では，近年のおおよそ30年間で一巡りした，〈ヘアメイクの本来性回帰〉と呼ぶべき流行サイクルを説き，〈伝統的なヘアメイク〉から，清楚なお嬢様やプリンセスをイメージさせる〈「媚びた」ヘアメイク〉へ推移し，『CanCam』『JJ』『Ray』に代表される赤文字系ファッション誌が興隆させてきた〈斬新なヘアメイク〉を経て，青文字系やギャルブーム最終段階，④〈自分のためのヘアメイク〉へと遷移してきたことを論じた．

　次章では，方法論が〈身体の形成〉であり，ヘアメイクと共通するものの，その効果は最大規模に達するという意味で，美容化粧服飾の究極的な姿であるダイエット・エステ・美容整形について論じる．

註 --

1）ドレスの装飾が派手になってゆく，ルイ15世時代のフランスでは，服飾との「バランスをとる意味で」「あごから頭頂部まで130cmに達する」巨大な髪型もあったという（津田 2005: 18）.「朝の結髪時間こそ，真剣勝負の時，一日のうちで唯一無二のとても大切な時間」というわけだ（Robida 1891＝2007: 234）.

2）第二次ブームである，「平成の茶髪ブーム」は，「約千年にわたって続いてきた黒髪の美意識を大きく揺るがし」「髪を黒以外の明るい色に染めることがおしゃれの一環として一般に認知され」るようになった（山村 2016: 208）.

3）現今の雑誌書籍の売上不振に加えて，「ファッション誌の影響力が薄くなり」（中野 2010: 165），青文字系のみならず，ファッション誌の休刊が相次ぎ，2021年には『JJ』も休刊.

4）ストリートファッションは，パリやミラノなどの「デザイナーや服飾団体が定期的に開催する発表会としての」コレクション（森 1993: 1）や，ハイブランドなどによって，「流行を意図し，組織的に提案される」ファッションとは「一線を画す」（渡辺 2017: 182）. 渡辺明日香は，都市繁華街における長年にわたる定点観測によって，このコンセプトを確立した. 渡辺（2005; 2011; 2016; 2017）などを参照のこと.

5）青文字系ファッション誌興隆の背景には，原宿界隈，具体的には，「明治通り以東，表参道以北の地域」に集積したショップがあつかうオリジナルブランドの希少性を価値とし，ストリートファッションを中心とした，「裏原宿スタイルのスタンスに新鮮味を感じ，ボーイッシュなファッションを取り入れた」「裏原系女子」の存在がある（難波 2007: 362-364）. いわゆる「ボーイズ・カジュアル」だ（渡辺 2016: 66）. 裏原系女子に先行する「ウラハラ」はクリエイターを中心とした男子に支持されていた（川島 2007b: 186-187）. ちなみに，富川淳子（とみかわ あつこ 1953-）は，青文字系の『Zipper』（祥伝社, 2017年に休刊），ギャル系の『JELLY』，カジュアル系の『mina』（主婦の友社）を「ストリート系ファッション誌」に括るが，その編集方針ならびに読者の嗜好と志向によるファッション系統の弁別とは異なる分類である（富川 2015: 24）.

6）『mer』の前身誌は『古着MIXガールズ』. 紙媒体は休刊し，現在は電子媒体のみ.

7）ファッション・コーディネーターの今井啓子（いまい けいこ 1960-）は，蛯原友里など当時の赤文字系モデルの「幻想的な影響力」を指して，自身に似あうか否かは問わず「無条件かつ無前提で」彼女たちのスタイルを採用することを，自分の身体を忘れた，「身体の他人化」と呼ぶ（今井 2007: 134, 137）. この「身体の他人化」は，第5章で詳述するダイエットにも関係してくる.

8）赤文字系ファッション誌において，海外進出に早期から乗り出し，かつ最も成功しているのは，主婦の友社の『Ray』である. 1995年から，その中国版を現地出版社である国営企業の瑞麗雑誌社がライセンス契約によって刊行している. 2010年時点では，誌面の60％以上は中国人モデルや読者を用いた現地編集者によるオリジナル記事であり，残り40％程度が日本版『Ray』からの翻訳コンテンツ（玉川 2012: 260）. この中国版『瑞麗』（『Rayli』）は，2020年現在では，「発行部数160万部」「中国最大の女性ファッション誌」だという（rayliaudition 2020）.

9）赤文字系の源流は，1975年6月に「別冊女性自身」として創刊され，その後，「女子大生をターゲットに」して（米澤 2017: 20），「女子大生のバイブル」といわれるようになった（渡辺 2011: 99），ファッション誌『JJ』の特集記事によって流行の火がついたコンサバ系ファッションの元祖，ニュートラ（new-traditional）にある（栗田 2021a）. すでに神戸や横浜など，「主要都市で自然発生的に存在」していた（坂本 2019: 260），ニュートラのコンセプトは，「女らしい」「大人っぽく見える」ことであり，横浜のハマトラ（Yokohama-traditional）とならび人気を二分した神戸系ニュートラでは，「プレーンなシャツブラウスと，膝が隠れる丈のセミタイトスカートを組み

合わせ」て，海外有名ブランドのバッグを中心に「アクセサリーやスカーフ，靴を重視」した（三浦 1995: 160–161）．それに対して，ハマトラは相対的にカジュアルであり，1980年前後からのサーファーブームとの親和性も高かった．いずれにせよニュートラは男子の視線を意識したファッションであることはまちがいない．これは，その後の「時代の主流」「80年代前半の女子大生ブームへとつながっていく」（難波 2009: 68）．

10）ギャル系ファッション誌における誌面構成は，「いわゆるプロのモデルはあまり起用せず，渋谷を歩くおしゃれなギャル・ファッションの女の子たちをその場で取材，撮影」，掲載したり，「ショップの販売員をモデルに起用し，ショップが提案するファッションを誌面で提案」したりする点に特徴があり，「読者に親近感を抱かせ」ている（渡辺 2005: 95）．従前のモード系誌面の，スタジオやロケ地での〈作られた〉撮影とは異なる，読者目線のストリートファッション主体の編集であり，この流れは系統を越えて，その後の青文字系にも継承されることになる．ただし，その萌芽は，ギャル系に10年先行して，すでに1980年代なかばの『non-no』の誌面構成にみいだすことができる（栗田 2007）．

11）ギャル系ファッションの普及には，購入場所としての実質的な意味でも，街の象徴としても，渋谷ならびにファッションビルの109（イチマルキューもしくはマルキュー）の存在が欠かせなかった．「「109」が1996年にヤング対象のショップを集積してリニューアルを行ったことで，ギャル系ファッションのメッカとなった．そのテナントである「エゴイスト」，「ココルル」，「ミー・ジェーン」などのブランドが人気を集め，1960年代風のマイクロミニのスカートやサイケデリックなミニドレス，厚底サンダル，腰で穿くローライズのデニムなど，健康的なセクシーさをアピールしたファッションが時代の最先端となり，渋谷は女子高生を中心とした10代半ばの若い女性が流行を発信する拠点となった」のである（渡辺 2016: 64）．

12）社会学者の難波功士（なんば こうじ 1961–）は，その出現当時である1990年代なかばにおいては，ギャルたちの一部にはコンサバ系ファッションであった華原朋美（かはら ともみ 1974–）をアイコンとする「カハラー」に代表されるように，男子モテ（難波は「男性ウケ」と表記）を意識した勢力も存在はしていたものの，細分化をかさね，世紀末前後から男子モテを「一切顧慮しないファッションの流れとして」「不自然なまでの日焼けを誇る」「極端かつ過剰な身体加工・装飾」をほどこした「ヤマンバ」等の分派があらわれてきた，と分析している（難波 2007: 332–334）．

13）現在では，至極あたりまえに思える，ファッション誌における異性愛文化であるが，社会学者の今田絵里香（いまだ えりか 1975–）によれば，戦前の日本においては，男女別学という特殊な制度的条件によって，男女が交流する機会が少ないため，「少女雑誌文化＝異性愛文化」は自明ではなく，「姉妹関係にたとえられるような，少女同士の非常に親密な関係」としての「同性とのロマンス」が描かれていたという（今田 2014: 58）．

14）この理念型に対して，後代になっていくつかの伝説が生みだされたスコットランドにおける格子柄のタータン（tartan）等に該当する（奥田 2007: 106），英国の歴史家，エリック・ホブズボーム（Eric John Ernest Hobsbawm 1917–2012）とテレンス・レンジャー（Terence Osborn Ranger 1929–2015）らが論じる，「創られた伝統」（invention of tradition）ではないかと，批判する方もおられるかもしれないので（Hobsbawm and Ranger eds. 1983＝1992: 9–28），言い添えておけば，後述する，一世代単位の流行循環に対応する理念型構築であるがゆえに，このようなモデルを作成している．

15）一人の人間の存命期間に収まるこの一世代，おおよそ30年というサイクルは，おそらくは，フランスの社会学者，モーリス・アルヴァックス（Maurice Halbwachs 1877–1945）の論じる，個

人的記憶と社会的事実の接点に位置する，「集合的記憶」（mémoire collective【仏】）の構成と刷新が大きく関係していることが推測される（Halbwachs 1950＝1989）．

16）社会心理学者のスーザン・カイザー（Susan Kaiser）は，「一時的流行」としての「ファッド」（fad）と「時代を越えたスタイル」としての「クラシック」（classics）を標準的な「流行」（fashion）から区別し，服飾スタイルのサイクルを記述している（Kaiser 1985＝1994b: 199-203）．

17）その一例を挙げれば，娘が母親のクローゼットの奥底に仕舞われた数十年前の衣装を見て，今まで見たことのない新鮮さを感じることに象徴されるような，デザインや色調など服飾分野の多くの流行が一世代で繰り返してゆく現象（渡辺 2005: 58-59; 2011: 34-35）．

第5章

美しいからだへの欲求
──ダイエット・エステ・美容整形

はじめに

　人は生まれつきキレイでないこともあるし，事故や病気によって容貌を損なうこともある．また，加齢による老化は避けられず，他人よりキレイになりたい欲求も捨てがたい[1]．美容整形に代表される審美医療，エステやダイエット，さまざまな美容術は，そのプロセスにおいて，これらの期待にこたえると同時に，その欲求をもつくりだしている．本章では，以下に述べる〈美しさのダブルスタンダード〉という見方を手がかりにして，ダイエットなどセルフ美容術ならびに美容形成施術に代表される審美医療を中心とした美容術の有する社会学的課題を考えてゆく[2]．

第28節　美しさのダブルスタンダード

　第8節（第1章）において〈美しさのダブルバインド〉の概念を記した．本節では，ダイエット・エステ・美容整形を考えてゆくうえで，避けて通ることはできない概念，〈美しさのダブルスタンダード〉について説明する．双方の呼称は似ているが，その内容は大きく異なる．ダブルバインドの方は，矛盾する二つの要請すなわち規範が葛藤し，合理的，効率的な行為遂行の障りになることを意味していたが，ダブルスタンダード（double standard）とは，差別・抑圧の正当化や状況判断によって，二つの要請が矛盾なく整合的に発動することを指している．ダブルスタンダードは，規範があたかも自然で空気のように矛

盾を感じさせないところに要点があるのだ．〈美しさのダブルスタンダード〉
は以下のように定義することができる．

【美しさのダブルスタンダード】（double standard of beauty）
　ジェンダー，年齢，職業，所属集団などによって期待，要請されるキレイ
　の規準が異なる状況．具体的には，女性にのみ，化粧，フレグランス，ハ
　イセンスなコスチュームとアクセサリー，若さ，スリムさ，を求め，男性
　はキレイに無頓着であっても許容されることなどがあげられる．この〈美
　しさのダブルスタンダード〉は男性優位主義の基本構造をなす．とくに若
　い女性に顕著に適用されやすく，〈性の商品化〉と密接に関わっている．

　〈美しさのダブルスタンダード〉は第30節（本章）で後述する〈性の商品化〉
と強く関連しているが，ここでは，まず，〈美しさのダブルスタンダード〉自
体についてくわしく述べよう．第10節（第1章）で〈メイク規範の連鎖構造〉
について説明したことを思いだしてほしい．〈メイク規範の連鎖構造〉の最上
位に位置する〈ジェンダー規範〉は「女性だからメイクしなければならない」
というメッセージを女性たちに語りかける，という内容だった．しかしながら，
その裏側には「男性はメイクをしなくともよい」というメッセージが内包され
ており，本当はこちらの方が表側である規範がひそんでいることにふれた．女
性が毎朝，相当な時間をついやしてフルメイクをしいられる，もしくは，好ん
でする，反面，男性の美顔やキレイへのリテラシーはすこぶる低いことも論じ
た．それが可能となる機構が，この〈美しさのダブルスタンダード〉なのだ．〈美
しさのダブルスタンダード〉では，その理論上は，現代日本とは逆に，男性に
たいしてキレイの規準が高く，女性にたいしては低いという社会も想定可能で
はあるが，現実には，女性にのみ，化粧，フレグランス，ハイセンスなコスチュー
ムとアクセサリー，若さ，スリムさ，を求め，男性はキレイに無頓着であって
も許容される社会の方が，圧倒的に多いのだ[3]．ジェンダーによって，期待，
要請されるキレイの規準が異なる状況で，男性には緩く，女性には厳しい傾向
が，時代や空間を通じて，比較にならないほど高頻度で観察されている．それ
は，われわれの社会の基本が男性優位主義であり，美容化粧服飾に関して，望
むと望まざるにかかわらず，男性は鑑賞する側，女性は鑑賞される側だからで

ある.

　ジェンダーの場合の他にも，年齢，職業，所属集団などによって期待，要請されるキレイの規準が異なることもある．とくに，年齢はジェンダーとセットとなって，〈美しさのダブルスタンダード〉をさらに補強することが通例である．具体的には，若い女性には，よりハードルの高いキレイの規準が適用されやすく，中高年の男性にはまったくキレイの規準が適用されない，といったことだ．「女子はキレイでないといけないよね」「オヤジはそんなの関係ない」という具合に．現代日本を含めて多くの国や地域では，この型の，〈美しさのダブルスタンダード〉が標準となっている．誤解してほしくないのは，このように集団やカテゴリー毎にキレイの規準が異なっていても，その当事者たちにとっては，それがきわめて自然に映っているということだ．〈美しさのダブルバインド〉の場合は，矛盾する二つの要請に板ばさみになり，究極には行動不能になるために，当事者がダブルバインドの自覚を持っている．しかしながら，ダブルスタンダードの場合は，二種類の異なった要請は，女性と男性，若者と中高年というように，別個の集団やカテゴリーにそれぞれ適用されるために，当事者にとっては矛盾がなく，整合的な行動が保たれる．〈美しさのダブルスタンダード〉は当事者がなんらかの事由でそれに気づくまでは，その存在さえも認識されることはない．社会学という理屈で凝りかたまった辛気（しんき）くさい学問を学ぶことがなければ，大半の人びとは死ぬまで気づかない．むしろ，その方が女性もしくは男性として幸せかもしれない．規範とはそういうものであるし，規範の存在を一々指摘するのが仕事である社会学者とは，見方によっては，はた迷惑で，ずいぶん因果な商売なのだ．ただ，読者のみなさんは，残念ながら，この〈美しさのダブルスタンダード〉をもう知ってしまったので，後もどりはできない．無邪気に過ごせる人生などは，もうきっぱりあきらめてもらうことになるだろう．

第29節　ダブルスタンダードとダブルバインド

　〈美しさのダブルスタンダード〉と〈美しさのダブルバインド〉は双方ともに，キレイの要請やその規準に係わる規範が生みだすものだが，キレイという側面

は共通しているものの，規範の発動状況は大きく異なっている．それを，社会学の視角から考えてゆくならば，興味深い問題をはらんでいる．本節では，その点を追究しよう．ここでは，〈美しさのダブルスタンダード〉と〈美しさのダブルバインド〉を，単純化するために，より一般的なダブルスタンダードとダブルバインドに置きかえて議論を進める．そして，規範がいかに機能するのか，もしくは，いかに機能不全に陥ってしまうのか，という点をあきらかにするために，以下に述べる二つの側面を考えてみたい．

　一つ目の側面は，特定の状況下で機能する規範が単一か否かということ．もう一つの側面は，当該の規範が有効に機能しているか否かということである．この議論に先立ち，社会学における，機能（function）の意味について，あらためて記しておこう．*The Social System*の著者であり，社会システム論の呼称とともに（Parsons 1951＝1974），20世紀の米国で最も高名となった理論社会学者，タルコット・パーソンズ（Talcott Parsons 1902–1979）や[4]，中範囲の理論で著名なロバート・マートン（Robert King Merton 1910–2003）が[5]，機能主義社会学（functionalist sociology）と呼ばれる彼らの学説のなかで用いられてきた文脈で，社会学者の多くは，この機能の語を用いる．ここでは，パーソンズによる機能主義の理論と構想を実証研究の水準にまでかみ砕くことに専心したマートンの著書『社会理論と社会構造』から引用する．機能（functionもしくはeufunction）とは「一定の体系の適応ないし調整を促す観察結果」，つまり，研究者の視点から見た際の，その社会を存続させるのに役立つはたらきのことを指す（Merton 1949＝1961: 46）．反対に，その社会を崩壊させる方向に導くはたらきのことを，逆機能（dysfunction）と呼ぶ．たとえば，仲間集団でのLINEなどのSNS利用についてあてはめてみれば，行事内容やその連絡など実務的で参加者に有用な情報伝達のための発信であれば，その集団の維持に大いに役立つだろう．これを機能的という．それにたいして，同じSNSで誹謗中傷，虚偽の情報や過度に情緒的なメッセージを流せば，成員の多くは不愉快な思いをすることになり，いさかいが生じ，そこから離れてゆく人も出てくるだろう．つまり，当該社会の存続に有害なはたらきになるわけだ．これを逆機能という．また，機能には，社会の成員に自覚されている，つまり，皆がよくわかっている顕在的（manifest）機能と，成員が意図しておらず気づかれてもいない潜在的（latent）機能という

表12　ダブルスタンダードとダブルバインド

		規範の効能　normative efficacy	
		有効　normative	アノミー状況　anomie
規範の多重性 multiplicity of norms	多重 multiple	ダブルスタンダード double standard	ダブルバインド double bind
	単一 single	通常の規範　norm	アノミー　anomie

面もある．要するに，機能とは，当該の社会，共同体や集団にとって，その持続を助ける有用なはたらきということなのだ．では，ダブルスタンダードとダブルバインドの比較検討にもどろう．

　表12を参照していただきたい．その縦軸は，〈規範の多重性〉（multiplicity of norms）であり，その状況下において，励起している規範が単一（single）なのか，多重（multiple）なのか，を意味している．横軸は，その状況下で，当該規範が有効（normative）なのか，アノミー状況（anomie）なのかを意味している，〈規範の効能〉（normative efficacy）だ．ここでのアノミーとは，ギリシア語のアノミア（ἀνομία）から，19世紀フランスの社会学者，エミール・デュルケム（Émile Durkheim 1858–1917）が，著書『社会分業論』や『自殺論』で社会学に導入した概念である（Durkheim 1893＝1971/2007: 593; 1897＝1985: 311）．アノミーとは，何らかの条件によって規範が弱体化もしくは無効化し，個々人の不安増大や社会崩壊につながることを指す．規範は個人を束縛する心の枷（かせ）であるために，それにもとづく不満や不幸を生みだすが，反面，これが弱まると，過度な欲望を支えきれず個人が内面から潰（つい）え，個々人のみならず社会的動物たる人間が生きてゆくための器（うつわ）としての社会そのものが崩れさってしまうために，生活の安定はもちろん，それにともなう幸福も失われてしまう．規範がなくなれば，なんでも自由にできるのではなく，規範がなくなってしまうと，恐ろしいことに，その究極では，なにもできなくなるのだ．規範と個人との関係は，茶碗と茶碗のなかの飲みものとの関係に似ている．紅茶や珈琲など不定形の液体は，茶碗という器（うつわ）があってはじめて，定まった形をなし，容易にこれを飲むこともできる．それと同じように，個人も，規範という器（うつわ）がなければ，社会や共同体，集団という定形を失い，安定した姿を保つことができないのである．

表12の左下のセルを御覧いただきたい．〈通常の規範〉（norm）の箇所である．縦軸の〈規範の多重性〉が単一かつ横軸の〈規範の効能〉が有効である場合だ．ある状況下で励起した規範が一つであれば，人は当然その規範にしたがう．したがうべき規範がそれしかなければ，通例その規範は遂行される．たとえば，相手のことを憎らしいと思っても，「汝，殺すなかれ」というあらゆる時代と空間において最強の規範が[6]，その殺意をおおむね防いでくれるにちがいない．なぜならば，この規範は，サムナーのいうところのモーレスであり，モーレスにはそれを破ったときにくだされる，厳罰があるからだ．ちなみに，これを社会学ではサンクションもしくは賞罰（sanction）という．規範は遵守した場合には，賞せられる．少なくとも罰をあたえられずに済むという意味での消極的な賞を含めて，その遵守と破棄をサンクションによって制御されている．〈通常の規範〉というこのモードは，規範が単一かつ有効であること，つまり，サンクションによって規範遵守が担保されている状態なのである．何度もくりかえすが，規範が有効に機能している状況下では，われわれは，その規範の存在すら自覚しない．

　この〈通常の規範〉の右隣，右下のセルは，〈アノミー〉のモードだ．規範は単一であるが，なんらかの事由によって，その規範がうまく励起しない場合を指す．アノミーについては，先述した通りである．

　〈アノミー〉の上隣の，右上セルが，第8節（第1章）であつかった〈ダブルバインド〉である．そこで述べたように，ダブルバインドは矛盾する二つの要請の板ばさみとなり，心理的かつ社会的な葛藤によって行為不能となる状況を指す．ここでは，規範が〈多重〉であるがゆえに，それらの規範が有効に機能しないアノミー状況に陥っている．〈ダブルバインド〉では規範は二つだが，多重ということは，三つ以上もありうる．ただし，三つ以上の場合であっても，相互に矛盾している内容であれば，二つの場合である〈ダブルバインド〉と原理的に同型なので，ここではその説明は割愛する．

　〈ダブルバインド〉の左隣，左上のセルが，本節であつかっている〈ダブルスタンダード〉に該当する．〈ダブルスタンダード〉の場合，規範は複数存在するのにもかかわらず，それらが有効に機能し，むしろ差別や排除が見えない形で補強される事態を指す．〈ダブルバインド〉と〈ダブルスタンダード〉では，

規範のはたらきかたが対照的なのである.

第30節　性の商品化

　前々節で論じた,〈美しさのダブルスタンダード〉とは,ジェンダー,年齢,職業,所属集団などによって期待,要請されるキレイの規準が異なる状況.具体的には,女性にのみ,化粧,フレグランス,ハイセンスなコスチュームとアクセサリー,若さ,スリムさ,を求め,男性はキレイに無頓着であっても許容されることなどがあげられる.この〈美しさのダブルスタンダード〉は男性優位主義の基本構造をなす.とくに若い女性に顕著に適用されやすく,〈性の商品化〉と密接に関わっている,ということだった[7].

　本節では,〈性の商品化〉について,くわしく説明しよう[8].社会心理学者,神山進(こうやま すすむ 1948–)にしたがえば,性の商品化には,ジェンダーの商品価値に注目した「社会的・文化的性差の商品化」,セックスの商品価値に注目した「生物学的性差(特に身体的性差)の商品化」,ロマンチック・ラブの商品価値に注目した「異性に対する恋ごころの商品化」の三系統が存在することが指摘されている(神山 1999a: 154).本書では,これらすべてを含む,もしくは,その複合体として〈性の商品化〉(commercialization of gender and sexuality)をとらえる[9].

　さて,ここでは,先述の〈美しさのダブルスタンダード〉がとりわけ若年層女性をその対象としやすい側面に注目し,考えてゆこう.

　まず,ジェンダーというカテゴリー.その次に,年齢層をおおまかに二別し,若年層と中高年層のカテゴリー.これら双方の組みあわせで分析をおこなう.読者の皆様には男性の方もおられるだろうし,筆者と同様に,中高年の方もおられるだろう.しかし,ここでは,御自身が若年層女性であると仮定し,想像してほしい.これから説明する〈性の商品化四つのベクトル〉(four vectors on commercialization of gender and sexuality)において,自身の立場を,20歳前後の女性だと考えていただく.理論的には,他の三つの組みあわせである,中高年女性,若年層男性,中高年男性を中心に据えた図式もありうるが,これらすべてを説明するとなると,煩瑣かつ膨大な分量となり,かつまた,先述した〈美し

さのダブルスタンダード〉において最も顕著に問題化しやすいのが，これから
説明する若年層女性を主役に据えた図式であるゆえに，他は割愛する．

　図6の楕円は集合を表すベン図の要素だ．楕円の内部は，指示された要素を
含んでいる個体が含まれており，楕円の外側に位置する個体は，その要素を含
んでいない．具体的にいえば，Fと銘打たれた楕円の内側は女性が，その外側
には男性が含まれているという意味だ．同様に，Yと銘打たれた楕円の内側に
は若年層が，その外側には中高年層が含まれている．したがって，図中の中心
に位置，FとYの要素を双方とも有するFY＝F∩Yは，この図式の主役たる，若
年層女性ということになる．この若年層女性FYもしくはself（自身）の立場から，
より正確にいえば，FYもしくはselfを受け手とした立場から考えてゆく．

　〈性の商品化四つのベクトル〉の第一は，FYと同じ若年層であるが，楕円F
の外側に位置するMY＝M∩YからFYに向けられたベクトルである．MYとは，
若年層男性を意味している．このベクトルを，①〈異性愛的対象選択〉（targeted
on heterosexuality）と名付けよう．若年層男性は，強制的異性愛（compulsory
heterosexuality）と呼ぶべき人類のほとんどすべての社会，つまり，異性愛を自
然なものとみなし，それだけを許容し，本来は多様である，他のセクシュアリ
ティのあり方をすべて逸脱として排除した社会においては，多くの場合，若年

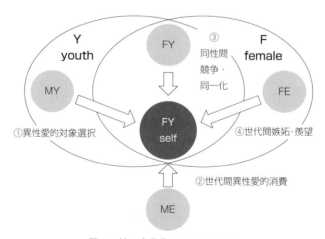

図6　性の商品化四つのベクトル

層女性を，遊び相手，恋人や配偶者として対象選択することになる[10]．受け手
である若年層女性の側もそれを期待する．要するに，両者は相互にマッチング
が成就するならば，恋愛感情を中心とした性愛や情愛の関係を取り結ぶ可能性
がある．ただし，若年層女性であるFYを自身の立場として想定した場合，す
べての求愛にこたえるわけにはいかないことは容易に想像できるだろう．自分
好みの容姿端麗の美男子で，人柄もよく，高学歴・高学校歴で，人も羨む高収
入かつ威信の高い職業に就いている相手ばかりではないからだ．いや，そういっ
た好条件がそろっているケースの方が通例はまれである．この人とのおつきあ
いは遠慮したい，勘弁してもらいたい，という人から声をかけられることも多
いだろう．そうなると，MYの立場からすれば，恋愛は成就せずに，未遂，破
綻など，さまざまな分岐はありうるにせよ，結果としてうまくゆかないことに
なる．そもそも，若年層女性FYが人気の的となる競争率の高い美女才媛であ
る場合には，最初から諦念，未発などアプローチにもいたらないケースも多発
する．さらに，マス媒体やライブ会場，大会会場などでしか縁のない，アイド
ルやアーティスト，アスリートなど芸能人，有名人などとの関係では，当初か
ら恋愛成就はほぼ不可能であり，疑似恋愛の相手として，当該の若年層女性を，
ヴァーチャルな想像力の世界の中で，贔屓，情熱，性欲の対象として崇めかつ
眺めてゆくことになる．当事者の立場からすれば，大迷惑であるが，身近な女
性についてもアイドル同様に崇めかつ眺めの対象となることもめずらしくはな
いだろう．昂じてストーカーのような犯罪にいたる不幸なケースもある．これ
らを，総じて，〈異性愛的対象選択〉と呼ぶ．アイドルやアーティストなど芸
能人，有名人の場合には，最初から，CD，DVD，写真集，書籍，チケット，
その他の物品やサービス販売購入というかたちでの市場を媒介とした，性の商
品化が前提となっているが，ごく身近な知己の関係であっても，それが商品や
サービスの売買という金銭を介していなくとも，相手を人格ではなく，物象化
された偏愛や性欲の捌け口として位置づけている場合には，それは〈性の商品
化〉だといえる．また，FYもしくはselfとしての若年層女性の立場からも，自
らの享受しうる利益や恩恵を最大限にまでのばすために，恋愛対象もしくは疑
似恋愛対象としての自身の商品価値を高めるのに余念がないのが普通だ．いわ
ゆる男子モテのために美容化粧服飾に注力する気など，毛頭ありません，とい

う女子は，むしろ探すのがむずかしいくらいだろう．以上が，〈性の商品化〉における最初のベクトルである①〈異性愛的対象選択〉である．

　次に，〈性の商品化四つのベクトル〉の第二は，FYもしくはselfとは属性をまったく共有しない，楕円Fの外側ならびに楕円Yの外側に位置するME＝M∩EからFYに向けられたベクトルである．MEとは，中高年男性を意味している．このベクトルを，②〈世代間異性愛的消費〉（targeted on intergenerational and heterosexual consumption）と名付けよう．中高年男性は，よほどのことがないかぎりは，若年層女性FYもしくはselfから恋愛対象としてもとめられることはない．世間には，数十歳年長の男性を恋人や配偶者として選択する奇特で慈愛に満ちた女性もおられるが，通例は，せいぜい数歳年長程度であり，ほぼ同世代とのマッチングを希望する女性がほとんどだ．婚姻時の双方の年齢を見れば一目瞭然である．しかしながら，男性側から見れば，もちろん女性であっても同様に，性愛の対象となる異性は若い方が好ましい．となると，究極には，お金を出して若い女性を買うことになる．売買春だ．商業的には風俗店．インフォーマルな手段をとれば，援助交際ということになる．性行為にまでいたらなくとも，キャバクラ等で店の女性から身体接触を含む接待サービスを受けることも，この同じカテゴリーに属する．さらに，一般化していえば，営業や渉外を含めて異性からの接遇サービスは，希薄化されているとはいえ，常にいくばくかの，この〈世代間異性愛的消費〉を含む．サービス提供側の若年層女性FYもしくはself側にその意図や自覚があるかないかは問題ではなく，受け手側が潜在的にそれを享受可能であれば，そこに〈性の商品化〉は立ちあがってくると考えるとわかりやすいだろう．

　米国の社会学者，ホックシールド（Arlie Russell Hochschild 1940–）は「感情労働」（emotional labor）という視点で，笑顔での応対を要請されることの多い，サービス労働者の情緒提供の存在を指摘した．ホックシールドは，「役者が感情の記憶を舞台演技に利用するように，客室乗務員は「あたかも自分の家の居間にいるかのように」ふるまわなければならない．感情の私的な利用が，商業的な利用へと道を譲るのである」と記す（Hochschild 1983＝2000: 104）．これは社会学的にすこぶる重要な視点である．しかしながら，中高年男性と若年層女性という組み合わせにおける異性間では，感情労働が感情労働だけではおわらず，感

情労働にくわえて，おおむね〈世代間異性愛的消費〉が付加される．この〈世代間異性愛的消費〉の背景には，英国の社会学者，ウィッツ（Anne Witz 1952–2006）らが主張する，女性従業員の美容化粧服飾への注力が当然視される「審美的労働」（aesthetic labour）がある（Witz et al. 2003: 37）[11]．航空機の客室乗務員のみならず百貨店やショッピングモールの案内係，看護師なども，その典型だろう．彼女たちは，中高年男性の下品で舐めまわすような視線の餌食にもなりやすい．もちろん，一線を越えればセクシュアルハラスメントや性犯罪の構成要件になることはいうまでもない．

　その次の，〈性の商品化四つのベクトル〉の第三は，第二のベクトルとは正反対に，FYもしくはselfとは女性ならびに若年層であるという同じ属性を共有し，楕円Fの内側ならびに楕円Yの内側に位置するFY＝F∩Yから同じFYもしくはselfに向けられたベクトルである．このベクトルを,③〈同性間競争・同一化〉（targeted on competition and/or identification among women）と名付けよう．要するに，若い女性が同じ若い女性をライバルとしてとらえ，あるいは，自身より魅力的な相手の場合には，憧れを抱き，自分も彼女のような外見容貌になりたいと望むことを指す．相手も自分も，若年層女性という，同じカテゴリーに属しているがゆえに，競争を強いられ，もしくは，競争を楽しみ，リスペクトに値する相手にたいしては一体化感情を抱くということだ．たとえば，第27節（第4章）で登場した，赤文字系『CanCam』の専属モデルであった蛯原友里や，青文字系『mer』の三戸なつめについて，彼女たちのファンである読者層とファッション誌モデルとの関係が，これに相当する．一般読者層は，同じ読者や自分たちにより近い立場にいる読者モデルまでならば,キレイや「若さ」「幼さ」を競うライバルとして認知するだろう．しかしながら，表紙カバーや特集記事を飾る著名モデルという頂点までのぼりつめた場合には，自分並の位置にいるライバルではなく，「エビちゃんを尊敬する」「三戸ちゃんのようになりたい」と思うようになる．これが憧れの人との自己同一化である．ただし，この同一化は，競争とまったくの別物ではなく，競争の果てに位置する究極ともいえる存在であり，競争から同一化までが連続していると考えるのが適切だろう．

　最後の，〈性の商品化四つのベクトル〉の第四は，FYもしくはselfと女性という属性は共有し，楕円Fの内側には位置するものの，中高年であるために楕

円Yの外側に位置する中高年女性であるFE＝F∩EからFYもしくはselfに向けられたベクトルである．このベクトルは，④〈世代間嫉妬・羨望〉（targeted on intergenerational jealousy and/or envy）と名付けられている．同性間である場合，若年層どうしであれば，相手は自身にとって競争相手にもなりうるし，さらに，自分の手の届かない高みであれば，憧れ，同一化の対象となる．しかしながら，身近でありながら自分より数段若い女性にたいしては，寛容にはなりにくい．少なくとも「若さ」「幼さ」の物理的，生物的側面では，最初から水をあけられており，これを埋めることは不可能である．第2章で論じたように，「若くみえる」「幼なくみえる」外見を保つことで競争を有利に勝ちのこることができても，さすがに20歳，30歳若い相手にたいしては，その戦略にも限界がある．どうしても，年下の女性にたいしては，中高年女性はつらくあたるようになりやすい．女性従業員が多い職場でありがちな，先輩，いわゆる，お局様による新入社員いびりがこの型に属する．女性教員による女子生徒イジメもそうだろう．近頃では，親子仲がよい母娘も増えたが，かつては母親が娘を嫉妬する話もよく聞いた．同性間において，実年齢ではライバルにはなりえない若者への嫉妬や羨望のまなざしがこのベクトルである．

　若年層女性FYを中心に据えて考えると，〈性の商品化四つのベクトル〉が以上の内容として浮かびあがってくる．〈同性間競争・同一化〉ならびに〈世代間嫉妬・羨望〉の同性間ベクトルの場合は，異性間の売買春や恋人もしくは配偶者選択のように，具体的な若年層女性その人自身の有する美しさや身体を，直に金銭で売買あるいはキレイの対価として生活安定確保をおこなうわけではない．しかしながら，そこで前面に押しだされているのは，市場における女性性もしくは女らしさ（femininity）である．異性間，とりわけ，〈世代間異性愛的消費〉では金銭授受や性欲（sexuality）が強調されており，すこぶる，わかりやすいけれども，これだけが性の商品化ではない．女性性もしくは女らしさをめぐる商品やサービス売買，競争，嫉妬，羨望がその社会関係に浮上する場面では，遍く性の商品化が立ち上がってくるのだ．以上に論じてきた〈性の商品化四つのベクトル〉は，その多面的かつ重層的な構造を，この問題においてとりわけ言及されやすい若年層女性を中心において説明した．中高年層女性をはじめ男性であっても，同様な構造を分析可能であるが，先述したように，紙幅の

制約上，ここでは割愛し，次に進む．

第31節　健康体重とモデル体重

　本章のテーマは，ダイエット・エステ・美容整形である．これらは美容化粧
服飾の一連の技法の中で最もその効果が甚だしい．メイクのように一時的な美
の演出ではなく，フェイスを含めて身体のなかば恒久的な物理的改変であるか
らだ．本節では，審美医療たる美容整形に入る前段階としてダイエットをあつ
かう．ダイエットに専門医の判断を仰ぐ場合もあるが，多くの場合，自身努力
が中心となった美容術の一環だからだ．審美医療の手前にあるセルフ美容術と
いうことになる．

　ダイエットの至上命題は何か．いうまでもなく，それは体型の美しさを目指
すことだ[12]．20世紀フランスの思想家，ジャン・ボードリヤール（Jean
Baudrillard 1929-2007）が半世紀前に「からだの線の崇拝においては美しさと抑圧
とが堅く結びついている」と『消費社会の神話と構造』の中で喝破している通
りだ（Baudrillard 1970=1979: 211）．若年層女性であれば，胸の大きさつまり乳房
の膨らみの強調，腰のくびれの確保，足のむくみ除去など重要なポイントがい
くつかある[13]．体重が多かろうが少なかろうが，これら身体のプロポーション
が良ければ問題はない，という考え方もある．ところが，現代では，それが体
重の軽重の問題にすっかりすり替わってしまった．この傾向は，けっして古い
ものではなく端的には，「体重計が発明された時からだ」ともいえるし，スリ
ムになるためのダイエットは，ここ百年くらいの「近代化の現象」なのだ（海
野 1998: 12-13）．

　現代の若年層女性は，体重の減量がダイエットであると考える．「ジェンダー
が摂食障害をつくる」という視点でダイエットをとらえた，社会学者の浅野千
恵（あさの ちえ 1967-）は，「「女らしさ」とは，第一にやせてほっそりとした「女
らしい身体」によって表示されるべきもの」といった規範の存在をあげる（浅
野 1996: 13）．ここでは，さらに，若さの意義を論じた第11節（第 2 章）でも紹介
したポッシュによる，体重についての見解を記そう．

なぜみんながもっともっと痩せたいと欲するのだろうか？　太った人間，とりわけ太った女性に対する社会的偏見があることを思えば，多くの人たちがダイエットに熱狂するのも不思議はない．痩せていれば肯定的な，太っていれば否定的な特性が連想される．痩身は幸福，成功，性的魅力，規律，活動そして愛を意味する．太っていることは逆に，愚かさ，怠惰，意志薄弱，不首尾，性的魅力のなさ，成績不良，制御不能，脆弱などの同義語になる．つまり，体重は倫理的価値判断に結びつけられ，重大な結果を生む（Posch 1999＝2003: 227）．

　ダイエットが体重の減量による痩身（そうしん）にすり替えられた現代において，体重は社会的評価のラベルとなり，痩せることが規範的命令にまで格上げされていると，ポッシュは主張しているのだ．

　では，このような状況下で，若年層女性たちが目指す体型，体格は，具体的には，どの程度のものなのだろうか．ここでは，健康と肥満の関係で定義された国際規準である体格指数としてのBMI（body mass index）を目安に考えてみよう．身長をメートル（m），体重をキログラム（kg）で計り，下記の式によって定義された値がBMIである．

$$BMI＝体重÷（身長）^2$$

　体重を身長の二乗値で割ることによって，BMIは算出される．筆者の体重は68kg，身長は166cmである．これらの値から小数第一位までBMIを求めると，$BMI＝68÷（1.66）^2 ≒24.7$となる．日本肥満学会（JASSO）では，BMIが25以上を肥満として定めているので，定義上では，余白0.3を残し，ギリギリで肥満ではない[14]．しかしながら，ウエストあたりにたっぷり付いた皮下脂肪の分厚い層が，なによりも間違いなく肥満であろうことを示している．本人もそれを否定する気はない．慢性的な運動不足に加え，加齢老化とともに基礎代謝量も衰え，このような肥えた身体に至った訳だが，はるかなる昔，中距離ランナーとして陸上部に属していた若かりし頃には同じ身長で43kgという時代もあった．その時は$BMI＝43÷（1.66）^2 ≒15.6$であり，肥満学会の定義では低体重に該当する．見苦しい肥満爺である今からくらべると，当時は，モデルのツイッ

ギー（Twiggy）なみに羽が生えているかのごとく身軽だった[15]．強風が吹くと
飛ばされそうになることもあった．懐かしい．低体重とは，昔の筆者のように，
普通体重の下限規準値である18.5未満の人を指す．こんなに痩せていると，肥
満と同様に，かえって不健康ですよ，という危険ゾーンを意味している．

　つまり，肥満学会が提唱する，健康であるべき普通体重は，18.5以上25未満
の範囲だということだ．18.5未満は低体重，25以上は肥満であり，疾病に陥る
可能性が高まる危険域にそれぞれ該当する．ただし，世間の若年層女性たちに
とっては，このBMIの普通体重の範囲などはまったく眼中にはない．いわゆる
モデル体重と呼ばれるBMI＝18を下回ることがダイエットの目標になることが
多いのだ．

　電卓を世界中に普及させた著名メーカーCASIOが運営しており，その正確
さと利便性から，日本中で多数の人びとが利用する，計算ウェブサイトの
keisanでは，「最も健康的と言われる」「適正体重」をBMI＝22，「見た目がス
リムな」「美容体重」をBMI＝20，「モデル・女優のような」「モデル体重」を
BMI＝18とデフォルト値で設定し，身長を入力すればそれに対応する体重の値
を返す仕様である（カシオ計算機株式会社 2020）．適正体重のBMI＝22は，先述の
肥満学会が示している値であり，穏当な値．同様に，美容体重のBMI＝20は低
体重規準の18.5以上を超えており，普通体重の範囲内という条件付きで，「見
た目がスリムな」ことを評価の眼目にするならば，納得がゆく．しかしながら，
最後の，モデル体重のBMI＝18は，健康体重の下限規準値の18.5を0.5下回って
いる．医学者が定めた普通体重を逸脱した低体重なのだ．モデル体重のコンセ
プトは，世間ではあたりまえに使われており，かつての筆者もそれ以下の低体
重であったわけだから，主観的には責めにくい．しかしながら，無償提供され
たウェブサイトkeisanが大変有益であり，社会的貢献度も高く，若年層女性を
含めて多数の人びとが日常的に利用しているだけに，低体重の称揚につながる
危険性に鑑みるならば，「モデル・女優のような」「モデル体重」なる表示は再
考の余地があるように思う[16]．

第32節　世間によって構築されたBMI

　表13は，現代日本で女子中高生すなわちティーン女子に最も人気のある
ファッション誌モデル25名のデータである．ここでは身長，体重，BMIなどの
数値を用いるためモデルの個人名と誌名は伏せる．分析の目的は，モデル個人
の属性や人格に係わることではないからだ．

　かつては有名人や芸能人の体重は公表されることが多かったが，現在は個人
情報保護に加えて，モデルやアイドルなど若年層女性の憧れの対象となりやす
い領域の場合には，それをめざして過度のダイエットを繰り返し，体調を損な
い，拒食症に陥る弊害が頻発してきた経緯から，伏せられることが通例である．
しかしながら，ファンや信奉者は，そうであっても彼女たちの体重を知りたい．
インターネット上のウェブサイトとりわけ芸能系の著名キュレーションサイト
はこのようなニーズに応えてくれる存在だ[17]．ファッション誌モデルをはじめ
芸能人や有名人など若年層女性がお手本としたい人たちの体重など非公開情報
について，その想像の値を記してくれるからだ．たとえば「○○さんの体重は
40kgぐらいだと思われます」という具合に．もちろん，これはキュレーション
サイトの運営者やライターたちが想像した値に過ぎない．偶然あたっているか
もしれないし，見当違いのこともあるだろう．この値を，事実（fact）として
扱うのであれば，致命的な誤謬となる．ただし，多くのファンや信奉者に向け
て，そのニーズに応えるために情報発信することが目的のキュレーションサイ
トが，読者が抱くサイトへの評価を気にしつつ，〈信憑性があるように想像し
た値〉という背景を考えると，社会学的には大いに意味のあるデータであるこ
とがわかる．この体重は，ファッション誌モデルという存在について，世間の
人びとがそれを受け入れるだろうという意図と期待の元に作り上げられた像な
のだ．事実ではない．しかしながら，大いに〈ありそうなこと〉（likelihood）で
ある．事実としてのfactが推論の基盤となる自然科学と，ゆらぎの多い社会的
世界をあつかう社会学が大きく異なるのは，実は，この点にある．社会学にとっ
て大切なのは，単なるfactよりも，このfactを求めてlikelihoodさらにはreality
をいかに人びとが作り上げているか，いかに受け止めているかを究明すること

なのだ．これは，米国の社会学者，キツセ（John Itsuro Kitsuse 1923-2003）とスペクター（Malcolm B. Spector 1943-）によって定式化された「構築」（constructingまたはconstruction）の視点である（Spector and Kitsuse 1977＝1990）[18]．映し出された，その像は，実像かもしれないし，虚像であるかもしれない．もし，事実とは異なる事柄，要するに虚偽なる事柄を，世間の多くの人びとが真実として受容しているのであれば，その社会においては，善し悪しはさておき，それは立派な現実となる，いや，なってしまう．換言するのならば，社会学とは，実像，虚像にかかわらず，〈構築された現実〉（constructed reality）を分析する学問なのである[19]．

　モデルたちの身長はファッション誌の公式サイトで公開されているfactである．体重は，先述の通り，キュレーションサイトによって想像されている値である．それは，Google検索によって最上位に表示された想像体重が記された芸能系のキュレーションサイトならびに次位に表示された同様のサイトのデータを相加平均した値だ[20]．想像体重が一つのサイトでしか見当たらない場合には，その値を，そして，想像体重を記したキュレーションサイトがまったく見当たらなかった場合は，欠損として扱った．公開されている身長の値と体重の想像値を用いて，算出したBMIの値を，〈世間によって構築されたBMI〉として表13に記した．これは表中のBMIの大きさの降順で並べている．

　まず，予想通りというか，あるいは，予想を超えると表現すべきか迷うところだが，想像体重の値が欠損している2名を除いた25名全員のBMIが18に満たない．つまり，ティーン向け最有力ファッション誌のモデルという栄誉ある立場の彼女たちは，美容体重はもちろんのこと，見事にモデル体重規準をクリアーしているということだ．いや，そうではない，これは，想像体重を元に計算している〈世間によって構築されたBMI〉なのである．ということは，世間は最有力誌で活躍している彼女たちであるからこそ，モデル体重もしくはそれ以下であると想像しているのだ．ここが重要だ．この結果は事実とは異なる虚像であるかもしれない．痩せているようにみえている40kgのモデルが，本当の体重は50kgかもしれないし，その逆に35kgしかないのかもしれない．しかしながら，何度も繰り返すが，真実の値の究明ではなく，人びとがイメージしている像がどうなっているのかの方に意味がある．

124

表13　最有力ティーンファッション誌モデルの世間によって構築されたBMI
（2017年 8 月 1 日時点）N＝25

身長	世間が想像する体重①	世間が想像する体重②	①と②の平均値	世間によって構築されたBMI	日本肥満学会の規準	年齢
167.0	43.0	43.0	43.0	15.4	低体重	19
160.0	40.0	—	40.0	15.6	低体重	16
163.0	42.0	42.0	42.0	15.8	低体重	19
159.0	37.5	42.5	40.0	15.8	低体重	18
159.0	40.0	40.0	40.0	15.8	低体重	17
161.0	40.0	42.5	41.3	15.9	低体重	18
158.0	40.0	—	40.0	16.0	低体重	14
164.3	47.5	40.0	43.8	16.2	低体重	17
162.0	42.5	43.0	42.8	16.3	低体重	19
160.0	42.5	41.0	41.8	16.3	低体重	18
165.0	45.0	—	45.0	16.5	低体重	17
163.5	43.0	45.7	44.4	16.6	低体重	16
164.0	45.0	—	45.0	16.7	低体重	17
164.0	45.0	—	45.0	16.7	低体重	18
163.0	44.0	45.0	44.5	16.7	低体重	18
171.0	49.0	49.0	49.0	16.8	低体重	21
158.0	40.0	45.0	42.5	17.0	低体重	15
169.0	50.0	47.5	48.8	17.1	低体重	16
159.0	46.5	40.0	43.3	17.1	低体重	19
162.0	45.0	—	45.0	17.1	低体重	16
170.0	50.0	—	50.0	17.3	低体重	16
166.0	47.5	50.0	48.8	17.7	低体重	17
172.0	52.5	—	52.5	17.7	低体重	21
161.0	45.0	47.5	46.3	17.8	低体重	19
167.0	50.0	—	50.0	17.9	低体重	18
163.5			44.6	16.6		17

注：1 ）体重①および②はgoogle検索で最上段および次段に表示される芸能まとめ系キュレーション・ウェブサイトの想像値.
　　2 ）体重①および②で一桁台「前半」の表現には2.5を，「後半」の表現には7.5を代入した.
　　3 ）専属モデル27名の内，キュレーションサイトに体重想像値が掲載されていない 2 名は集計から除いた.
　　4 ）最終行は25名全員の平均値.

もう少しくわしくみてみよう．BMIの最小値は15.4，最大値は17.9だ．BMI
が最も大きかったモデルであってもモデル体重規準を0.1下回る．〈世間によっ
て構築されたBMI〉のこの絶妙さ．モデル25名の平均値は，適正体重を5.4，美
容体重を3.4，モデル体重でさえ，1.4も下回る16.6である．モデルたちの年齢
は14歳から21歳，その平均値は17歳．これが本当であるならば，育ち盛りの彼
女たちにとって，健康な状態とはいいがたい．いや，彼女たちは，容姿外見の
美しさを生業としているのだから，その覚悟はできている．そして，そこから
えられる報酬と栄誉を享受する立場だから，端から文句などいわれる筋合いで
はない．問題は，これを読者たちティーンがいかに受け止めるかだ．前節で説
明した〈性の商品化四つのベクトル〉における，〈同性間競争・同一化〉を思
い出してもらいたい．「ファッション誌専属モデルの〇〇ちゃんは，体重40kg
なんだって！」「そうするとBMIが15.6ってこと！」モデルとの同一化をめざ
す彼女たち中高生読者の声が聞こえてきそうだ．世界保健機構WHOが日本の
厚生労働省に「貴国の若年層女性の低体重傾向は危険域に達している」という
勧告を出そうとも，厚生労働省が若年層女性向けに政策メッセージをいかに発
しようとも，ティーン女子たちは微動だにしないだろう．キレイ規範に基づく
痩せたい欲求，そしてダイエットは，何よりも優先する．

第33節　忌むべき50kg

前節では，ティーン向けファッション誌モデルたちについて〈世間によって
構築されたBMI〉を通じて，若年層女性のお手本となる体型のイメージを俯瞰
してきた．本節では，20歳前後を主たる読者層とした，現代日本における有力
ファッション誌におけるダイエットの記事内容をみてみよう[21]．ここでも前節
同様に誌名やモデル名は伏せる．当該記事は，「消えた脂肪ぜ〜んぶで
152.7kg！！」と題された刺激的なダイエット特集である．この特集の読者モ
デルに関する箇所を抜粋してみよう[22]．まず，最初の読者モデル（19歳）のダ
イエットの動機は「アナウンサーになりたい！」ことだという．適性，教養や
学力のみならず，容姿外見も大いに問われる女子アナをめざすという，すこぶ
るわかりやすい事由だ．彼女は，身長159cm，体重53.0kgであったから，BMI

＝21.0である．適正体重22と美容体重20の中間である．健康目的であれば，まったくダイエットの必要がない標準体型だ．それが，10kgの減量の結果，43.0kg．BMI＝17.0となる．モデル体重の18を下回る低体重の完成．女子アナ志望という求職上の都合，覚悟の上のダイエットならば健康をいささか犠牲にしても仕方のないことなのか．

　次の読者モデル（18歳）のダイエットの動機は，「男の子から「太っている」と言われて一念発起！」とのこと．これもわかりやすい．彼女は，身長は同じく159cm，体重は56.0kgであったから，BMI＝22.2である．適正体重22をわずかに超えてはいるものの，もちろん健康体重，標準体重の範囲内である．男子の罪作りなひとことでダイエット開始．彼女も10kgの減量の結果，46.0kg．BMI＝18.2となる．モデル体重の18に肉薄する低体重だ．男子のひとこと，ダイエットを強いたのがボーイフレンドであれば，恋人失格だと筆者はいいたい．恋愛も健康第一，身体あってのラブではないのか．でも，こんなクレームも世間には老人の戯言（たわごと）にしか聞こえないのだろう[23]．

　読者モデルの2名は，ダイエット前の体重は53kgならびに56kgというように，50kgを超えている．この50kgという数字が曲者（くせもの）なのだ．若年層女性の平均身長と平均体重を，当該記事と同時期の厚生労働省による「国民健康・栄養調査」の統計データで確認すると，身長は2名の読者モデルの159cmとほぼ同じ158.3cm，体重は少し軽めの51.7kg（厚生労働省 2015）[24]．BMI＝20.6で若干美容体重をオーバーだが，明らかに適正体重のBMIから1.4不足した痩せ気味なのである．つまり，20歳女性の平均身長と平均体重から算出した平均BMIの値ですら，美容体重近辺の痩せ気味なのにもかかわらず，現代日本ではダイエット熱が収まらない．読者モデルは，双方ともに自分たちの世代の平均体重よりも若干多めであったがゆえに，ダイエットを開始したと解釈すれば，理解しやすくなる．健康体重云々以前に同世代の仲間たちが，すでに痩せ気味なのだ．

　それに加えて50kgというマジックワード．先程の厚労省の統計では，10代女子の平均体重は，10歳の32.7kgから，15歳の49.0kgまで順調に増加し，16歳で50kgを若干超えた以降は50kgの前後に留まり，大きく伸びることはない．あたかも50kgが大きな障壁となっているかのごとくである（厚生労働省 2015）．前節の表13を再度参照して頂きたい．ファッション誌専属モデルの体重の想像値

で，50kgもしくはそれを超えているケースは，25名の内，5名に過ぎない．残り20名つまり，8割は50kg未満なのだ．そして，50kgを超えた5名は，身長が167cm以上と，かなり高い人たちである．そのうちの2名は，170cmと172cmというように滅多にいない高身長だ．その意味では例外的存在である．平均身長が160cmに満たない一般女子たちにとっては，170cmで50kg超過は眼中にはない．これは健康という観点からは明らかに誤ったメッセージなのだが，50kgは忌むべき数字なのだ．160cmで是が非でも40kg台．49.9kgであればBMI＝19.5で美容体重．可能であれば40kg．このときBMI＝15.6でモデル体重を大きく下回る．これが，〈性の商品化四つのベクトル〉における，〈同性間競争・同一化〉を打ち勝つための，生命を賭した，理想体型なのである．

第34節　エステと美容整形

ダイエットは，本来，医療の専門家の助言をあおぐべき領域なのだが，日本のみならず世界的に素人による過激かつ非健康な方法が跋扈している．その結果，前節までで論じたBMI問題が生じてきた．本節からは，身体に係わる美容術で，さらに，より専門的な技法としてのエステと美容整形の領域に足を踏み入れよう．そのためには，まずは，若年層女性たちのエステや美容整形施術への期待についての実態を明らかにすべきだろう．

まえおきを述べるならば，エステはともかくとして，美容整形には，かつてに比べれば軽減したとはいえ，いまだに偏見に近いまなざしがある程度存在する．本書では，谷本奈穂と同じく，「美容整形を病理としては捉えない」．そして，メイクやヘアメイク，フレグランス使用などと同じく，その「実践者にとって意味のある実践」として把握する（谷本 2008: 30, 32）[25]．

さて，表14はハイティーンがレスポンデントであるデータセットCCJH14の集計だ．前節までの議論につなげるため，ここでは，女子大学生のデータセットCCJD13ではなく，CCJH14の方を用いる．

CCJH14では，埋没法，切開法，隆鼻術，豊胸術など多岐にわたる美容整形とその出発点ともなるエステの利用希望度を，「エステや脱毛サロン」「二重まぶたにする手術（メスを使わない）」「二重まぶたにする手術（目頭を切る）」「鼻を

表14　エステや美容整形外科での施術　N＝458

CCJH14「ハイティーン女子のメイクとファッションに係わる全国調査」2014年10月初旬実施

		すでに経験がある	とてもうけたい	うけたい	あまりうけたくない	うけたくない	計
P₁	「エステや脱毛サロン」	51	162	142	35	68	458
		11.1%	35.4%	31.0%	7.6%	14.8%	100.0%
		11.1%	46.5%	77.5%	85.2%	100.0%	
P₂	埋没法「二重まぶたにする手術（メスを使わない）」	8	76	73	74	227	458
		1.7%	16.6%	15.9%	16.2%	49.6%	100.0%
		1.7%	18.3%	34.3%	50.4%	100.0%	
P₃	切開法「二重まぶたにする手術（目頭を切る）」	0	25	26	81	326	458
		0.0%	5.5%	5.7%	17.7%	71.2%	100.0%
		0.0%	5.5%	11.1%	28.8%	100.0%	
P₄	隆鼻術「鼻を高くする手術」	0	29	74	89	266	458
		0.0%	6.3%	16.2%	19.4%	58.1%	100.0%
		0.0%	6.3%	22.5%	41.9%	100.0%	
P₅	豊胸術「胸を大きくする手術」	0	32	48	107	271	458
		0.0%	7.0%	10.5%	23.4%	59.2%	100.0%
		0.0%	7.0%	17.5%	40.8%	100.0%	

注：1）上段数値は実数，中段は構成比，下段は累積構成比.
　　2）濃灰色の白抜き文字セルは累積構成比が5.0％を超えた区間，同様に淡灰色は20.0％を超えた区間.

高くする手術」「胸を大きくする手術」の５項目について，「すでに経験がある」「とてもうけたい」「うけたい」「あまりうけたくない」「うけたくない」からなる擬似的な順序尺度で測った[26]．高等学校などのクラスにほぼ１名の割合である20人に１人を示す５％と，親しい仲間内に１名はいる５人に１人の20％を規準として，その経験度を含む切望の度合いをくらべてみよう．

　最も身近なのは「エステや脱毛サロン」であり，「すでに経験がある」の構成比が１割を超え11.1％だ．クラスに２名いる勘定になる．美容整形の方で「すでに経験がある」のは「二重まぶたにする手術（メスを使わない）」のみであり，構成比は1.7％である．クラスで１名には届かず学年で数名という割合だ．「とてもうけたい」まで累積構成比をのばしてみると，「エステや脱毛サロン」は半数に近い46.5％となる．おおよそ２人に１人は強く切望もしくはすでに経験

済みということになる．美容整形の方は埋没法「二重まぶたにする手術（メスを使わない）」（18.3％），切開法「二重まぶたにする手術（目頭を切る）」（5.5％），隆鼻術「鼻を高くする手術」（6.3％），豊胸術「胸を大きくする手術」（7.0％）のいずれもがクラスに 1 名の 5 ％を超えている．顕著なのは埋没法「二重まぶたにする手術（メスを使わない）」であり，6 人に 1 人を超える割合だ．さらに累積構成比を「うけたい」までのばせば，この埋没法（34.3％）に加え，隆鼻術「鼻を高くする手術」（22.5％）も20％を超え，5 人に 1 人の仲間内水準になる．まずエステで美顔や脱毛処理をおこない，埋没法で目をパッチリ大きくみせたいし，できればシリコンで隆鼻術を試みてみようかなぁ，というのがハイティーン女子の願望なのだ．切開法による二重瞼手術やバストにメスを入れる豊胸術の希望が相対的に低いのは[27]，目頭を切ってまでも，あるいは胸の大きさはブラジャーやパッドによってなんとかなりそうだし，といった施術に伴うリスク回避の気持ちの表現だろう[28]．隆鼻術の施術リスクや術後のアフターケアの深刻さは承知なのだろうが[29]，アイプチや豊胸ブラなどの便利なツールがある瞼やバストにくらべて，鼻の高さや小鼻の形の矯正はどう頑張っても素人の手には負えないからだ．

　自身が望むのならば美容整形手術を否定すべきではない[30]．先天的な障害，あるいは，後天的な事故や病気で失った美貌を劇的に取りもどすことが可能な現代の審美医療の技術は驚嘆に値する．また，その福音に与ることで，幸福な生活を送ることができる多くの人びとがいることも筆者はよく知っている．だが，未成年であるハイティーン女子の相当数が，エステはともかく，リスクと痛みと生涯続くアフターケアを覚悟の上で，埋没法，切開法，隆鼻術，豊胸術などを，希望する日本社会を，読者のみなさんはどう思われるのか．ノルウェーの社会学者であるガルトゥング（Johan Vincent Galtung 1930-）の提唱する理論の中に，「構造的暴力」（structural violence）という示唆的な概念がある．構造的暴力とは，「諸個人の協調した行動が総体として抑圧的構造をささえているために，人間に間接的に危害をおよぼすことになる暴力」として定義される（Galtung 1969＝1991: 30）．ガルトゥングに従えば，誰かに「顔のお直しをしろ」と命じられるわけではないが，若年層女性に，それを強いる抑圧もしくは疎外という構造的暴力がそこにある，と主張するのは，筆者の言いすぎだろうか．

第35節　美容整形は何を変えたのか

　美容整形の社会的位置づけを小括してみよう．美容整形は，第2節（第1章）のメイクとファッショの位置関係を示した**表1**の通り，メイクやフレグランスのような〈身体の非形成〉とは異なり，〈身体の形成〉と呼ぶべき生身の肉体を加工遡型する美容化粧服飾としては最強の手段だ．審美医療の高度な技術と経験，施術のための相応の金銭的コスト，維持のためのメンテナンスコスト等は必要であるが，そこから得られるキレイ，「若さ」「幼さ」の効果は最大最高である．

　米国の文化史家であるハイケン（Elizabeth Haiken 1962-）による『プラスチック・ビューティー』は美容整形の社会的意義と意味を透徹した視点で描く．美容化粧服飾の研究者にとっては必読文献だ．米国の美容産業についての記述と考察が中心であるが，半世紀前の日本の美容整形業界草創期のエピソードなども紹介されている．美容整形手術に代表される審美医療は，確かに，劇的な進歩を遂げた．美を求める女性たちの競争において，美女にくらべて，生まれつき不利な立場にある女性たちにとって，救いの神である．しかしながら，性の商品化における基本構造を変えたわけではない．人びとを果てのないルックス至上主義に陥れただけなのかもしれない（栗田 2016b: 530）．男性からみられる立場の，商品としての女性の位置を根本から変えてはない．いや，むしろ女性の商品性をより高めてしまったのではないのか．「アメリカ人は美容産業が女性を平等にしたと考えたが，これはあくまで女性同士の格差是正であり，男女間の平等ではなかった」というハイケンの言葉が心に重く響く（Haiken 1997＝1999: 45）．

まとめ

　本章の冒頭では，人は生まれつきキレイでないこともあるし，事故や病気によって容貌を損なうこともある．また，加齢による老化は避けられず，他人よりキレイになりたい欲求も捨てがたい．美容整形に代表される審美医療，エステやダイエット，さまざまな美容術は，そのプロセスにおいて，これらの期待

に応えると同時に，その欲求をも創り出している，と記し，それを承けて，第
28節では，〈美しさのダブルスタンダード〉が，ダイエットなどセルフ美容術
ならびに美容形成施術に代表される審美医療を中心とした広汎な美容術が有す
る社会学的課題を考えてゆく手掛かりとなることを述べた．第29節では，ダブ
ルスタンダードと先述のダブルバインドの概念的相違を明らかにし，第30節で
は，〈美しさのダブルスタンダード〉の重要な背景となる，〈性の商品化四つの
ベクトル〉について論じ，これを承けた第31節，第32節，第33節では，性の商
品化における，〈同性間競争・同一化〉の視点から，ファッション誌モデルや
読者モデルにおける健康を無視した低体重が広く受容される現状を分析し，こ
の問題性を指摘した．第34節では，成長期にあるティーンを対象とした
CCJH14のデータセットを用いて，彼女たちのエステと美容整形の希望度合い
の大きさを確認し，美容整形施術を切望する彼女たちが，「構造的暴力」の下
にあることを示し，第35節では，このような強度な〈身体の形成〉を伴う美容
術が，性の商品化における基本構造を変えるどころか，むしろ，それを補強し
ていることを論じた．

　本章では，前章に引き続き，美容化粧服飾の方法論が〈身体の形成〉であり，
その強度順に，ダイエット，エステ，美容形成と扱ってきたが，次章では，も
う一度，〈身体の非形成〉に戻り，アクセサリーをハイブランドの視点から論
じる．

註 --
　1）現代の美容術でのアンチエイジングの主眼は，素肌を美しく保ち，「常在菌」など生理学的か
　　　つ生体機能を重視した肌ケアである（佐伯 2004: 94）．
　2）メイクの社会的地位が大きく向上した現代とは異なり，古代ギリシアでは，「うわべだけ」の
　　　美で飾る化粧術に対して，美容術の方は，「健康な体を維持するための医学の一分野」として重
　　　要視されていた（Paquet 1997＝1999: 24）．
　3）18世紀から19世紀にかけての欧州貴族層の，ピーコックスタイルや，日本の室町時代や戦国期
　　　における，ばさら大名等，美容化粧服飾において，一部の男性が華美であったことが記録されて
　　　いる．しかしながら，当時の男性全般が女性とくらべてキレイの規準が高かったわけではない．
　4）邦訳タイトルは，社会システム論ではなく，『社会体系論』．
　5）一般理論を志向するあまりに，誇大理論（grand theory）と貶められることもあるパーソンズ
　　　の機能主義にくらべて，マートンは，ハーバード大学でパーソンズに師事していたものの，理論
　　　と経験的データの接続を目指す堅実な側面が強い．
　6）「汝，殺すなかれ」はモーセに授けられた十戒の 6 番目（『旧約聖書』「出エジプト記」第20章）．

7）商品化される女性の性や身体について，社会学者の浅野千恵（あさの　ちえ）は，「女性の性や身体が商品となることは，人々の意識の中に女性の身体を「潜在的商品」として捉えるような意識を生み出す．そして，女性たちの意識の中には，自らの身体や性を「性的商品」という観点から評価するような基準が新たに導入されるようになっていく．そのような基準の下では，実際に自らの身体を売買の対象とするかどうかとはかかわりなく，商品として高く売れることが，女性としての価値を高めるものとして認識されるようになるわけである．そこで自らの商品価値を高めるために，一定の規格に合うように容姿や体型を整えたり，変形したりすることが要請されるようになる」と述べる（浅野 1995: 91）．つまり，女性の性と身体の潜在的商品化→性的商品としての自己評価→評価軸に沿った容姿や体型への調整，変形の要請，といった段階を経て，性の商品化は浸透してゆくということだ．

8）〈性の商品化〉にまつわる，日本の社会学における言説の特殊性とその批判的克服については，社会学者，中村香住（なかむら　かすみ）の議論が参考になる（中村 2017: 183–184）．また，性の商品化のもう一つの次元である，女性のセクシュアリティの視点から，現代日本における女性向けポルノの研究領域を拓いた，社会学者の守如子（もり　なおこ 1972–）の研究，守（2010）を参照してほしい．

9）commercialization of gender and sexualityをここで用いているのは，従前のcommercialization of sexでは，性の規範的側面を欠いてしまうからだ．註7（本章）で紹介した浅野（1995）における，「女性の性や身体」という表現はgender and sexualityをカバーしており，神山（1999a）の三類型は，さらに具体的かつ網羅的でゆきとどいている．ちなみに，本書の図式は，強制的異性愛が支配する日本社会を対象としているゆえに，異性愛のみをあつかっているが，LGBTQを含めた，より普遍的な性の商品化についての分析図式は，機会をあらためて論じたい．

10）強制的異性愛は，アメリカの詩人，アドリエンヌ・リッチ（Adrienne Rich 1929–2012）によって，広汎に普及した概念．出典は，Rich（1980）．性自認，生物学的性（解剖学的性），性愛対象の組み合わせによる詳細は，栗田（2006: 86–87）ならびに（栗田 2012: 184–185）を参照のこと．くわえて，Butler（1990＝1999: 89, 239）も参照．

11）サービス業に従事する女性労働者にとって，美容化粧服飾は，「時間と金をかけ努力を重ねて習得したスキルであるのに，女性の特質と見なされ」労働として評価されることがない（Black 2004＝2008: 267）．

12）かつては，理想の顔や理想の体型は，たとえば，「あごの先端から鼻の穴までの長さは顔全体の長さの3分の1でなければ」ならないといった，先天的要素によってほぼ決まってしまう不公平原理が支配する幾何学的な黄金分割等の議論が主流を占めていた（Paquet 1997＝1999: 50）．ところが，現代の美容術の中心の一つは，その善し悪しはさておき，万人が自身の課題として容易に取りくむことが可能な，つまり公平な，ひたすら体重を減らすダイエットに収斂している．それに加えて，伝統社会では，高貴な人びとや富裕層に占有されていた美容術や化粧術が万人の手の届くところまでおりてきた．かつての，「姫君はたいそう美しいお方らしい」という世の中から，「だれでも美しくなってよい，美しくなれる，いや美しくあらねばならない」といった社会になり，いわば民主化が実現したのである．しかしながら，それによって苛烈なダイエット競争がはじまったとするならば，公平原理の下での〈美容革命による呪縛〉とも呼ぶべき歴史の逆説だ．そして，先天的な美に係わる黄金分割的なニーズは，美容外科手術に代表される審美医療に移行，吸収され，有名人・芸能人の○○さんのような顔になりたい，身体になりたい，といった具体的アイコンを伴うように変化した．

13）19世紀西欧では女性のみならず一部の男性も医療用ではない体型矯正用としてコルセットを使

　　用していた（深井 2009: 216）.

14）肥満学会はBMIが25を超えても「医学的に減量を要する状態とは限らない」としている（日本肥満学会 2016）.

15）現代日本で「スキニーな身体」，痩身（そうしん）が重視されるきっかけは，華奢（きゃしゃ）で小枝のような手足をしたツイッギーの来日（1967年）以来だ，という指摘がある（古賀 2004: 130）.本人の体質的な要因もあり，当時のツイッギーは身長165cm，体重41kgであり，BMIを計算すると15.1となる.服飾史家の古賀令子（こが れいこ）は，1960年代に興隆した，シースルー，トップレスなど身体を誇示するモードや痩身志向を総称して「身体意識の大変革」と呼ぶ（古賀 2004: 130）.この身体意識の大変革は，世界中の若者世代に熱く支持された対抗文化（counter-culture）の一つの側面でもあり，社会学者の河原和枝（かわはら かずえ）が記す，ミニスカートをはじめ仕事着であったデニムやインナーであったTシャツのおしゃれ着への取りこみを中心とした「ファッション革命」と軌を一にする（河原 2014: 182-183）.このような時代背景のもとで，デザイナーの森英恵（もり はなえ 1926-）が，日本航空（JAL）の客室乗務員の制服をミニドレスとしてデザインしたのが1967年であり（森 1993: 199），大きな話題となった.対抗文化がルーツとなった，これらの「解放」は「若さや美しさという」「規範の強化」にすぎないかもしれない（Kaufmann 1995＝2000: 36）.ちなみに，対抗文化については，越智（1988）や竹林（2014）などを参照のこと.対抗文化の時代からすでに半世紀の時間が過ぎたが，その艶（あで）やかな側面がノスタルジックに語られる反面，評論家の川本三郎（かわもと さぶろう 1944-）が，「実際，死がたくさん，身近かにある時代だった」と的確に記すように，ベトナム戦争，抗議活動やそれにともなう多くの犠牲が醸（かも）しだす暗いトーンにも彩られていたことも忘れてはなるまい（川本 1988/2010: 51）.

16）この計算サイトで「適正体重・美容体重・モデル体重」のページは「健康診断」の下位カテゴリーに位置づけられている.

17）キュレーションサイトとは，特定のテーマに関して読者が知りたいと思われる情報を整理，提示するウェブサイト.curationには，博物館，美術館などの展示企画という意味がある.

18）キツセとスペクターは「社会問題の定義が構築される過程は，社会科学者の関心を集めているあらゆる現象と同じく，社会調査の技法を用いて観察可能である.それゆえ，われわれが提示してきたデータが「主観的」とみなされるのには困惑させられる」とはっきりと述べ（Spector and Kitsuse 1977＝1990: 36），構築主義的な見方と経験的データの併用が可能であることを示唆している.

19）だからといって社会学は事実（fact）の追究を放棄しているわけではない.factに基づくことがないrealityが存在し，それがfactと同等もしくはそれ以上に信じられている事態（fact）を重視しているのである.

20）Google検索にヒットし，参照したのは以下のキュレーションサイト.AIKRU（2017）「AKB・アイドルの情報まとめサイト」http://aikru.com/（2017年 8 月20日確認）.げいのうサーチ（2017）「話題の芸能人・有名人について調べてみました！！」http://zzzno.com/（2017年 8 月20日確認）.トレコレ.com（2017）「芸能」http://xn--tckyb 7 fb.com/（2017年 8 月20日確認）.トレパラ（2017）「アイドル」http://torepara.com/（2017年 9 月 2 日確認）.トレンドニュース速報.jp（2017）「エンタメ情報チャンネル♪」http://xn--zck 3 adi 4 kpbxc 7 d2131c340f.jp/（2017年 8 月20日確認）.TREND PEDIA（2017）「daily hot trend news タレント」http://trend.pedia-jp.com/talent/（2017年 8 月20日確認）.

21）出典は当該誌の2014年 6 月号.

22）当該記事には 5 名の読者モデルが登場する.

23）浅野千恵は,「ダイエットから摂食障害になる可能性が万一認められたとしても, 栄養学的に見て正しいダイエットを行わなかったからだと専門家が解釈することによって, ダイエットの根本的な問題（「なぜ女性はやせなければならないのか」という問い）が深くほりさげられることはけっしてない. その結果, ダイエット自体はよいことであると見なされつづけ, 女性誌におけるダイエット記事の数は加速することはあれ, 減ることはない」と悲観的に予想する（浅野 1996: 190）.

24）厚労省による当該調査のデータ更新は調査年の翌年.

25）谷本は従来の美容整形についての社会学的議論が,「規格化と自由」「社会と個人」の二項対立に回収されがちであった点を克服するためには,「身体（外見）は, 個人の所有物であると同時に社会による構築物でもあるが, 人と人との間で生成する現象でもある」と述べる（谷本 2018: 231, 240）. 美容整形を望む個人と社会との単純な関係にとどまらず,「同性の家族や友人とのコミュニケーション」, 医師やメディアなどを含む複数のアクター間の関係をふまえたうえで, 考えてゆく必要を説いている（谷本 2018: 238）.

26）「メスを使わない」埋没法などの施術についてプチ整形という呼称があり, 形成外科や美容外科としての研修を受けていない医師も多いという（大竹 2017: 150）. プチ整形という表現は, 本書では用いない. 程度の差こそあるものの, 元来リスクを伴う美容整形の「カジュアル化」に加担してしまうからだ（北条 2015: 45）.

27）豊胸術もしくはバストアップ術には, 大胸筋または乳腺の下に生理食塩水やシリコンジェルなどが入った人工物を挿入する「バッグ挿入法」や, 自分の身体から吸引した脂肪を精製し, 再注入する「脂肪注入法」などがある（浅見 2004: 35-37）. いずれも軽度ではない外科手術を要する. ちなみに, ポリアクリルアミドハイドロジェル（PAAG）など非吸収性充填剤注入による豊胸術は, その合併症リスクの高さにより, 日本形成外科学会等, 関連学会の連名で, 施術中止要請の共同声明が, 2019年4月25日付で発せられている（厚生労働省 2019; 日本形成外科学会・日本美容外科学会（JSAPS）・日本美容外科学会（JSAS）・日本美容医療協会 2019）.

28）豊胸術が広く普及し, 日本より一般的な米国では,「胸が豊かな有名人たちは, 自分は生まれながらにこの胸だと証明するまで, 豊胸手術を受けたにちがいないと思いこまれてしまう」（Seligson 2007＝2007: 148）. これなどは美容整形手術普及に伴う潜在的逆機能.

29）隆鼻術の場合,「シリコンプロテーゼを, 鼻の内側にメスを入れ, 挿入した」手術後,「10年以上入れておくと石灰沈着を起こして鼻が凸凹になったり, 合わない形のものを入れると鼻の皮膚が薄くなったり, 穴があいたりすることがある」（岡村・金子 2005: 48）.

30）ポーランド生まれの米国の美容整形外科医, ローレンス（Z. Paul Lorenc 1955-）らは, 美容外科で「根強くはびこ」り, 患者に不利益をもたらす代表的なウソには,「痛くない」「リスクはない」「手術の効果は永久につづく」「昼休みに鼻の手術が受けられる」「傷跡が残らない手術ができる美容外科医がいる」「最新技術のほうがいいにきまっている」などがあるという（Lorenc and Hall 2004＝2005: 42-51）. 施術のまえに充分なカウンセリングが必要であることはいうまでもない.

第6章

ブランド化と消費社会
―― アクセサリーとハイブランド

はじめに

　ジュエリー，時計，バッグなどのハイブランド商品は，その値打ちを知らない人には単なるモノに過ぎない．しかしながら，その値打ちを認める人たちの間では，なんの変哲もなく，無価値にも思えるモノが，とてつもなく高額であっても購入され，さらに，その使用者・保有者の社会的地位を高める効果さえ発揮する．エルメス，カルティエ，シャネル，ルイヴィトン，ロレックスといった著名なハイブランド商品の社会的意味について本章では考えてゆく．

　もはや古典に属するハリウッド映画の，娯楽大作『バック・トゥ・ザ・フューチャー』三部作をご覧になった方も多いだろう．その第一作目では，マイケル・J・フォックス（Michael J. Fox 1961–）演じる，主人公のマーティが，期せずして単身過去にタイムスリップしてしまう．傷心のマーティに向けて，将来，彼の母親となるべき若い女性であるロレインは，「カルバン」と声をかける．ここが大切なポイントだ．ロレインは，マーティの名前をなぜか，カルバン・クラインだと勘違いしている．マーティがはいていたトランクスに，ファッションブランドであるカルバン・クライン（Calvin Klein）のロゴがあったからだ[1]．タイムスリップしたのは1955年である．前世紀なかば，当時のごく普通のアメリカ人には，ファッションブランドの観念は普及していない．カルバン・クラインをインナーの持ち主の氏名だと思い込んでしまったのは無理からぬことだ．大量消費を旨とする現代では，もはや廃れてしまったが，かつては，自分のコスチュームに氏名を縫い込む習慣が米欧でも日本でも普通だった．かくして，

マーティはカルバン・クラインと呼ばれたわけだ.

　カルバン・クラインのトランクスは, 一着数万円するわけではないが, Kmartのような量販店で売られている格安品にくらべれば数倍の価格差がある. 廉価品_{れんかひん}ではない[2]. カルバン・クラインのロゴを見れば現代人であれば, すぐにそれがわかる. ブランドとはそういうものだ. スマホであれば, アンドロイド端末よりもアップルのiPhone, 格安ノートPCよりも, PanasonicのLet's Note. バレンタインデーに送るチョコレートであれば, なによりもベルギー王室御用達のGODIVA. われわれは, ブランドで商品の値打ちを即座に判断する[3]. もし事情が許せば, もし金銭に余裕があれば, 可能な限り, より良いとされるブランド品を入手したいと思うのが人情であろう. ただし, それは, 当該ブランドの情報や評価をみなが共有していることが前提である.

第36節　カルティエのラブブレス

　ブランドの原義は, 家畜の保有者を記した焼印（brand）である. 焼印といえば革_{かわ}. 現代のブランドで革製品といえばエルメス（HERMÈS）. フランスの最高級ブランド,「別格の存在感」があり,「ブランドのなかのブランド」の言葉がふさわしいエルメスだ（戸矢 2004: 8）[4]. 焼印は転じて, 商標銘柄を指すようになり, 現在ではファッションブランド全般とりわけ, ハイブランド, ラグジュアリーブランドとよばれる高級ブランドを指すことが多い. 経済学者の富澤修身（とみざわ おさみ 1954–）は, ファッションブランドの商品ラインアップの価格帯に注目し, いくつかに分類したうえで, これを「ブランドのピラミッド」と称している（富澤 2003: 191）. ハイブランドは, もちろん最上段に位置する. ただし, ブランドといった場合には, 本来的にはファッションブランドだけではなく, この世の全商品, 全サービスが対象となる. 前節でふれた, スマホ, ノートPC, チョコレートなども当然ふくまれる. メーカーや供給元が判別できないノーブランドも, ノーブランドという意味でのブランドなのである. これが消費社会の本質だ. もし, そのモノが果たすべき機能だけで判断され, しかも, そのモノは, ほかに代替品がないということであれば, ブランドのコンセプトは成立しない. 服は国家から支給される人民服, 食事もまた全国民が同じ給食,

住宅も統一規格の国営住宅ということであれば別だが．しかしながら，かつて共産主義を標榜した全体主義体制下で資本主義的な消費社会を否定した国々でさえも，けっしてそうはならなかった．他国からよりよい商品やサービスが闇にもちこまれ，質のよいブランドとして特権層や富裕層はその恩恵を享受していたからだ．

　商品のモノとしての価値を〈使用価値〉(use-value) とよぶ．20年もの前の話だが，人気の絶頂にあった浜崎あゆみが，自身のおしゃれアイテムとして，高級腕時計で名高いフランスの名門ブランドであるカルティエ（Cartier）のブレスレットを愛用していた[5]．中高生向けのファッション誌でそれがあつかわれたこともある．当時としては有名な話だ．『SEVENTEEN』（2001年第9号）の販売促進用ポスターで右腕にはめていたラブブレスレット通称ラブブレスと呼ばれるこのジュエリーは，さまざまなタイプが販売されている[6]．彼女が着用していたものは，ホワイトゴールドいわゆるジュエリー用の金主成分の合金でつくられている．ホワイトゴールドの他にイエローゴールドやピンクゴールドなども売られている．当該品の現在の売価は80万円近い高価な品である．読者層である女子中高生には，どうあっても高嶺の花だ．この当時，ラブブレスの偽物をあつかう業者は，金にくらべるとすこぶる価格の安い銀製の偽物を1万円強という価格で製作販売していた．これは，もちろん違法であり，当局には犯罪として摘発されることになる．

　販売促進用コピーに「カルティエファン必見！超精密ラブブレス★あゆも愛用！！」と記された，この違法ラブブレスと，本物には，当時の金相場を勘案しても数十倍もの価格差があるが，当時の写真を見る限り，ブレスレットとしての機能はあまり変わらないように思えた[7]．銀製とホワイトゴールド製，あやしい闇工場製と名門ブランドのカルティエ製では似ていても輝きや細部の造形には，もちろん天地の差はあるのだろう．しかしながら，遠目でながめる分にはそれほど違わないのかもしれない．金と銀の比重が異なるので，偽物は「やけに軽いな」と感じるだろうが，ゴールドでできたジュエリーを身につけたことがない人には，それすらもわからない．要するに，腕の装飾品としてのブレスレットとしては質の高低，合法か違法かという差はあるにせよ，機能としてはほぼ等価なのだ．つまり，この場合，本物のカルティエと偽物との，モノと

しての機能たる〈使用価値〉はほぼ同じであるということだ.

　では，本物と偽物はどこが違うのか．まず，その製造元が異なる．本物はフランスが誇る高級ブランドであるカルティエが製造販売している．誰もが認める正真正銘のブランド品である．どこに出しても恥ずかしくない品だ．偽物の使用者もさすがにそれが本物と勘違いして使っているわけではないだろう．心のどこかで負い目を感じつつ，本物代わりに着用しているのに違いない．それに対して，正真正銘の本物使用者は，カルティエを身に付けている喜びで日々満たされている．これが高級ブランドの効果である．このように，カルティエというブランドが有するいわば店舗の看板としての価値を〈記号価値〉(semiotic value)と呼ぶ．これは，最高級ブランドたるエルメス，N°5を扱った第17節（第3章）でも登場したシャネル，日本で高い人気を誇るルイヴィトン（Louis Vuitton)なども同様である[8]．旅行用鞄としての堅牢さや製品の修理体制が整っていることで高名なルイヴィトンだが（長沢・大泉・前田 2007: 131)[9]，その革製品を数十個，数百個保有するマニアもいるくらいだ[10]．また，全身をシャネルで固めた「シャネラー」と呼ばれる人びとも存在する（三田村 2004: 71)[11]．彼女たちは〈記号価値〉の信奉者である[12]．バッグであれば何でも良いだろう．財布はお金が入れば良いではないか．という人たちには，理解しがたいかもしれないが．

　もちろん，この〈記号価値〉は，ハイブランドだけではなく，先述したスマホやノートPC，チョコレートといった一般の商品にも当てはまる．iPhone, Let's Note, GODIVAは，まぎれもなく名門ブランドであり，他社や他ブランドにくらべて，その〈記号価値〉は大きい[13]．学校歴や学歴にさえこれは該当し，京都大学卒や東京大学卒といった〈記号価値〉に秀でたブランド校出身履歴が大きな威力を発揮することはいうまでもないだろう.

　〈使用価値〉〈記号価値〉と説明を続けてきたが，その最後に〈交換価値〉(exchange-value)の話をしよう．〈交換価値〉とは，その商品やサービスを金銭の量で表現したものである．金額に直したら，いくらするのかということだ．カルティエのラブブレスであれば，786,500円というのが，その〈交換価値〉の中身である（2020年8月20日現在)[14]．要するに，その商品やサービスの価値をお金で表現したものだ.

　ここでは，カルティエのラブブレス，18金のホワイトゴールド製を例として，その価値の内実に迫ってみたい．日本での貴金属販売の大手である徳力本店のウェブサイトによれば，2020年8月20日9時30分現在において，地金1gの相場価格は，金7,293円，銀102円74銭，パラジウム8,283円となっている（徳力本店 2020）．ラブブレスの重量は腕のサイズにもよるが，標準でおおむね61.39g前後であると推定されるのに対して，違法商品である比重の軽い銀製の偽物は，102円74銭/g×33.4g＝3,431円52銭であり，売価の10,479円とくらべると，それほど，ふっかけてはいないことがわかる．地金からの加工賃やリスクが伴う販売コストなどを差し引けば，1個あたり5,000円も手許に残らないかもしれない．

　銀製品とは異なり，金製品は純金では硬度が足りずジュエリーには向かない．そこで本物ラブブレスも，18金つまり金成分75%で製造している．ちなみに24金が純金であり，18金とは18/24すなわち3/4が金であることを示している．残りは銀やパラジウムなど，ジュエリーとして充分な硬度を保つ金属が使われる．ラブブレスのカルティエとしての〈記号価値〉を算出しよう．まず，ホワイトゴールドのラブブレス売価は，786,500円である．18金ホワイトゴールドであるから金価格に加えて，銀とパラジウムの価格を考える必要がある．銀は廉価（れんか）だが，排ガス対策等の産業用ニーズで近年急騰（きゅうとう）したパラジウムは，金より若干高価であり，先述のように地金1gあたり8,283円である．加えてブレスレットへの加工賃がある．名門カルティエの加工であるから，ここではそれを多めに見積もって20,000円としよう．そして，ホワイトゴールドにおける銀の比率は17%，パラジウムの比率が8%であるとして，計算しよう[15]．そうすると，786,500円－（7,293円/g×75%＋102円74銭/g×17%＋8,283円/g×8%）×61.39g－20,000円＝388,960円36銭．つまり，ラブブレスの地金材料費と加工賃を減じた残りの金額は，39万円弱ということになる．なんと49.5%．これがカルティエという名門ブランドの価値なのだ．〈使用価値〉という観点からは，1万円強の偽物でもほぼ同じ．いや，売価千円未満の格安品であっても，ブレスレットしての最低の機能は果たしてくれる．それでも，富裕層やファンはカルティエを買い求める．もっとも，カルティエとしても，世界各国のファッション媒体に膨大な広告費を使って宣伝しているし，主要都市に置いた直営ショップの維持費も馬鹿にならないだろう．だから，39万円強がすべて粗利になるわ

140

けではなく，カルティエ本店の利潤は，その何割かであることは，いいそえて
おこう．しかしながら，名門ブランド，カルティエ強し．売価の49.5％つまり
半分がブランドとしての価値，〈記号価値〉なのだから．

第37節　ブール代数でUSE分類

　この〈使用価値〉〈記号価値〉〈交換価値〉の頭文字，U，S，Eを用い，数理
論理学の一分野，ブール代数（boolean algebra）に準じた表記によって，商品や
サービスをそれらが有する価値の観点から分類可能である（表15を参照）．ここ
で，ある商品もしくはサービスに〈使用価値〉があるか否かということを考え，
〈使用価値〉が充分存在する場合に大文字のUと表す．その反対に〈使用価値〉
が存在しないか存在しても小さい場合は小文字のuで表すことにしよう．同様
に，〈記号価値〉も，それが充分存在する場合に大文字のSと表す．その反対
に〈記号価値〉が存在しないか存在しても小さい場合は小文字のsで表す．最
後に，〈交換価値〉も，それが充分存在する場合に大文字のEと表す．その反
対に〈記号価値〉が存在しないか存在しても小さい場合は小文字のeで表そう．
そうすると，それぞれの価値のあるなしで2個，価値が3種類存在するので，
$2^3 = 8$，すなわち8個のUSEの亜種ができあがる．表15に示した通りだ．
　表15の一番上，type 1 のUSEから説明を加えよう．これは〈使用価値〉〈記
号価値〉〈交換価値〉のすべてがその商品もしくはサービスに充分存在する場合である．カルティエのラブブレスの例にもどれば，これは正真正銘の本物ラブブレスを指すことになる．本物のラブブレスは，当然ブレスレットの本来機能を十二分に果たすから，〈使用価値〉はUとなる．カルティ本店が認めた正真正銘の本物ラブブレスであるから，周囲の人も羨むし，

表15　使用価値・記号価値・交換価値

type 1	USE	記号的商品
type 2	USe	劣化した記号的商品（中古品）
type 3	UsE	高額商品
type 4	uSE	φ（空集合　ありえない）
type 5	Use	記号的商品のフェイク（偽物）
type 6	uSe	φ（空集合　ありえない）
type 7	usE	貨幣紙幣小切手など
type 8	use	値打ちのないモノ

U 使用価値：モノの用途，実用的価値
S 記号価値：他のモノと区別される卓越化情報量
E 交換価値：他のモノとの交換の際の通貨相当量

着用者御本人もご満悦であり，〈記号価値〉はもちろんS．そして，〈交換価値〉はホワイトゴールド製であれば売価786,500円という一般勤労者には高値の華．きわめて高価な値段が付いているわけだから，〈交換価値〉は当然至極でEとなる．したがって，ラブブレスのような名門ブランドの商品やサービスであればUSEとなる訳だ．USEとは，記号的商品（semiotic goods）に他ならない．

　type 2 のUSeとはなにか．考えてみよう．最初のUSEとくらべると，〈交換価値〉だけが，存在しないか存在しても小さい場合のeとなっている．ブレスレットとしての〈使用価値〉を備え，本物であるがゆえに〈記号価値〉もある．ただし，〈交換価値〉が存在しないか小さいということは，値段が安いかもしくは価格がまったく付かないことを意味している．本物でありながら低価格．オークションには多様なブランド商品の中古品が星の数ほど出回っているではないか．要するにラブブレスの使用済みの品，中古品もしくは質流れ品ということになる．恋人や配偶者にこんなにも高価な品をプレゼントされたならば，本来ならば誰しも手放したくはない．だが，さまざまな事由があろう．金策に困って，相手と別れたから等々．最初から売るつもりでプレゼントさせたなんていう不謹慎な人もいるかもしれない．それならば，現金でもらっておいた方が，無駄がないのでは，などと心配するのは事情を知らぬ外野の話．USeとは劣化した記号的商品ということになる．

　type 3 のUsEは，最初のUSEとくらべると，〈記号価値〉だけが，存在しないか存在しても小さい場合のsとなっている．Sではなくsであるから偽物ラブブレスということになるが，偽物では〈交換価値〉がEとなる必然がないので，記号的商品では存在しない．しかしながら，世の中には〈記号価値〉は欠くものの，高額商品は多い．日本のような国柄では都市部に立地した高価ではあるが魅力に乏しい不動産が該当するかもしれない．

　type 4 のuSEは，φ（空集合）である．なぜならば，〈使用価値〉が，存在しないか存在しても小さい場合に，〈記号価値〉が高まることはないからだ．

　type 5 のUseはブレスレットの〈使用価値〉のみが存在する状態．これがフェイク，ラブブレスの偽物である．一見，カルティエの本物に見えるものの，〈記号価値〉はゼロ，〈交換価値〉は本物にくらべてまったく，とるにたらない．

　type 6 のuSeも，type 4 のuSE同様に空集合φである．〈使用価値〉が，存在

しないか存在しても小さいにもかかわらず，〈記号価値〉が高まることはない．

　type 7 のusEは，〈使用価値〉〈記号価値〉の双方とも存在しないか存在しても小さいのにもかかわらず，〈交換価値〉が存在する場合である．それ自体は食べることも，紙でありながらメモ帳にすることもできないし，他との差別化にすぐれた卓越化情報量があるわけでもないのに，〈交換価値〉を有している不思議なモノ．これは何か．お金である．一般的にいえば貨幣紙幣などの通貨や小切手など有価証券である．いわゆるお金だ．財布の中の1万円札．お腹が空いたからといって食べるわけにはいかない．スマホがないときのメモ書きに使うこともできない．だが，もっと重要な働きが1万円札にはある．レストランで食事をし，メモ帳はおろか数枚あればスマホが買える．100枚近くそろえばラブブレスも入手できる．世の中で値段が付けられているものであれば何とでも交換できるのだ．

　最後のtype 8，useは，〈使用価値〉〈記号価値〉〈交換価値〉のすべてが存在しないか，小さい場合である．モノの形態は有しているが，誰も欲しがらず有用ではない，値打ちのないモノということになる．屑のような存在．しかしながら，大半の廃棄物でさえ再利用できる世の中であるから，理論的には存在しえても，実際にはありえないのかもしれない[16]．

　以上の中で，USEで表される，記号的商品は，その魅力と威力で煌びやかに輝く存在だ．USeで表される劣化した記号的商品は使い古しに過ぎず，UsEで表される高額商品は卓越化情報量を欠いており，Useで表される記号的商品のフェイクは偽物に過ぎない．唯一，usEで表される貨幣紙幣小切手などが記号的商品と肩をならべる．ただし，お金は何とでも交換できる全能性が，その魅力と威力なので，記号的商品とは異なったアウラ（霊気，aura）を漂わせている．双方は対となる相補的な存在でもある．記号的商品は，〈記号価値〉の力によって莫大な金銭と交換される高価な品だ．そして，高価であるからこそ記号的商品として崇められる．現代の消費社会においては，記号的商品とお金が双璧をなして，ブランドの世界を構築しているのだ．

第38節　記号的消費の優位

　前節で見てきたように，記号的商品とは，そのモノの〈使用価値〉，すなわち実用性よりも記号としての価値が凌駕し，〈交換価値〉が高い商品を指す．カルティエのラブブレスはそのわかりやすい例示である．シャネルやルイヴィトンのバッグ，ロレックスの腕時計などもこれにあてはまる．

　では，これら記号的商品は一部の富裕層やファンのみに関係しているだけなのだろうか．それは違う．現代の消費社会において，記号的商品はハイブランドのみならずほとんどの領域に浸透しており，記号的商品の高密度な消費，つまり〈記号的消費〉（semiotic consumption）の存在こそが，原初的な市場社会と高度な消費社会を区別する．ボードリヤールに従えば，日常的消費財は社会的地位の象徴には，もはや不適切なのである（Baudrillard 1970＝1979: 121）．富裕層，庶民にかかわらず，われわれは，山積みされた商品ブランドの市場の，いわば大海にさまよう小舟に過ぎない．ハイブランド商品に縁がない生活を送っていたとしても，コンビニやスーパーマーケットで食品や食材を買い求める際にもブランドすなわち記号的消費から逃れることはできない．無印商品というノーブランドを謳った逆説的なブランドが存在すること自体がそれを例証している．

　カルティエのラブブレスについて見てきたように，ハイブランド商品，記号的商品にはフェイク，偽物もつきものだ．見た目がそっくりに模造された違法商品である．一説には，市場に出回っているヴィトン商品のおおよそ4分の1がフェイクであるという見解さえある[17]．アジアの大都市における観光市場の片隅には必ずといっていいほど，こういった怪しげな偽物市場が存在しており，取り締まり当局とのイタチごっこを続けている（佐々木 2001: 62–106）．一見，このようなフェイクは記号的商品の天敵にも思えるが，実はそうではない．フェイクが闇に取引されてこそ本物のハイブランド商品の記号価値がさらに高まる．フェイクが模造されることがないハイブランドはハイブランドとしての〈記号価値〉が疑われるということなのだ．芸能人でもそうだろう．そっくりさんが登場することが，その俳優や歌手，タレントの人気者である証明なのだ．当該商品のフェイクが跋扈すること自体が，〈使用価値〉と〈交換価値〉の単純な

損耗に過ぎない，実質的消費（substantial consumption）に対する，記号的消費の優位を例証している．

第39節　顕示的消費

記号的消費の優位については，前節で述べた通りだが，記号的消費と縦横の関係をなす，もう一つの消費類型が，顕示的消費である．エルメスやカルティエ，ルイヴィトン，シャネル，ロレックスなどのハイブランドは，もともとは欧米の富裕層が日常生活において用いる服飾品や宝飾品であったものだ．財産に恵まれた貴族や資産家にとっては，日本円で数百万の値段が付く品々であっても，日頃の支出として無理なくそろえることができる．各家に出入りの業者たちが届けてくれる日常の風景なのだ．それに対して，庶民は清水の舞台から飛び降りる勢いでハイブランド商品を買い求める．自分たちの生活に，それが本当に必要かどうかではなく，ただ，それが欲しいという一念で．

19世紀末から20世紀はじめにかけて活躍した米国の社会学者，ソースタイン・ヴェブレン（Thorstein Veblen 1857-1929）は，このような富裕層の消費行動を，「顕示的消費」（conspicuous consumption）と呼んだ（Veblen 1889＝1998: 54）[18]．その現代的意義としては，顕示的消費は富裕層のみならず，低い階層の者は，高い階層をつねに羨望のまなざしで見続け，結果として，上流階級＝有閑階級の消費スタイルを，日常生活に採り入れるようになることを指す．富裕層の真似をすることで，自分たちがあたかも富裕層であるかのように見せかける，庶民の間での〈見せびらかし〉が，現今では顕示的消費の核心である．前述のブランド商品が日常に満ちあふれる高密度な記号的消費を〈ボードリヤール仮説〉と呼ぶならば，こちらの顕示的消費は〈ヴェブレン仮説〉ということになろう．ボードリヤール仮説とヴェブレン仮説は対立するものではなく，ブランド商品の消費に係わる縦横の軸なのだ．ボードリヤール仮説が市場全体におけるあふれんばかりのブランド商品の飽和による，その水平面を説明する横軸だとするならば，ヴェブレン仮説は富裕層と庶民という経済格差の縦軸に着目し，消費を説明する．

第40節　錯覚のランクアップ

　前世紀の日本は，太平洋戦争後の占領期を経て，朝鮮特需以降，飛躍的な経済復興を遂げた．米国に次ぐ世界第二の経済大国の位置を占めた時期もある．それは，基本的には明治期の殖産興業から百年近く続いてきた，右肩上がりの成長社会でもあった．高度経済成長を経て，おおよそ1970年代までの日本は，〈がんばれば成り上がれるぞ〉とでもいうべきモードにあったのだ（図7を参照）．そこでは〈刻苦勉励〉が人びとの基本的な生きる手だてである．具体的には，高学歴・高学校歴の取得．脇目をふらず勉強し，一生懸命に働けば，両親の経済階層よりも上に昇れるという目論見が立ち，その見込みが充分あったからだ．百姓の倅であっても，工場労働者の子であっても，難関校法学部の入試を突破し司法試験に合格して弁護士として身を立て，あるいは，奨学金を得て国公立医学部を卒業し医師試験に合格して開業医として，一代で財をなすことができた．もちろん，現在でも，それらのコースは開かれている．しかしながら，低階層出身でそれを試みる若者は多くはない．かつての中高生は，いや母親を中心として子を持つ家族全体が，いや社会全体が受験競争に邁進していた．それは階層移動による望ましい社会的地位の確保が，まれな成功談などではなく，至極身近なエピソードとしてありふれていたからだ．

　それとは対照的に，バブル崩壊以降，失われた30年を経た，今世紀の日本社会では，前世紀後半までの〈刻苦勉励〉は流行らず，現在の若者は〈マイペース〉である．好きな音楽やコミック・ライトノベルに囲まれ，思い思いの服飾を纏った，自己充足的なライフスタイルを重んじる．望ましい社会的地位が倍々ゲームで増えてゆくような，20世紀的経済成長はもはや望めず，〈がんばってもあんまり変わらないや〉というのが実感だからだ．かつての〈刻苦勉励〉が，無駄なもがき，無益ながんばりに思える，成熟・爛熟した安定社会．21世紀の日本の姿である．それでもヴェブレン仮説が示すような富裕層への憧れは依然としてなくならない．実力で成功をもぎ取ることが困難な時代であるからこそ，その憧れは一層増すのかもしれない．そこで，登場するのが，ジュエリー，時計，バッグなどのハイブランド商品である．カルティエのラブブレス，ロレッ

階層移動による 望ましい社会的地位 の確保	ハイブランド商品の 顕示的消費による 「錯覚のランクアップ」

「がんばれば成り上がれるぞ」　　　「がんばってもあんまり変わらないや」

「刻苦勉励」 高学歴・高学校歴 の取得	「マイペース」 自己充足的な ライフスタイル

右肩上がりの成長社会　　　　　成熟・爛熟した安定社会
　かつての日本　　　　　　　　　　現在の日本

図7　日本社会の変化と顕示的消費

クス（ROLEX）のエクスプローラー[19]，エルメスのバーキンなどを手にすることによって[20]，俄（にわか）の満足感を得て，富裕層の仲間入りをしたかのような錯覚に陥（おちい）ることがある．ハイブランド商品の顕示的消費による〈錯覚のランクアップ〉がそこにある．普段着はファストファッションで済ませ[21]，安手のワンルームマンション暮らしであってもシャネルのバッグを肩にかければ，お姫様気分，安月給のサラリーマンであってもロレックスを腕に付ければ，セレブ気取り[22]．これが，錯覚のランクアップだ．近年の日本社会はヴェブレン仮説がすこぶるよくあてはまるようだ．

第41節　ハイブランドの主観的評価

　表16はハイティーン女子をレスポンデントとした，データセットCCJH14の集計である．

　ここでは，本章で論じているハイブランドの主観的評価を，レスポンデントにとって，おしゃれ，キレイ（きれい），かわいい（可愛い），あこがれ，に映るか否かについて，多重回答式で尋（たず）ねている．

　まず，比較群のキャラクターから見てみよう．ハイティーン女子にとって，ハローキティにしてもリラックマにしてもディズニーキャラクターのティンカーベルにしてもみな，かわいい評価が最も高い．他の評価がすべて 2 割にも満たないのに対して，4 割以上の人が，これらのキャラクターをかわいいと評しているのである（ハローキティは51.5％，リラックマは47.8％，ティンカーベルは40.0％）．ティンカーベルのみ，おしゃれ（17.0％），ならびに，キレイ（17.7％）と答えた人が 7 名に 1 名前後存在している．ハローキティとリラックマがおもに癒し系のキャラクターであるのに対して，ティンカーベルはビューティ系ともいうべき，おしゃれでキレイな位置づけであるのは，それほど不思議ではないが，ハイティーン女子にとってキャラクター評価は，やはり，かわいいものであるということは間違いないだろう．ハローキティとリラックマについて，おしゃれ，あるいは，キレイ，あるいは，あこがれ，と評価する人はどれも 1 割にも満たないのだから．

表16　ハイブランドの主観的評価　N＝458

CCJH14「ハイティーン女子のメイクとファッションに係わる全国調査」2014年10月初旬実施

			おしゃれ	キレイ （きれい）	かわいい （可愛い）	あこがれ
ハイブランド	H₁	ルイヴィトンのバッグ	124	97	12	134
			27.1%	21.2%	2.6%	29.3%
	H₂	ミュウミュウの財布	99	58	65	94
			21.6%	12.7%	14.2%	20.5%
	H₃	ロレックスの時計	73	75	5	96
			15.9%	16.4%	1.1%	21.0%
キャラクター	C₁	ハローキティ	38	6	236	4
			8.3%	1.3%	51.5%	0.9%
	C₂	リラックマ	11	1	219	8
			2.4%	0.2%	47.8%	1.7%
	C₃	ティンカーベル	78	81	183	29
			17.0%	17.7%	40.0%	6.3%

注：1）上段数値は実数，下段は構成比．
　　2）灰色のセルは当該評価が10.0％をこえるもの．

　それとは対照的に，ハイブランドのアイテムは，かわいいと評価されること
は少ない．ハイティーン女子にすこぶる人気が高い，ミュウミュウの財布が例
外的に，かわいい評価を14.2％えている[23]．しかしながら，ハローキティの
51.5％，リラックマの47.8％，ティンカーベルの40.0％にくらべれば，３分の
１程度．まずいえるのは，ハイブランド商品は，かわいい評価を受けないこと
だ．

　では，ハイブランドはどのような評価を受けているのだろうか．それは，あ
こがれ，である．ルイヴィトンのバッグについては29.3％，ロレックスの時計
では21.0％，ミュウミュウの財布でも20.5％の人が，あこがれの対象であると
答えている．４分の１前後のハイティーン女子にとって，やはり，ハイブラン
ドはあこがれの的なのだ．次に位置する評価は，おしゃれ，である．ルイヴィ
トンのバッグでは27.1％，ミュウミュウの財布では21.6％，最も低いロレック
スの時計でも15.9％の人が，おしゃれだと回答している．４分の１から５分の
１前後の人にとって，ハイブランド商品は，おしゃれなのだ．第三に位置する
のが，キレイ．ルイヴィトンのバッグでは21.2％，ロレックスの時計では
16.4％，最も低いミュウミュウの財布でも12.7％の人が，キレイだと回答して
いる．おおよそ，１割から２割の人が，ハイブランド商品にキレイ評価を与え
ている．

　総じていうならば，ハイティーン女子にとって，ハイブランドとはあこがれ
の対象であり，その事由は，かわいい評価が高いキャラクター商品とは対照的
に，〈大人の魅力〉ともいうべき，おしゃれ，ならびに，キレイであるからな
のだ．前節で述べた，ハイブランド商品の顕示的消費がまさに係わっている．
庶民が富裕層の瀟洒な生活様式をまねるのに加えて，ハイティーンは大人への
背伸びによっても，あこがれを自己のものとしようと試みる．その目的にハイ
ブランド商品の保有や使用は適っているといえる．ルイヴィトンのバッグや
ミュウミュウの財布を持つことで，友人間で羨望の対象となる．一気にお姫様
気分を味わうことが可能となり，ロレックスの時計を身に付けることで，セレ
ブになった気持ちになる（ことを夢想する）．〈がんばってもあんまり変わらない
や〉と皆が体感している成熟・爛熟した安定社会，現在の日本における，ハイ
ブランド商品の顕示的消費による〈錯覚のランクアップ〉のメカニズムが，こ

こにも垣間見えるのだ.

まとめ

　本章の冒頭で, ジュエリー, 時計, バッグなどのハイブランド商品は, その値打ちを知らない人には単なるモノに過ぎない. しかしながら, その値打ちを認める人たちの間では, なんの変哲もなく, 無価値にも思えるモノが, とてつもなく高額であっても購入され, さらに, その使用者・保有者の社会的地位を高める効果さえ発揮するのだ, と記した. それを承けて, 第36節では, カルティエのラブブレスを例にして, ハイブランドにおける〈記号価値〉の大きさを論じ, 続く, 第37節では,〈使用価値〉〈記号価値〉〈交換価値〉の組み合わせによってハイブランドに代表される〈記号的商品〉を定義した. 第38節では, 現代における実質的消費を凌駕した記号的消費の優位を, 加えて, 第39節では, 富裕層をまねる, 顕示的消費を論じ, 第40節では, 成熟・爛熟した安定社会における, ハイブランド商品による〈錯覚のランクアップ〉のメカニズムを示した. 以上をふまえて, 第41節では, CCJH14のデータセットを用いて, 国内外のキャラクターと比較するかたちで, ハイティーン女子たちのハイブランド評価のありかたを分析した.

　美容化粧服飾の広汎な領域のうち, 衣服を除き, 本章までで, そのおおかたを論じてきた. 次章以降, 二つの章を割いて, 最後のテーマとして, コスチュームと題し, 狭義のコスチュームを指す衣服を論じることにしよう.

註 ---
　1)アメリカのデザイナー, カルバン・クライン (Calvin Klein 1943-) によって創始されたカジュアルを中心としたファッションブランド (杉野編 1998: 60).
　2)Kmartとは, 米国で有数の小売業者. 安価で良質な衣料品の代名詞であった. 映画『レインマン』(1988年) でダスティン・ホフマン (Dustin Hoffman 1937-) が演ずるレインモンドがKmartのトランクスを愛用しており, 弟役のトム・クルーズ (Tom Cruise 1962-) がそれに振り回される有名なシーンがある.
　3)経営学者の石井淳蔵 (いしい じゅんぞう 1947-) は,「現代資本主義経済についての研究は商品ではなくブランドの分析からはじめなければならない」と主張する(石井 1999: 3). コスメメーカーの資生堂を分析した川島蓉子 (かわしま ようこ 1961-) は, 成功している企業は「企業活動のすべてがブランドである」と要約する(川島 2007a: 23). ルイヴィトンやシャネルなどヨーロッ

パのハイブランドは例外なくそれにあてはまるだろう．特定のヒット商品のみではブランドの伝統は生みだせないのだ．

4）日本では入手することさえ困難な，エルメスのバーキンは，ハンドバッグでありながら数百万の値段が付く．仏文学者，山田登世子（やまだ とよこ 1946-2016）による，「大衆の「手に届かない」ものだからこそ魅力を放つ」というひとことが，最高級ブランドとしてのエルメスの位置をうまく表現している（山田 2001: 60）．

5）世界ではじめて堅牢な貴金属素材プラチナを利用したことでも知られる伝統と革新を併せ有した，カルティエ宝飾店は，1847年に創業された．「宝石商の王であるが故に，王の宝石商」と称えられ，19世紀末には各国の王侯貴族御用達となった（周防 2001: 64, 66）．

6）『SEVENTEEN』は，当時の誌名表記であり，現在は『Seventeen』．

7）金主成分のラブブレスは金相場に依存し，当時は現在にくらべて相対的に安価ではあった．

8）ルイヴィトンは，日本市場での売上だけで世界全体の4割を占める（長沢・大泉・前田 2007: 130）．

9）社会学者の，北山晴一（きたやま せいいち 1944-）によれば，ルイヴィトンの発展は19世紀半ばから流行した富裕層による大西洋横断航海の使用に耐える旅行鞄を生み出したことによるという．「ファッション性」が高く，なおかつ「丈夫なポプラ材と防水性に優れたキャンバス地の使用，積み重ねを可能にするふたの平らなデザイン」がロングセラーを可能とし，併せて，1896年のモノグラムLVの発案がルイヴィトンの「ブランド・イメージを神話化」した（北山 2001: 201）．

10）日本でのルイヴィトン人気の一因として，他のハイブランドと較べた場合，高額な価格に見合う高品質であることが挙げられる．日本市場には，品質評価に厳しく，細部にこだわる消費者が多い（秦 2003: 114）．それを熟知し，ルイヴィトン日本法人を長年にわたって率い，努力してきたのが，秦郷次郎（はた きょうじろう 1937-）である．

11）従前は関西ローカルな現象であったものを，赤文字系ファッション誌『JJ』が1994年8月号で，シャネル好きの女子大学生を「シャネラー」として紹介したのが，全国的ブームの嚆矢（こうし）といわれる（三田村 2004: 71）．

12）歌手の松田聖子（まつだ せいこ 1962-）など，有名人，芸能人に愛用者が多いことが，日本でのシャネル人気のもう一つの要因かもしれない（三田村 2004: 70）．

13）日本は他分野では世界中から愛されるトップブランドを沢山生みだしてきたが，服飾に係わるハイブランドに関しては，いくつかの試みはあるものの，大きく成功するに至ってはいない．それを目指す途上にあるサマンサタバサ創業者，寺田和正（てらだ かずまさ 1965-）であっても，世界と日本には「残念ながら天地ほどの隔たりがあり」「日本ではファッションブランドは育ちにくい」と嘆息する（寺田 2007: 26-27）．それは，美容化粧服飾におけるハイブランドの記号価値の源泉が，パリやローマ，ミラノといった西欧の諸都市における19世紀後半から20世紀半ばにかけての，個性豊かな宝石商，彫金師，調香師，服飾デザイナーたちが演じてきた，社交界を彩る諸々の伝説的エピソードに由来し，消費者が，その遺産かつ幻影にいまだに拘束されているからだ．日本発のハイブランドが成功するためには，21世紀の新しいファッション神話を創出し，その呪縛を解く必要がある．

14）ラブブレスの売価は，カルティエ（2020）を参照．

15）パラジウムと銀は，この比率以外もありうるが，おおむね高価なパラジウムの比率が低くなる傾向にある（ジュエリー工房オレフィーチェ 2018）．

16）原子力発電にともなう放射性廃棄物がこれに近いが，処理や保管に莫大なお金が必要であるからEがマイナスとなり，この図式には不都合だ．

17）筆者による聞きとりノート（東京都内の大手百貨店テナントにてハイブランド商品を扱い，真
偽鑑定もその業務に含まれるセレクトショップ店長談話，2003年 1 月12日）．市場における偽物
率の正確な値は，その性質上，明らかになることはないと思われる．直営店もしくは正規店以外
での購入で最も安全なのは，中古品であることを厭わなければ，しっかりした鑑定眼を有した（快
適生活研究会 2003: 81），あるいは，AIなどを駆使した質屋での購入であろう（朝日新聞社 2019）．
18）ヴェブレンの顕示的消費学説の背景には，パリモードに代表されるコレクションにあこがれる
米国における富裕層女性の消費文化の存在がある（成実 2017: 163）．ストリートファッションや
ファストファッションが主体となった現代でも，流行の源流として，いわばファッション・ピラ
ミッドの頂点に立つパリやミラノのコレクションが有する影響力は無視できない（成実 2017:
160）．
19）ロレックスのブランド価値は，高級さ，もさることながら，腕時計としての堅牢さ，正確さに
ある．1953年のヒラリー卿によるエヴェレスト初登頂の際に着用していたことでも有名（成実
2001: 210）．エクスプローラー I は，ロレックスを代表する男性用腕時計．高級鞄や宝飾品を身
につけるチャンスが少ない男性にとって，腕時計はハイブランド商品を常用出来る有用なアイテ
ムの一つである．その売価は100万円前後だが，クオーツではなく自動巻きであるがゆえに，4
年に一度，5 万円前後のオーバーホール費用を要する．ロレックスファンにとっては，これは，
むしろ魅力の一つであり，ハイブランド製品の高価な維持費を定期的に支払うことも顕示的消費
に含まれる．
20）エルメスのバーキンについては，註 4 を再度参照のこと．
21）ファストファッションとは，商品企画，製造，小売を一貫しておこなう「製造小売業」（SPA,
specialty store retailer of private label apparel）の方式を採用し，2000年代以降台頭してきた，
米国のGAP，スペインのZARA，スウェーデンのH&M，日本のユニクロやGU，しまむら，など
に代表される「流行鮮度が高く，比較的安価な」アパレルを指す（渡辺 2011: 54, 224）．郊外のショッ
ピングモールや幹線沿いに出店されることが多く，生産拠点やその体制にかかわるさまざまな問
題点を指摘されてはいるものの，消費者にとっては「流行のアイテムを身近な場所で買うことが
できる」メリットが大きい（工藤 2017: 211）．月泉博（つきいずみ ひろし 1954-）によれば，そ
の経営手法が対極ともいえる，「メガヒットを常に飛ばす」「単品大量」生産のユニクロと，「売
り切れご免」「多品種少量」品揃えのしまむらの双方に共通するのは，「（従来の）売り手発想の
ビジネスを破壊し」「消費に合わせるビジネスを作った」ことだという（月泉 2006: 94-96, 254）．
要するに，「広告商品の品切れ」はけってして起こさないようにするユニクロと（齋藤 2014: 19），
同一学区内の当該店舗に一品しか展示販売されていない（ティーンが学校でクラスメートと〈か
ぶる〉ことがない）しまむらである．ストリートファッションの時代において，ファストファッ
ション・ビジネスが興隆したヒントがここにあるだろう．
22）自身は，お姫様気分やセレブ気取りであっても，周囲からどのように評価されるは別問題でもあ
る．「海外のブランド品」は「若い人が持てば違和感が生じるのは当然」であり，「かえって不自
然で品がなく見えることもある」といった保守的かつ伝統的な意見も根強く存在する（永島監修
2005: 170-171）．
23）ミュウミュウとティンカーベルの評価は，ほぼ相似である．これは，ミュウミュウというブラ
ンドが若年層女性のかわいい嗜好を巧妙に採りいれた，ハイブリッドであることを示唆している．

第7章

らしさの構築と脱構築
—コスチューム（その1）

はじめに

　衣服を纏うことによって，はじめて，われわれは，自分が何者であるかを他者に明らかにし，他者を欺くことさえできる．コスチューム（costume）は広義では服飾と訳され，衣服とそれに係わる装飾品全般を含むが，狭義では衣服自体を指し，本章では狭義のコスチュームを論じる．このコスチュームは，他者に諒解可能な衣服の着用を通じて，社会生活における地位と役割の基本構造を支えていると同時に，その安定した基本構造を背景として，異形のコスチュームを用いることを通じ，自らのアイデンティティの改変さえ可能にする．あなたの最も身近にあるコスチュームこそ，人間社会における最大最高の魔法の源といえるのだ．

　さて，希代の演技派女優，バーブラ・ストライサンド（Barbra Streisand 1942-）と，後年，大統領自由勲章も授与された人気男優，ロバート・レッドフォード（Robert Redford 1936-）が共演したハリウッド映画,『追憶』の原題は，The Way We Wereであり，直訳するならば，われわれが歩んできた道．これでは些か味気ない．思想信条が異なる男女が愛し合い，憎しみあった半生を描いた作品であれば，意訳である『追憶』がやはりふさわしい．バーブラ・ストライサンドが演じるケイティは，左翼活動家である[1]．対して，ロバート・レッドフォード演じるハベルは，保守的な思想の持ち主．米国が第二次世界大戦に参戦する前の，1930年代後半頃から，ケイティは反戦活動家だった．信じる道に一途なケイティにハベルは惹かれ，思想信条を越えて二人は愛し合うようになるのだ．

見所はコスチュームである.

　まず,劇中で両名とも大学生であった1930年代の学生ファッション.ジャケットやシャツのデザイン等,細かな点を無視すれば,現在でも通用しそうなコスチューム.一世紀近く前のものとは思えない米国の元祖アイビーファッションだ[2].ニットもロングパンツも現代日本の若者が着ても,流行さえ気にしなければ,さほど違和感はないだろう.逆にいえば,若年層のカジュアル系基本コスチュームはすでに100年前の米国で完成されているということなのだ.古代,中世がなく,近代からの国,それが米国.

　卒業セレモニーのダンスパーティーのシーンも見応えがある.つい昨日までは学生ファッションを着込んでいた,まだ子ども気分から抜けきらない若い男女が,パリッとした正装ドレスで踊る.中身は変わらないのに,みな,立派な大人に見える.コスチュームを代えることによって,雛から成鳥へ,大学生から社会人へと飛び立ってゆく姿が,手に取るように判る場面である.

　これらの他にも,ハベルの精悍な海軍士官の制服姿,退役後の仕事,テレビマンらしい颯爽(さっそう)としたスーツ姿,ハベルとの離婚後も,街角で果敢に反戦反核の抗議ビラを配るケイティの活動家にふさわしいラフなカジュアルファッションなど,二人の米国社会の中での地位と役割の変化に応じて,それを表すコスチュームを見て取ることが出来る.というよりは,われわれ観客は,俳優であるケイティとハベルの衣服の変化によって,劇中の二人の地位と役割の変化を知るのである.コスチュームと社会における地位と役割は密接に安定的に結びついているのだ.

第42節　「ファッションは〈社会の生きた皮膚〉である」

　哲学者,鷲田清一(わしだ きよかず 1949-)の著書,『ひとはなぜ服を着るのか』(画像6)の表紙コピーには,「ファッションは〈社会の生きた皮膚〉である」と記されている(鷲田 1998: 表紙)[3].これは衣服すなわちコスチュームが,社会における地位と役割の構造に密接に結びついている事態をひとことで表現している.ひとは,なぜ服を着るのか.それは,人間が一人では生活できず,群れを形成し,社会という「器」を発明し,その中で生きてきたからであり(栗田

2006: 224），コスチュームは社会という座標の中
での個人の位置を示す．コスチュームによって
自己の地位と役割を社会の座標軸に投影し，他
者はその位置から，その人の地位と役割を読み
とる．

　鷲田は，「身体の表面で，ある性的ならびに
社会的な属性を目に見えるかたちで演出するこ
とで，服装は個人の人格を具体的にかたちづ
くっていく」と述べる（鷲田 1998: 37）[4]．現代
では，生活様式や人びとの意識の変化，フェミ
ニズムやLGBTもしくはLGBTQ等をはじめ社会
運動の成果もあって[5]，ジェンダーの揺らぎは

画像 6
鷲田清一『ひとはなぜ服を着る
のか』（NHK出版，1998年）

日々大きくなっているが，いまだに，女性男性を区別する大きな要因はコス
チュームとヘアメイクだろう．フリルやレースが付いたトップスを着用し，ロ
ングヘアで巻き髪であれば，一目で女性であるとわかる（と見做す）．逆にその
事態が予想できるからこそ，異性装（transvestite）や変装（disguise）が可能にな
る[6]．子どもには子どもにふさわしいコスチュームが，若者には若者に相応し
いコスチュームが，中高年や老人も同様である．民族衣装を着ればその民族ら
しい雰囲気を纏うことになるし，冠婚葬祭には礼服を着用することで，厳粛な
社会空間を演出しなければならない義務を参加者は負っている．先述の「ファッ
ションは〈社会の生きた皮膚〉である」という鷲田のメッセージは，このよう
なコスチュームのはたらきを端的に表現しているのだ．

　コスチュームのはたらきが顕著にあらわれるのがコスプレ（costume play）の
場面である．レイヤー（costume player）たちが，まんがやアニメーション等のキャ
ラクターに存分になりきれるのは，コスチュームやメイクのちからなしには考
えられない．社会学者の田中東子（たなか とうこ 1972–）によれば，日本では，「暗
黙のルールとして」「活動の場所は，週末や祝日ごとに開催されるコスプレイ
ベントや，写真撮影可能なレンタル・スタジオ，自然のロケーションを利用し
た山林など」「コスプレの活動は空間的に狭い範囲に限定されていて，日常生
活にはみ出すことのないように管理されて」いるという（田中東子 2017: 135）[7]．

他の多くの人びとと共同で営む現実の社会生活を攪乱することをさけるためだ．この管理が必要となっている点こそが，コスプレにおけるコスチュームの威力の大きさを物語っているともいえる．

第43節 〈～らしさ〉を構築する規準

社会学者のフィンケルシュタイン（Joanne Finkelstein 1950–）は，外見でのジェンダーの判断について，次のように述べる．

> 相手が男性か女性かを区別することは，おそらく社会生活の第一段階だろう．相手の性別が明確ではないとき，性別の特徴が外からわからないか，曖昧にしかみえないとき，そのひとにどうふるまっていいか判断できなくなる．社会の中で期待されている行動様式や決まりが急に通用しなくなり，その人にどう話しかけるのか，何を話すのか，どんな態度をとるのか，どう答えるのか決められなくなってしまうだろう．あらゆる社会で人々の外見は管理されているのである（Finkelstein 1996＝1998: 106）．

社会生活上の要請にしたがい，コスチュームによって，われわれは，相手の性別のみならず，年格好を，居住地や出身地を，職種や所属校を，庶民か富裕層かを見わける．また，スポーツ競技では，自分のチームか相手チームかを，戦場では，敵か味方かを判別する．そのメカニズムを逆手にとれば，中身を偽ってなりすますこともできる．コスチュームは，われわれを，女らしく，男らしく，子どもらしく，大人らしく，高校生らしく，大学生らしく，社会人らしく等々に，みせる手だてなのだから．ようするに，コスチュームはわれわれの〈～らしさ〉を[8]，「構築」するツールなのである[9]．

このツールとしてのおもだった働きを，〈～らしさ〉を構築するコスチュームの規準群としてまとめてみよう．地域，民族，言語，宗教，国家など空間や，時間・時代の制約を相対的に受けず，どのような文化圏においても，ほぼ共通に観察されるのが，【ジェンダーおよびセクシュアリティ】にかかわるもので，これを，〈コスチュームの第 1 規準〉（first criteria on costume）とよぶことにしよう[10]．服飾史家の佐藤泰子（さとう やすこ 1944–）は，日本で出土した人物埴輪

から，すでに古墳時代においては，地位の高い男女についてコスチュームの男女差を判別し，それを記している（佐藤 1992: 14)[11]．人物埴輪では，中流以上の人びとの「よそ行き」の格好については，「婦人像は着飾った姿，男は武装した姿などが多い」という（志賀 1977: 144)[12]．

　次に注目すべきは，【年齢および世代】であり，〈コスチュームの第 2 規準〉（second criteria on costume）とよぼう．最後は，【集団全般】であり，これは，社会全体（societal）にかかわる，具体的には，民族，宗教，国家などによる水準と，社会内（intra-society）の所属集団や階層，地域などによる水準の二つがあり，そのなかに夥しい数の下位規準をふくむ，〈コスチュームの第 3 規準群〉（third cluster of criterion on costume）だ．

　民族，宗教，言語など文化圏が異なっていても，時代が異なっていても，ジェンダーによって衣服が異なる点は，おおむね共通している[13]．その区別の仕方は文化圏や時代各々において差異がみられるが，たとえば，奈良時代の公民へ給付された下衣が，女性はスカート状の裙，男性は袴であったように（佐藤 1992: 41)[14]，ルネサンス期では，「女子の服装は女性らしさの特徴を強調するために，胴を細くし，スカートをふくらませた」ように（青木 1977: 179)，男女によってコスチュームが異なる．つまり，衣服によって男女がその外面から判別できる仕組みが存在している．古今東西，ジェンダーが衣服の徴として刻印されているのだ[15]．しかも，コスチュームにかかわる他の規範よりも強力に働くことが多い[16]．その次に作動するのが，子どもか大人かを判別する規準であるが，ジェンダーにくらべればその力は弱い．そして，男女，年齢の双方が定まったうえで，最後に，集団個々にかかわる規範が発動するものと考えられる．

　コスチュームの第 1 規準，コスチュームの第 2 規準，そして，コスチュームの第 3 規準群を比較すると，文化圏を越えて共通するのがコスチュームの第 1 規準であり，コスチュームの第 3 規準群は，文化圏毎での差異が大きい．コスチュームの第 2 規準はそれらの中間に位置している．文化圏を横断して共通する度合いの高さを〈通文化普遍性〉（cross-cultural universality）とよぶならば，通文化普遍性が高いのは，第 1 規準，第 2 規準，第 3 規準群の順番であり，〈異文化間格差〉（cross-cultural gap）はその逆の順番で大きくなる．そして，インドのサリー，ヴェトナムのアオザイ，日本の着物などに代表される，「歴史的

運命と文化的伝統を有する社会的共同体の大多数が伝統文化財として，これま
で身につけてきた伝統的な服飾」としての（伊豆原 2003: 6）[17]，民族衣装（folk
costume）で異文化間格差は最大になるだろう[18]．

　さて，ここでは，【年齢および世代】に係わるコスチュームの第2規準や，
社会全体に係わる，民族衣装に代表されるような，民族，宗教，言語などによ
る societal 水準でのコスチュームの第3規準群は，文化人類学者や民族学者，
民俗学者にまかせ，コスチュームの第1規準と，社会内の所属集団や階層，地
域などによる intra-society 水準でのコスチュームの第3規準群に，記述の焦
点を合わせよう．

第44節　ジェンダーに基づく二極の差異化

　コスチュームの第1規準は，先述のとおり，【ジェンダーおよびセクシュア
リティ】が起因となる．強制的異性愛が支配する，あらゆる時代と空間におい
て，当該社会のコスチュームの〈ジェンダーに基づく二極の差異化〉（gender
biased bipolar distinction）と呼ぶべき基本原理が観察可能である[19]．女性は，色
彩的には，明度，彩度があり，露出度も高く，装飾物が多い．男性は，明度，
彩度がなく，露出度も低く，装飾物が少ない．付随的に，暖色系が女性色，寒
色系が男性色となることも多い[20]．

　写真3は，婚礼衣装を並べたもので，左から，男性が頭に被るキッパ（kippa）
がアクセントとなったユダヤ伝統式，和装，洋装（米英式）となっている．近

写真3　婚礼衣装におけるジェンダーに基づく二極の差異化

出典：左から順に，"Jenna & Shye" by www.jasoncoreyphoto.com is licensed under CC BY 2.0．明治
神宮（結婚式）by hirooooooki is licensed under CC BY 2.0．"Wedding Photos" by Katsunojiri is
licensed under CC BY 2.0

年のものであるから，現今のファッションセンスと商業文化の甚だしい影響下にあるがゆえに，異なる文化圏であっても，女性のドレスや男性のジャケット等，類似してくる部分は否めない．しかしながら，コスチュームの伝統的側面における相似の方にむしろ驚かされる．異なる文化圏にある三つの婚礼衣装には，明らかに，ジェンダーに基づく二極の差異化が認められるからだ．女性は，洋装とユダヤ式では純白のドレス，和装でも白が基調に選ばれている．それに対して，ユダヤ式，和装，洋装のいずれも男性のトップスの色は白基調ではなく，和装と洋装では漆黒である．手足がほぼすべて衣服で隠された男性にくらべると和装を除く女性のウェディングドレスの肩や鎖骨部の露出度はすこぶる高い．加えて，洋装ならびにユダヤ式の面紗（veil）等，女性の装飾物が大いに目立つ．異なる文化圏同士であっても，どちらが新婦で，どちらが新郎であるか，子どもにも一目でわかる．婚姻のような性別が際立つ場であるからこそ，一層，ジェンダーに基づく二極の差異化が明確になるともいえる．キリスト教文化圏とユダヤ教とは，宗教的には類縁の関係にあるが，日本と米英，ユダヤとは文化的，宗教的，地理的に相当の隔たりがある．それにもかかわらず，男性の婚礼衣装が黒系統中心であることや，女性の衣装が白系統で共通しているのは注目に値する．個々の文化圏を横断して存在し，共有されている規範を仮説することは一向に不自然ではない．これが，ジェンダーに基づく二極の差異化である．「たとえ衣服の男性・女性のスタイルの境界がこの何十年間でなくなってきたとしても，性差そのものが隠蔽されることはない」のであり（Finkelstein 1996＝1998: 87），カジュアルファッションでは見えにくくなってきた，ジェンダーに基づく二極の差異化も，婚礼衣装のように伝統的な規範が優勢を占める場では強力に作動する[21]．

第45節　制服に基づく選択的差異化

　社会内の所属集団や階層などによる水準でのコスチュームの第3規準群について述べよう．コスチュームの第3規準群は，先述したとおり，国家や国家に準じる地域内での，いわゆる，全体社会（total societyもしくはwhole society）間の比較を想定した社会全体（societal）の水準と，全体社会内部の諸集団である社

160

会（social）の水準の二種類がある．日本語では同じ社会の語であるが，英語ではsocietalとsocialといった表現の差がある．societalは国などの最も大きな社会の単位を指すときに用いられ，socialは広義にはsocietalをも含むが，通例，それよりも小さな社会集団の水準を指す．したがって，言語集団，民族，同一文化圏はsocietalの水準であり，多くの場合，国家内の州，県，郡，市町村あるいは，学校，企業等はsocialの水準となる．先述のように，societalの水準でのコスチュームの第3規準群は，日本の着物など，民族衣装が該当するが，ここでは，socialの水準での規範を考えてみよう．つまり，集団（group）の次元である．

通例，管理者からの識別性（discrimination）と成員間の相互可視性（inter-visibility）を高めるため制服（uniform）あるいは〈準制服〉（quasi-uniform）が用いられる．制服は当該集団への所属が外部からも内部からも容易（easy）かつ一意（unique）に把握可能となることがその必要条件である[22]．このことを，〈制服に基づく選択的差異化〉（uniform based selective distinction）と呼ぼう．ようするに，制服を着用することで，その集団のメンバーであることを自他共に確認できることを指す．これは，社会学者の柳洋子（やなぎ ようこ 1934-）による，制服の起源の一つは「王侯貴族が従者や召使いを他の社会階級から区別するため，同一のものを着せたこと」といった記述にも符合する（柳 1977: 54）．

当該集団に定められた制服は自明であるが，ここには，準制服という聞き慣れない言葉が登場する．これは何か．日本の多くの中学校や高等学校は制服を義務化している．制服を着ているがゆえに，その学校の生徒であることが判る．当該校の地元の人であれば，一目見るなりに，あぁ，この生徒たちは，○○女子，□□高校の生徒だな，と諒解する．これが，制服に基づく選択的差異化だ．しかしながら，制服が存在しない大学であっても，世の中の人びとは，どこの学校かはわからないものの，ラフなカジュアルファッションから判断して，この人たちは，大学生だろうと見做すことが多い．もちろん，見当外れになることもあるにせよ．もっと，判りやすいのが，勤め人だろう．通勤時の電車地下鉄に乗り，あるいは，オフィス街を闊歩するスーツ姿の男女をわれわれは，サラリーマンやOLだと判断する．服飾史家の横田尚美（よこた なおみ 1961-）は男性の背広を「疑似制服」と呼ぶけれども（横田 2003: 75），スーツ姿は男性だけ

に限られる訳ではない．われわれは，勤め人たちの代表的コスチュームである
ことを知っており，スーツ姿の男女を日常的にサラリーマンやOLとして判別
している[23]．これが準制服だ．正式な制服着用が義務化された企業や自治体の
一部業務を除けば，当該事業所で定められた制服というのは社会人の場合，存
在しないことが多い．量販店，専門店，デパート，通販などで数多（あまた）の種類のスー
ツが販売されており，それらのどれを着用するかは，本人の選択に任されてい
る．しかしながら，黒系統の喪服調かつ黒ネクタイで出社する人は退社後に通
夜弔問があれば別だが，普通の状況ではありえない．真っ白な婚礼衣装のよう
なコスチュームで出社する人もまれだろう．芸能人や特殊な業界の人たちを除
けば．大半のサラリーマンやOLは，まさに，自他共にサラリーマンやOLとし
て認めるような色彩やデザインの無難なスーツを着用する[24]．厳密に定められ
てはいないものの，おおむねの合意によって，当該集団もしくは当該カテゴリー
に属することが相互確認できるコスチュームが準制服なのである．

　制服であろうと，この準制服であろうと，当該集団への所属が外部からも内
部からも容易かつ一意に把握出来るのであれば，そこには，制服に基づく選択
的差異化が働いているといえる．しかも，この制服に基づく選択的差異化は，
一つの組織で一つというわけではない．一つの組織で複数の選択的差異化が働
くことがしばしば観察されるのだ．その最もわかりやすい事例は綜合病院であ
ろう．綜合病院の建物に入れば，最初に目にするのが，受付窓口である．そこ
には，初診や再診受付，入院手続き，診療費支払い等の業務をおこなう医療事
務が控えている．各病院によってデザインや色は異なるものの，医師や看護師
とは明らかに異なるスーツに準じるコスチュームを纏（まと）った医療事務職員の姿を
見ることになる．診察室や治療セクションに足を踏み入れば，廊下や室内を歩
く看護師たちを見かけることになる．純白や淡いピンクや水色を基調とした活
動しやすく清潔感にあふれるコスチュームを纏（まと）っている．彼女ら，彼らは医療
事務とは明確に区別された制服である．そして，それと同時に，通例，襟元が
簡素なデザインであるために，医師ではないことも容易に判別できる．診察や
治療をおこなう主役は医師である．男性の場合は白衣の下にネクタイを着用す
ることも多く，女性であっても，看護師とくらべた場合，医療の最高権威を象
徴し，無言の内に威厳をもたらすことが可能なデザインが採用されることが多

い．医師と看護師を見紛うことは，ほぼありえない．また，医師であっても，麻酔専門医を中心に，手術室では青系統の手術着を纏うことになる．薬局やリハビリセンターを併設する大病院であれば，薬剤師や理学療法士などの制服も見ることができよう．病院という一つの組織の中に，複数の異なる制服と，それに伴う複数の制服に基づく選択的差異化が働いているのだ．高等学校に加え，小中学校も併設された学園や，多種の製品を製造する大規模工場などでも同様に，複数の制服が観察されるだろう．

　制服に基づく選択的差異化が，外部からも内部からも容易かつ一意に把握可能にさせるのは，その制服を纏った人の地位と役割なのである．綜合病院では，医師，看護師，薬剤師，理学療法士等といった多数の専門職が働いている．それぞれの立場と業務が，自分たち病院関係者にとっても，患者にとっても瞬時に判断できることが大切だ．患者は，医師や看護師の前だからこそ，安心して自分の身体を見せることができるのであるし，医師や看護師同士であってもスムースな業務処理のためには，お互いの制服による他者認知は欠かせない．

　このように異なる制服が，異なる所属集団を相互にハッキリと認識させる場に，スポーツの試合，とりわけ両チームが混じり合ってプレイするサッカーやラグビーなどの球技があげられる．競技場内で渾然一体となってプレイするためには，ユニフォームによる敵味方の判別が必須となる．その究極の姿は，戦争だ．歩兵同士が激突する戦闘すなわち白兵戦では，自軍と敵軍の見わけが瞬時に付かなければ命取りだからだ[25]．起源を辿るのであれば，いくつかのスポーツ競技のルーツは戦争に求められるのであり，軍服はスポーツ競技におけるユニフォームの元祖でもある．

第46節　制服の脱構築

　制服とは不思議な存在である．前節で論じた，制服に基づく選択的差異化によって，制服を着用した人たちの空間は統一される．けれども，その瞬間からすでに，統一空間の解体が始まっている．「それを着る当事者がつねにそのルールを壊そうとする」のである（横田 2003: 70）．女子高校生の制服では，とりわけ頻繁に観察されることだ[26]．ティーンに人気の高い，『Seventeen』などファッ

ション誌が，さらにこの現象を煽っているかもしれない（栗田 2021c）．制服の着こなし特集では，スカート丈やリボン，シャツのボタンなどに関して，さまざまなアンダーグラウンド的な着こなし技法が毎年指南されており，興味深い．

さて，一般化するならば，制服や準制服によってコスチュームが，〈一様化〉（uniformalization）された集団において，以下に示す五つの形態によるコスチュームの差異化がなされることが多い．これを，〈制服の脱構築〉（deconstruction of uniformalization）と呼ぼう．

　　　１）他者との物理的個体差に基づく差異化
　　　２）他者との価値の相違による差異化
　　　３）多様な状況における適応としての差異化
　　　４）所属する下位集団での差異化
　　　５）１から４に含まれない差異化

最初の，他者との物理的個体差に基づく差異化とは，制服を着用する個々人がそもそも身長，肩幅，胸囲，胴囲，座高，股下をはじめ身体のサイズが異なるがゆえに生じることだ．所属集団のすべての人びとにフィットさせるためには，長短，太細，さまざまなサイズの制服が必要となる．あまりにも小さなサイズや大きなサイズによっては，デザイナーが目論んだ当初の意図が相当外れた仕上がりも含まれるだろう．コスチュームの本来的機能の一つに，個々人の体型の見栄えをデザインの工夫によってよく見せることがあげられるが，統一的なデザインによって縫製される制服は，これに反している．着用者の体型の物理的個体差がもろに表に出てしまうのだ．当該空間を一様化するために制服を着用させているのにもかかわらず，奇妙なアンバランスがそこに生み出されてゆく．その制服がにあう人とそうでない人が確実に存在しているからだ．

次の，他者との価値の相違による差異化とは，女子高校生によく観察される，ライフスタイルとそれに伴う嗜好によって制服の着こなしが変わってくることを指している．清楚系や，かつてのギャル系といったキーワードに象徴されるようなタイプの違いが制服の異なる着こなしを意味しているといえば直感的に理解しやすいだろう．これは次章で述べるファッション系統でもある．過度にセクシーに見せることや派手に盛ることを強く意図したギャル系の女子たちは，

関東では校則に反してスカート丈を短くし，シャツブラウスのボタンを外して胸元を見せることもある．わざとインナーが見えるような着こなしさえある．清楚系の場合は，逆にスカート丈を長くし，ニットをお嬢様風に上品に着こなすこともよく観察される．先述した，他者との物理的個体差に基づく差異化が制服着用者の体型に基づき自然に生じたバラツキなのに対して，この他者との価値の相違による差異化とは，制服着用者の明示的な意図と動機によって制服が改変されることを意味している．現代の女子高校生に始まったことではなく，この明示的な差異化は従前から観察されているものだ．一般には，制服の着崩しと呼ばれてきた．制服の着崩しは，制服の脱構築の中心的要素である．

　三番目の，多様な状況における適応としての差異化とは，多くの場合，季節や部屋の寒暖，湿度などに伴う，差異化のことを指す．制服着用を義務づけている中高では冬季などにニットの併用を認めているが，そのデザインや色合いがあらかじめ決められていることも多い．ブランドや製品を指定することもある．しかしながら，女子高校生を中心に，これらの指定ニットに類似の製品あるいは似ていると自らが主張はするもののまったくの別物を着用する着崩しもある．ただし，ここでの差異化は，着崩しではなく，単純に寒暖や湿度などに対応し，厚着や薄着をすることを指す．体温やその日の健康状態によって個人が感じる寒暖には固有差がある．その日の，外気や室温が，ある人にとっては暑くても，別の人にとっては寒いことは往々にして生じるのだ．ジャケットを着たままであったり，脱いでいたり，第一ボタンを付けたままであったり，空けていたり，まったく同じ制服を着用していても，一様化が乱れることはよく観察されることだ．これは，多様な状況における適応としての差異化である．この差異化は，日差しや風雨などへの適応や空調設備の故障や人為的な不適切な制御等によっても生じうる．

　四番目の，所属する下位集団での差異化は，学校や病院，企業，自治体など個々の同一組織で同一の制服を導入したとしても，地理的に離れたところにある分校や分院，事業所では本校や本院，本社などと異なった着こなしが行われる可能性がある．制服による当該空間の一様化も，地理的距離の大きさには勝てない側面があることは否めない．地理的な差異は，気候や風土の差も影響するために，三番目の，多様な状況における適応としての差異化とも混合し，輻

轂したかたちで差異化が進行する.

　最後に, 以上に挙げた 1 から 4 までの差異化に含まれない差異化も理論的には考慮しておく必要があるだろう.

　再度述べるが, 制服とは本当に不思議な存在である. 制服を着用した人たちによって空間が統一的な姿に化けた, その瞬間からすでに解体がはじまってしまうからだ. 制服や準制服によって, コスチュームが一様化された集団において, ふたたび生じる差異化を制服の脱構築と呼ぶのである.

第47節　データで見る制服の脱構築

　前節で論じた制服の脱構築を, ここではデータによって眺めて見よう. 表17は, 先行の各章でも用いてきたハイティーン女子をレスポンデントとしたデータセットCCJH14の集計だ. 現在もしくは過去において, 制服の着崩しをしたか否かを尋ねたものである.

　制服の着崩しにおいて最も頻繁におこなわれるのが〈スカートを短くする〉ことだ. 458名のうち制服や規準服でなかった26名を除いた432名の中で295名がその経験があるという. 68.3%である. 3 分の 2 を超える大半の人びとが女子高校生として, もしくは高校時代に〈スカートを短くする〉ことを経験しているのだ. 制服でミニスカートを履きたい. これが最もメジャーな制服の脱構築である. それに次ぐのが〈シャツブラウスのそでをまくる〉の53.2%であり, 半数以上の人びとに経験がある. 第 3 番目は, 〈シャツブラウスの第一ボタンをあける〉の42.6%であり, 4 割以上である. 第 4 番目は, 〈リボンやネクタイをゆるめるあるいははずす〉の35.2%で 3 分の 1 以上. 第 5 番目は, 〈大きいサイズのニットを着る〉の33.1%で 3 割以上となっている. 以上, より多くのハイティーン女子が経験した制服の着崩しの要点は, どうやら, コスチュームを開放的に着こなす箇所にありそうだ. ミニスカート風に制服のスカートを履き, シャツブラウスのそでをまくり, 第一ボタンをあけ, リボンやネクタイをゆるめることが, それにあたる. 他方で, 大きなニットを着るのは, 開放性に反するようだが, より可愛く見せるという点ではミニスカート化に共通する. いずれにせよ, きちっとした制服着用から距離をおきたい彼女たちの嗜好と志

表17　制服の着崩し　N＝458

CCJH14「ハイティーン女子のメイクとファッションに係わる全国調査」2014年10月初旬実施

		全体	私服を除く
U_1	スカートを短くする	295	
		64.4%	68.3%
U_2	スカートを長くする	24	
		5.2%	5.6%
U_3	シャツブラウスの第一ボタンをあける	184	
		40.2%	42.6%
U_4	シャツブラウスの第二ボタンまであける	111	
		24.2%	25.7%
U_5	シャツブラウスのすそを外に出す	48	
		10.5%	11.1%
U_6	シャツブラウスのそでをまくる	230	
		50.2%	53.2%
U_7	服のそでをまくる	131	
		28.6%	30.3%
U_8	服のボタンをとりはずす	18	
		3.9%	4.2%
U_9	大きいサイズのニットを着る	143	
		31.2%	33.1%
U_{10}	リボンやネクタイをゆるめるあるいははずす	152	
		33.2%	35.2%
U_{11}	インナー（下着）が見えるように着こなす	15	
		3.3%	3.5%
U_{12}	靴のかかとをはきつぶす	19	
		4.1%	4.4%
U_{13}	その他	2	
		0.4%	0.5%
U_{14}	着崩したことがない	68	
		14.8%	15.7%
U_{15}	制服や規準服ではなかった	26	
		5.7%	—
全体		458	432
		100.0%	100.0%

注：上段数値は実数，下段は構成比．淡灰色のセルは着崩し率20%以上．

向が垣間見える.

　次に, 制服の着崩しには, 地域差があることも述べておこう. **表18**は兵庫県を中央に, 東京都と大阪府, 三つの都府県を較べたものだ. 先述したように制服をミニスカートに改変する着崩しは最もメジャーな制服の脱構築である. しかしながら, 神戸を中心とした兵庫県の女子高校生たちにおいては, 事情が些か異なる. 東京を中心とした関東やその他の地域で優勢なミニスカート嗜好かつ志向は, 兵庫県でも存在するものの, それとは真逆の〈スカートを長くする〉着崩しもおこなわれているとの噂を, 神戸方面では漏れ聞く. 東京のセクシー路線に異を唱えるような清楚路線である. それを確認してみたい.

　全体で68.3％であった〈スカートを短くする〉は, 東京都のみに限れば, なんと82.6％にも達する. 東京都では8割を超えるハイティーン女子が制服のミニスカート化を試みていたことになる. ミニスカート化は首都東京から発信された流行の側面であることは否めないだろう. では, 神戸を中心とした兵庫県

表18　制服の着崩し, その地域差　N＝69/32/41

		東京都	A 兵庫vs東京 t 値 d.f.＝99	兵庫県	B 兵庫vs大阪 t 値 d.f.＝71	大阪府
U_1	スカートを短くする	57	−2.907**	18	0.013	23
		82.6%	＞	56.3%		56.1%
U_2	スカートを長くする	2	3.648***	8	0.824	7
		2.9%	＜	25.0%		17.1%
U_4	シャツブラウスの第二ボタンまであける	21	−2.354*	3	−2.123*	12
		30.4%	＞	9.4%	＜	29.3%
U_{10}	リボンやネクタイをゆるめるあるいははずす	37	−2.767**	8	−0.621	13
		53.6%	＞	25.0%		31.7%
全体		69		32		41
		100.0%		100.0%		100.0%

*** 　0.1％水準で有意
** 　1％水準で有意
* 　 5％水準で有意
注：AとBは等分散を仮定した t 検定.

ではどうなのか．兵庫県でも，56.3％が〈スカートを短くする〉を実践しているわけだから，半数以上が東京での流行りを踏襲していることになる．ミニスカート化傾向強し．ただし，東京都の82.6％と兵庫県の56.3％について，等分散を仮定した t 検定で，その差を吟味してみると，自由度99かつ $t=-2.907$ であり，1％水準で有意であることがわかる．半数以上が兵庫県でもミニスカート派であるものの，圧倒的多数がミニスカート派である東京都の間に統計的に有意な差があるのだ．兵庫県のお隣の大阪府は兵庫県よりさらに少なくミニスカート派は56.1％だが，両県の間に有意な差はない．つまり，政令市である神戸を擁する兵庫県は大阪府と並んで，ミニスカート派が相対的に少ないということかたちで，東京都に抗っているのだ．

　では，〈スカートを長くする〉という東京発信ミニスカートとは正反対の着崩しはどうなのか．全国では，432名中で24名しかおらず，わずか5.6％である．18人に1人しかミニスカートの真逆であるロングスカート化はしていないことになる（表17を再度参照）．ミニスカート派が多い東京都では，69名中で2名しかおらず2.9％に過ぎない．34人に1人しか制服のロングスカート派は存在しないことになる．ほとんど無視しうる値でもあり，きわめてマイナーな着崩しだ．ところが，兵庫県では，32名中で8名が〈スカートを長くする〉を実践しており，4人に1人の割合．大阪でも41名中で7名が〈スカートを長くする〉を実践しており，6人に1人の割合だ．もちろん多数派ではないものの，兵庫や大阪では相当数のロングスカート派が存在していることが判る．東京都の2.9％と兵庫県の25.0％について，等分散を仮定した t 検定でその差を吟味してみると，自由度99かつ $t=3.648$ であり，0.1％水準で有意であることがわかる．ロングスカート化する着崩しは明らかに兵庫県と東京都の間に統計的に有意な差があるのだ．ちなみに兵庫県と大阪府の間には統計的に有意な差は見出せなかった．

　紙幅の関係で詳説は避けるが，〈シャツブラウスの第二ボタンまであける〉ならびに〈リボンやネクタイをゆるめるあるいははずす〉に関しても，東京都と兵庫県には統計的に有意な差がある．制服のミニスカート化にも通ずるこれらの露出志向が強いセクシー路線の脱構築は，兵庫県では好まれてはいないようだ．〈シャツブラウスの第二ボタンまであける〉については，大阪府とくら

べても有意に少なかった. 総じていえるのは, 神戸を中心とした兵庫県では,〈スカートを短くする〉〈シャツブラウスの第二ボタンまであける〉〈リボンやネクタイをゆるめるあるいははずす〉といったセクシー路線は東京とくらべて相対的に弱く, 多数派ではないにせよ〈スカートを長くする〉清楚派が存在していることだ. 制服の脱構築にも都道府県による地域差があることが判るだろう. これは神戸港という世界に冠たる国際貿易港を有し, 三宮, 元町を中心に高度に都市化され, 日本一の高級住宅地である芦屋を擁した阪神間の独自文化圏に裏打ちされた神戸の, 東京への対抗意識なのかもしれない[27].

まとめ

　衣服を纏うことによって, はじめて, われわれは, 自分が何者であるかを他者に明らかにし, 他者を欺くことさえできる. コスチュームは広義では服飾と訳され, 衣服とそれに係わる装飾品全般を含むが, 狭義では衣服自体を指し, 他者に諒解可能な衣服の着用を通じて, 社会生活における地位と役割の基本構造を支えている. そして, その安定した基本構造を背景として, 異形のコスチュームを用いることを通じ, 自らのアイデンティティの改変さえ可能にする, と本章冒頭で記し, 第42節では, コスチュームによってその人の地位と役割を読みとる仕組みを論じた. それを承けて, 第43節で, 女性, 男性等の〈〜らしさ〉を構築する規準群を示し, 第44節では, コスチュームにおける, ジェンダーに基づく二極の差異化について説明した. 第45節では, 制服の働きについて述べ, 続く, 第46節では, 制服によって一様化された空間において, すぐさま, 制服の脱構築と呼ぶべき, さまざまな着こなし, 着崩しがはじまることを論じた. そして, 第47節では, CCJH14を用いて, 制服の脱構築の存在をデータによって確認した. 加えて, 制服の脱構築について, 神戸を中心に, その地域差があることも指摘した.

　次章でも, 引き続きコスチュームについて論じる.

註 --
　１）コーヘンというファミリーネームから彼女がユダヤ系であることも暗示させている.

2）そのほとんどが，米国建国以前に創立したハーバード，イェール，プリンストン，コロンビアなど，かつては，「東部のエスタブリッシュメント，つまり，社会的地位が高く，かつ裕福な家庭の子弟」たちで占められていた「歴史と伝統を誇る」，8校の大学をアイビーリーグ（Ivy League）と呼ぶ．そこでの学生ファッションを戦後の日本に導入したのは，ファッションデザイナーであり，レナウン勤務を経て，1951年に石津商店，その後のVAN（ヴァン・ヂャケット）を創業した，石津謙介（いしづ けんすけ 1911-2005）である（花房 2007: 62-70）．「VANが市場に提供したものには，ブレザー，ダッフルコート，スタジアム・ジャンパー，ツィードジャケット，ボタンダウンシャツ，バミューダパンツなどがあり」（吉田 2012: 25），1960年代には，ボタンダウンシャツとローファーを基調とした男性ファッション（城・渡辺 2007: 113-115, 316），アイビールックの大流行をもたらす．1964年の春から秋にかけて，アイビールックの若者たちが銀座みゆき通り近辺を闊歩し，「みゆき族」と呼称された．ただし，みゆき族には，アイビールック以外に，佐々木忠（ささき ただし 1932-）によって1959年に創設されたアパレルブランド，JUNに代表される，「ヨーロッパ大陸（ふうのファッション）を意味する「コンチ（ネンタル）」と呼ばれるスタイル」や（難波 2007: 136），「頭に三角に折った色物のハンカチを被り，ウエストの後ろから大きく結んだ長いリボンを垂らしたロングスカートをはき，茶色など少し濃い色のストッキングにローヒールの靴か，素足にビーチサンダル」という「リゾートっぽい」女性たちもふくまれる（成実 1995b: 86, 91）．アイビー派，コンチ派ともに，お手本とする雑誌は1964年4月に創刊された『平凡パンチ』（平凡出版→マガジンハウス，1988年休刊）だった．社会学者の阪本博志（さかもと ひろし 1974-）によれば，『平凡パンチ』は，「若い男性を対象にした日本で初めての週刊誌であり，異性・車・ファッションをテーマにし，誌面の発するメッセージが消費に結びついて」いた（阪本 2008: 192-193）．この『平凡パンチ女性版』の試行を経て，1970年に「広告収入に重点を置く」『an・an』が創刊されることになる（阪本 2008: 196-197）．

3）被服学の立場からは，「体に一番近い環境を形成して体を保護するとともに，人間が精神的にも社会的にも高度な生活を営む」ための「第二の皮膚」といわれている（藤森・長谷川・津島・楠・村上 1991: 1）．北山晴一は，「衣服は，ふたつの機能を担っている．ひとつは，肉体を外部から保護するモノとしての機能であり，もうひとつは，着る人の存在を社会的に表象する記号としての機能である」と記す（北山 1998: 101）．北山の見解は，被服学による伝統的な定義を尊重しつつ，社会学的な側面も明確に示している．後者の，コスチュームの記号的機能を，北山は，階級識別を中心とした「差異機能」と呼ぶ（北山 1991: 281）．

4）鷲田清一は，人間にとっての世界認識の視点から，外部世界ではなく，われわれの身体を最後の「秘境」と呼ぶ（鷲田 2012: 45）．その意味で本書のテーマであるメイクとファッションをめぐる社会学による学問的航海は，われわれの世界認識もしくは最終認識にかかわる重要なミッションをになっているといえるだろう．

5）LGBTのLはレズビアン「女性同性愛」，Gはゲイ「男性同性愛」，Bはバイセクシュアル「両性愛」，Tはトランスジェンダー「身体的特徴によって割り当てられた性自認が異なる人」を指す（中村 2019: 76）．LGBTのQはQueerあるいはQuestioning．LGBT，LGBTQに加え，さらに，LGBTQ+の語も用いられることがある．

6）transvestiteおよびtransvestismの否定的含意を払拭した表現として，「クロスドレッシング」（cross dressing）を用いることがある（神山 1999b: 61）．

7）コスプレでは，「女性レイヤーの8〜9割が男装コスプレである」ことから（田中東子 2009: 50），異性装もしくはクロスドレッシングの側面も有する．コスプレ入門書では，女性レイヤー向けに，体型を男性キャラに近づけるためのコルセット状の「Bホルダー」など「胸つぶしアイ

テム」も準備するよう指南されている（たかそう・RUMINE 2009: 138）．

8 ）著書『ブラジャーをする男たちとしない女』において，青山まり（あおやま まり 1964–）は，規範によって〈らしさ〉が強要されることを指して，「文化とは暴力である」と記す（青山 2005: 133）．ここでの暴力は，violenceというよりはcoercion（強制力）だろう．

9 ）構築（constructingまたはconstruction）については，第32節（第 5 章）を参照．

10）コスチュームの第 1 規準は，体制変動（regime change）や社会革命（social revolution）等によって，ジェンダー規範の強化もしくは再定義が求められた時期に，男性優位主義と連動して働く．たとえば，明治期における女学生の通学服，制服を男子と差別化してゆく動きなどが該当する．東京女子師範学校（お茶の水女子大学）では，開校から 4 年後の明治12年（1879年）に，当初はその着用が強いられていた男袴が外部からの圧力によって禁止されている（萩原 2005：26–28）．これには，男女別学等の制度によって「少年」というカテゴリーから女子が排除され，「少女」や「女学生」という記号が創出されたことも関係するだろう（今田 2007: 226）．

11）ただし，これらの考古学的な出土品は，「(1)あくまでも間接資料であること，(2)造形の目的が葬礼にあること」などを留意する必要がある（佐藤 1992: 12）．

12）古墳時代以前は史料資料が乏しく，確定は困難であるが，女性は「布の真ん中に穴をあけ」頭を通して着衣する「貫頭衣」，男性は「横幅の広い布を，けさがけに」着衣する「袈裟衣」が主体であったと推測されている（志賀 1977: 143）．

13）解剖学的な知見に基づく体型的差異による被服設計については，川上・松山・笹本（1995）を参照．解剖学的差異に基づく二極化が先行するのか，あるいは，社会的に構築されたジェンダー観念による二極化が先行するのかは，ここでは問わないことにしよう．その究極原因はともかく，結果として衣服によってジェンダー判別がなされる〈コスチュームの第 1 規準〉が実在することが重要であるから．

14）下衣とはボトムスのこと．先述の人物埴輪は地位の高い男女であったが，奈良時代のそれは，人口の大多数を占める公民であることが注目に値する．

15）服飾史家の青木英夫（あおき ひでお 1920–2014）や佐々井啓（ささい けい 1946–）は，古代ギリシアやローマはもちろんのこと，先行する古代エジプトでも男女のコスチュームを弁別表記している（青木 1977: 169–174; DK社編 2020: 16; 佐々井 2003a, 2003b）．差異の程度をどこに求めるかによって変わってはくるものの，王侯貴族や富裕層は別として，西洋では古代地中海世界はもちろんのこと中世封建期までは，主たるコスチュームは，体型等の解剖学的差異を除けば，基本的にはユニセックスであったという見解がある（Black and Garland 1975＝1985a: 202）．もちろん，フランスでも同様だ（北山 1991: 281）．服飾史家，深井晃子（ふかい あきこ 1943–）も，「男性の服，女性の服という西欧社会が中世以来明確な区分けを強いてきた服装上のジェンダー」という表現を用いる（深井 1998: 181）．双方の見解は矛盾するが，史料資料として残存する，古代や中世以前の彫刻や絵画等が下層住民ではなく，主に地位の高い男女をモデルとしている点を割り引いて考えれば，ある程度は合点がゆく．美術史家のホランダー（Anne Hollander 1930–2014）は，衣服においては，「社会階級や職業などの指標は，性的な指標の二の次」であるが，「セクシュアリティがファッションを支配しはじめたのは，およそ1200年か1400年ぐらいの頃，西洋ファッションが完全な進歩を遂げるようになってからのこと」であるという（Hollander 1994＝1997: 47）．

16）社会学者の成実弘至（なるみ ひろし 1964–）が記すように，百年戦争におけるフランスの救世主ジャンヌ・ダルク（Jeanne d'Arc 1412–1431）が，戦闘上の必要とはいえ，男性のコスチュームを纏う異性装を名目として火刑にされたことを想起するならば（成実 2007: 90），キリスト教

文化圏では，そのタテマエとして，日本以上に，コスチュームの第1規準が強力かもしれない．おそらくは，「ジェンダーを模倣することによって」「ジェンダーそれ自体が模倣の構造をもつことを，明らかに」してしまう（Butler 1990＝1999: 242）．筆者はこう考える．**異性装はジェンダーの規範的強度を前提としながらも，それと同時にその構造を撹乱するのだ**．

17）民族衣装と文化変容（acculturation）をめぐるロマンを感じるエピソードとして，日本の着物を，米国のハワイに移民した日系一世たちが，「着古して擦り切れたキモノを有効活用し」シャツに仕立てたのがアロハシャツの起源であるといった説がある（角田 2005: 74）．1935年に新聞広告が出された，日系人が商品製作に多くかかわっていたホノルルの雑貨屋「ムサシヤ・ショウテン」で販売されたアロハシャツが公式には最古の記録．残念ながら，それは「兜や太鼓，宝船や富士山」が描かれた和柄ではあるものの，着物生地のリサイクルシャツではない．また，それ以前に着物柄のアロハシャツを着た人，見た人の体験談や写真も残されていないという．アロハシャツ研究家の角田潤（つのだ じゅん）は，丹念な現地調査を通じて，残念そうに記す（角田 2005: 79–80）．ちなみに，忘れてはならないことだが，民族衣装は当該民族集団を，その個性を最大限に活かし，美しくみせる重要な働きがある．服飾デザイナーの横森美奈子（よこもり みなこ 1949–）によれば，着物が似合う「和服体型」とは，「身長」が「ふつうから低め」で，「肩」は「〈なで肩〉」，「胸」は「なくてもかまわない，大きすぎはダメ」で，「ウエスト」は「くびれていなくてよい」，「脚」は「長過ぎはバランスが悪い，太くても，見えない」のでかまわない，といった特徴を有する人だという（横森 2003: 41–42）．これらは，欧米人と比べた場合の日本女性の体型的特徴でもある．また，洋装が似合う「洋服体型」は前述の特徴がすべて正反対の場合だ．民族衣装としての着物は，日本人に多く見られる，洋装では逆に弱点となってしまう，体型の特徴を「おしゃれ」に見せてくれる．

18）渡辺明日香は，「衣服における社会的記号性と役割」を，「（1）民族を表す記号」，「（2）性別，年齢を表す記号」，「（3）職業・地位・階級を表す記号」，「（4）帰属集団を表す記号」の四つに大別している（渡辺 2011: 8–11）．本書で示した，コスチュームの第1規準が，渡辺の分類では（2）の半分に，第2規準が（2）の残り半分に，第3規準群の〈社会全体〉が（1）に，〈社会内〉が（4）に対応する．本書では，通文化普遍性を際立たせるために，その分類区分は異なるものの，双方の網羅する範囲はほぼ同一である．

19）強制的異性愛については，第30節（第5章）を参照．

20）ジェンダーと暖色系／寒色系の弁別については，時代をさかのぼることによって，その規準がゆらぐことがある（小野原 2020: 4–5）．

21）先述したように，伝統社会ではもちろんのこと，現代にあっても，異性装が成立しうること自体が，ジェンダーに基づく二極の差異化の存在を確実に裏づけている．

22）ゾンバルトは制服の典型である軍服の「軍事的配慮」は，「特定の軍隊の軍服を容易に認識し，他の軍隊と簡単に区別できること」であると述べる（Sombart 1913b＝1996/2010: 213）．

23）若年層女性におけるカジュアルファッションが多様化した現今では，それらと一線を画したスーツは，OLとしての準制服と考えるべきだろう．服飾コンサルタントの大森ひとみ（おおもり ひとみ）は，現代日本におけるビジネスウーマンの服装について，「ドレスコードを設けている会社もあり」「明文化されたものはなくても，不文律として存在する場合も」あるという（大森 2013: 31）．ドレスコード（dress code）とは，特定の場所，場面や状況において身につけるべき服装のきまりであり，服装規定．準制服はドレスコードたりうるが，ドレスコードすべてが準制服ではない．たとえば，葬儀に喪服を着用するのは，ドレスコードだが，喪服は準制服ではない．準制服は集団を制御しているのに対し，ドレスコードは空間を制御している．

24）社会学者の金野美奈子（こんの みなこ 1966−）は，ジェンダーの視点から，就労状況全般をふくむ「女性の男性化」ともいうべき趨勢が萌芽期のOLに見いだせることを報告している．現代のOLの源流である，戦間期の「事務職」すなわちホワイトカラーとしての女性労働者は，結果として厳格な制服導入がなされることになった「製糸女工」に代表されるブルーカラー女性にくらべて，相対的にゆるやかな服装規範の下にあったといわれている（金野 2000: 83−89）．現代のOLにおける準制服としてのスーツ着用に連なるものだと推測される．

25）それゆえ，敵国軍服や文民平服によって戦場で敵軍を欺くことを防ぐために，戦時国際法であるハーグ陸戦条約（条約附属書の第一章）では，「遠方ヨリ認識シ得ヘキ固著ノ特殊徽章ヲ有スルコト」「公然兵器ヲ携帯スルコト」というように，交戦者資格の要件として自国軍服のコスチュームに固有の徽章の着用や武器の携帯を定めている（内閣官報局 1912）．

26）現代日本では中学校や高等学校の制服，とりわけ女子校のファッショナブルな制服であれば，志願者にとって憧れ，すなわち記号価値を有するが，かつては，管理の象徴としてとらえられていた．東京の名門女子校，女子学院（JG）では，1970年の高校闘争での授業中止，バリケード封鎖を経て，制服が廃止された歴史がある（矢野 2015: 106）．ちなみに，一部の男性ファン人気からはじまったものの，女性を含む相当数のファン層を獲得したアイドルグループAKB48の衣装総責任者だった，茅野しのぶ（かやの しのぶ 1982−）は，「少女でもない，まだ大人でもない，そのはざまの年齢の」「アンニュイな雰囲気を見せるために，制服風の衣装や，制服をわざと着崩したような衣装を作っていた」という（秋元・オサレカンパニー監修 2017：272−273）．同性にも共感されうる女子生徒の制服やその着崩しが有するイメージ喚起のちからをふまえての発言である．

27）神戸と現代ファッションとの密接な係わりについては，栗田（2021b）を参照．

第8章

象徴と系統
──コスチューム（その2）

はじめに

　史実に基づく，ハリウッド映画『スパルタカス』は誠実かつ正義の人である
剣闘士スパルタカス（Spartacus unknown-BC71）の生き様と奴隷民衆からの熱烈
な支持を見事に描いているが，前章の『追憶』同様に，見所の一つがコスチュー
ムである．紀元前1世紀のローマ帝国，シーザー（Caesar BC100-BC44）がその
活躍を始める時代，当時のローマでは市民への見世物として，武闘に心得のあ
る奴隷たちに命をかけて闘わせる残酷なショーが存在した．いわゆる剣闘士に
よる闘技会である．相手を倒さねば自分が殺されるという過酷な運命を背負っ
た剣闘士たる剣奴たちが逃走を企てるシーンでは，剣奴たちの日常着とローマ
側の警備兵とのコスチュームの差が一目でわかる．剣奴たちのトゥニカ（tunina
【ラテン】）は，ぼろきれに頭と両手を通す穴を空けた程度の見るからに貧しいコ
スチュームだ．対して，警備兵のそれは防御のための胸当て等を備えた制服で
ある[1]．逃走する剣奴たちとそれを防ぐ側である警備兵が争う場面では，双方
コスチュームによって敵味方が容易に判別できる．

　屈強のカリスマたるスパルタカスの下に，その後，奴隷叛乱軍は万単位に膨
れあがり，ローマは叛乱軍を倒すべく，将軍の率いる正規軍を差し向けること
になる．叛乱軍はその内には戦士ではない多数の民衆を含んでおり，武具や装
備も貧弱である．勝負の行方は最初からわかっている．ここでは，ローマ正規
軍のコスチュームがよく目立つ．将軍たちのコスチュームや武具の豪華絢爛さ
と正規軍兵士たちの整った軍服は圧倒的な威圧感を醸し出す．それに対して叛

176

乱軍の側は，それぞれのコスチュームは整えられたものではなく，バラバラである．軍服としては最低限の代物．せいぜい頭領のスパルタカスのみが叛乱軍のリーダーであることが，なんとかわかる程度の胸当てを付けている．白兵戦になっても敵味方は瞬時に判別可能である．ただし，両軍に共通した側面もある．それは戦闘イコール殺戮に適した，剣や盾を使いやすい機能的なコスチュームであるということだ．敵味方ともに戦場に赴いてきた〈戦闘員〉という点は相互に認識できるだろう．先述の剣闘士（剣奴），警備兵，叛乱軍，ローマ正規軍，これらは基本的には男性が纏う種類のコスチュームであり，男性性（masculinity）の象徴でもある[2]．

第48節　コスチュームの象徴的暴力

　服飾史家の中野香織（なかの かおり 1962–）は，著書『スーツの神話』の中で，ファッションに敏感で多様なコスチュームを挑戦的に着こなす女性でありながら，「メンズ・スーツのシステムだけには手出しができない」と述べる（中野 2000: 21）．コスチュームには貪欲な女性でありながら，男性のスーツシステムにはなぜか臆病なのだ．それはなぜか．もちろん，マニッシュ，ボーイッシュなカジュアルはすでに女性のものであるし，ジャケットのみならずパンツ・スーツも多くの女性たちが見事に着こなしている[3]．ところが，ドレスシャツの袖口にカフス，襟元にはキッチリとしたネクタイといった[4]，「フル装備のスーツ」は女性には手出しできないと中野はいうのである（中野 2000: 21）．これはまさに「スーツの神話」だ．

　このようなスーツの神話が発生する根源には，〈コスチュームの象徴的暴力〉の仕組みが隠れているからだと筆者は考えている．〈コスチュームの象徴的暴力〉（symbolic violence on costume）とは，以下のような事態を指す．

　生産労働者（下層農民および奴隷）と女性全般を支配する権力層である（男性の）貴族・上層市民と暴力装置の担い手である軍人のコスチュームは，当該社会において，至上のファッションとなる．それゆえ，①シックなフォーマルウェア（スーツ），②戦闘服・軍服，③②から派生したスポーツウェアは，男性優位主義社会（male chauvinist society）における，男性ファッションの基本となり，①

②③を羽織ること自体が〈コス
チュームの象徴的暴力〉を暗黙にサ
ポートすることにつながる．〈コス
チュームの象徴的暴力〉は伝統社会
で醸成された産物でありながら，影
響力を有した行動文化として，現代
まで色濃く残存している[5]．

写真4　米国陸軍特殊部隊の制服と陸軍戦
　　　　闘服

出典：上　"140315-M-YE994-601" by USASOC News
　　　　Service is licensed under CC BY 2.0
　　　　下　"Memorial Day Ceremony - North
　　　　Africa American Cemetery and Memorial -
　　　　May 31, 2010" by US Army Africa is
　　　　licensed under CC BY 2.0

　戦場では，〈コスチュームの象徴
的暴力〉を容易に見てとることがで
きる．それらは，暴力行使を生業と
した鍛えぬかれた戦士たちによる武
器や武具使用が主役を占めた行動に
あふれているからだ．現代では，写
真4で示したような，世界最強とも
いわれる屈強なる米国正規軍特殊部
隊の制服や陸軍戦闘服に代表される，
軍人たちのコスチュームがそれを最
も明快に表している．

　ただし，〈コスチュームの象徴的
暴力〉は軍服や戦闘服のみで終わる
ものでない．近現代の多くの産業国家において，男性たちが纏うドレスシャツ，
ロングパンツ，ジャケット，ネクタイ，カフスボタンなどによるスーツシステ
ムのフル装備は，男性優位主義社会の戦士そのものを象徴している．中野香織
のいうスーツの神話には，まさしく，〈コスチュームの象徴的暴力〉がその背
景で大きな力として作用している．

第49節　ジェンダー越境と劣化コピー

　ただし，この〈コスチュームの象徴的暴力〉は，スーツの神話を越えて，ジェ
ンダー越境してゆく側面もみいだせる．それは女性の社会進出とともに，伝統

的に男性の領域だと考えられてきた分野にも女性の活躍が広がってゆくことと関係している．第44節（前章）で述べた〈ジェンダーに基づく二極の差異化〉を無効化するような職業への進出である．それは，力（might）とりわけ物理的強制力（coercion）の行使やその優劣を競うことが本来的な業務である職種だ．

　具体的には，警察官，捜査員，警備員，武道家，格闘家などであり，その究極が軍人ということになる．軍人とは現代日本では陸海空の自衛官だ．いまや女性自衛官は珍しくはない．各国の軍隊でも同様である．警察官，捜査員，警備員，武道家，格闘家の世界ではなおさらだ．人類社会が数千年保持してきた女性抑圧の象徴の一つでもある〈ジェンダーに基づく二極の差異化〉が，近年の各方面における社会変動の結果，ここ半世紀あまりの間に随分と溶解し，〈ジェンダー越境〉しているともいえる（写真 5 を参照）．「女性たちが公共の場で活躍するようになると，やがて男の手下としての役割を放棄」し（Finkelstein 1996＝1998: 87），自立した存在に成りかわってゆくことでもある．

　他方，注目すべきことは，軍服や戦闘服に大変わかりやすいかたちで現れる〈コスチュームの象徴的暴力〉は，それ自体がコスチュームのなかで消費されてゆく運命にもおかれている[6]．元来，銃砲の弾薬や手榴弾，短剣等を収納する目的で戦闘服にはトップスにもボトムスにも多数のポケットが設けられてきた経緯がある．男子を中心に気温の高い夏季に着用するハーフパンツには，軍服由来のカーゴパンツ仕様が多く見られる．カーキやオリーブ等の陸軍カラー

写真 5　陸自・海自・空自の自衛官制服『MAMOR』表紙（防衛省広報誌）
出典：左から『MAMOR』2020年 9 月号，2019年 9 月号，2020年 1 月号．

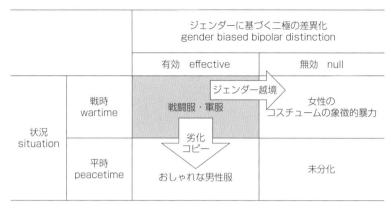

図8 コスチュームの象徴的暴力のジェンダー越境と劣化コピー

も相俟って軍服に見紛う商品もある．これらは，先述の〈ジェンダー越境〉と
は対照的に，平時に〈コスチュームの象徴的暴力〉が浸透してゆく現象だ．コ
スチューム本来が有していた，象徴性が希薄化してゆく過程でもあり，その〈劣
化コピー〉ともいえよう（図8参照）．

第50節　ファッション系統

現代日本における若年層女性のコスチュームで，他国には見られない現象を
一つ選べと問われたならば，迷わず〈ファッション系統〉（fashion genealogy）
をあげる．ファッション系統とは，嗜好毎に，各年齢層において複数種類の
ファッション誌が刊行されている事態に着目し，同系統のファッション誌なら
びにそれらを読む同系統の美容化粧服飾を志向する女性たちを分類した言葉で
ある（栗田 2009: 127–128; 2015b: 129; 2017; 2018）．ファッション誌の分類だけでは
なく，その読者層のファッション嗜好（preference）ならびに志向（orientation）
にも敷衍されている点に特色がある．

赤文字系もしくはお姉系と称されるファッション誌には小学館の
『CanCam』，講談社の『ViVi』，光文社の『JJ』，主婦の友社の『Ray』の4誌
が挙げられる．これらの誌面に登場するモデルたちは艶やかなアイメイクと
リップ，流麗な巻き髪と可憐なコスチューム，ハイブランドのピアスやネック

レス，ブレスレットを身に纏い，ハイティーンを卒業したヤングアダルトなイメージで共通している．それに対して，青文字系もしくはストリート系と目されている宝島社の『mini』や『SPRiNG』が勝負するのはメイクやコスチュームの派手さではなく，ストリートで気軽にまったりできる等身大のおしゃれである．コントラストを鮮明にして対比してみよう．赤文字系ファッションが男性からの視線すなわち「異性モテ」を意識しているとすれば，ヘアメイクの本来性回帰を論じた第27節（第4章）でもすでにふれたように，青文字系は女性同士の視線すなわち「同性ウケ」を狙っているのである．これら赤文字系，青文字系に加えて，現今かなり衰微したとはいえ，1990年代半ばから今世紀初頭まで隆盛をきわめたギャル系を挙げないのは不公平だろう．現在では，ぶんか社の『JELLY』，主婦の友社の『S Cawaii!』に代表される．ギャル系はマスカラやアイラッシュによる目力が強烈なアイメイク，濃厚でダークなファンデーション，原色を多用した露出度の高いコスチュームなどによって特色づけられる．最後に忘れてはならないのが，集英社の『non-no』，主婦の友社の『mina』といったごく普通のメイクとファッションを目指すカジュアル系．実はこのカジュアル系が最大多数でもある．ギャル系，赤文字系，青文字系のちょうど中間に位置する，いうならば日本的，よい意味で目立たない平均的な位置である．逆にいえば，他のファッション系統の〈いいとこ取り〉が得意でもある．

　ファッション系統の存在を確認するために，先行章でも扱った女子大学生を調査対象としたデータセットCCJD2013をここでもう一度用いることにする[7]．図中にあげた10誌のファッション誌は，これしか読まないという読者もいるものの，複数誌を読む人もある．後者を重複読書と呼ぶならば，この複数誌の重複読書を手がかりにして，ファッション誌を分類することが出来る[8]．仮に『CanCam』読者がすべて『Ray』を読んでいるならば，2値変数同士の関連の大きさを示すファイ係数は1の値を示すことになる．ここでは紙幅の制約上，ファイ係数行列は割愛するが，この距離行列からファッション誌同士の近さを樹状表現したものが図9に挙げたデンドログラムである．上から順に見てゆくと，まず，『ViVi』と『JJ』が最近接しているのが判るだろう．それに『CanCam』と『Ray』が合流し，小さなクラスタを形成している．このクラスタを構成する4誌は赤文字系と目されるものばかりであるから，〈赤文字系小クラスタ〉

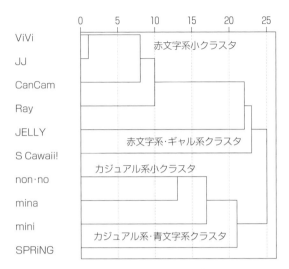

図 9　女性ファッション誌のデンドログラム　N＝746

CCJD13「女子大学生のメイクとファッション係わる全国調査」2013年 9 月中旬実施
注：ファイ係数を用いた群間平均連結法に基づく重複読者層のクラスタ分析.

と称することが出来よう.〈赤文字系小クラスタ〉を外側から取り囲むかたち
でギャル系と見做(みな)される『JELLY』と『S Cawaii!』が包みこんでいる.赤文字
系 4 誌とギャル系 2 誌が,大きな〈赤文字系・ギャル系クラスタ〉を構成して
いる様がわかる.双方とも相対的に派手なメイクとファッションを嗜好ないし
は志向していることから読者層が重複していることは頷(うなず)ける.その下側に注目
すると,『non-no』と『mina』が近接しているのがわかる.これを平均的な女
子大学生を目指す読者層を中心とした〈カジュアル系小クラスタ〉と呼ぶこと
ができよう.さらに,それを外側から青文字系と目される『mini』と『SPRiNG』
が包みこんでおり,〈カジュアル系・青文字系クラスタ〉が構成されていると
読みとることができる.赤文字系,ギャル系,カジュアル系,青文字系の 4 系
統が女子大学生におけるファッション誌の重複読書から,その存在を明快に確
認することができた.
　次は,このファッション系統に属する人びとがメイクとファッションにおい
て何を重視しているのかを探ってみることにしよう.

表19　ファッション系統と化粧服飾への支出額との相関

ピアソンの単純相関係数　N＝746

	フレグランス	コスメ	コスチューム	インナー
赤文字系	0.138**	0.132***	0.204***	0.127**
ギャル系	0.148**	0.076*	0.129***	0.041
カジュアル系	−0.012	−0.009	0.040	0.036
青文字系	0.022	0.007	0.060	0.063†

*** 　0.1%水準で有意
** 　　1％水準で有意
* 　　　5％水準で有意

　四つのファッション系統毎に，フレグランス，コスメ，コスチューム，イン
ナーの支出額との関連の大きさをピアソンの単純相関係数を用いて示したのが
表19である[9]．

　赤文字系の読者層は，フレグランス（$r=0.138^{**}$），コスメ（$r=0.132^{***}$），コス
チューム（$r=0.204^{***}$），インナー（$r=0.127^{**}$）すべての支出額との間に一定程
度の相関がある．すべての係数が１％水準以上で有意だ．オードパルファムも
しくはオードトワレ，ファンデーションなど基礎化粧品やアイカラー，マスカ
ラ，リップなどメイクアップ化粧品，そして，おしゃれなアウターやインナー
を，他の人びとより多くあるいはより高価な品を買い求めることは，可憐かつ
流麗なヤングアダルトなファッションを目指す彼女たちにあってそれは当然と
もいえる．

　次に，ギャル系は，赤文字系とくらべ，若干大きめのフレグランス支出（$r=0.148^{**}$）を除き，その相関は小さめにはなるものの，コスメ（$r=0.076^{*}$），コ
スチューム（$r=0.129^{***}$）についての支出はカジュアル系や青文字系読者層とく
らべて大きいようだ．ギャル系は，メイクやコスチューム以上に香りによる顕
示性を重視しているのであろうか，フレグランス支出が四つのファッション系
統で最高であることが興味深い．それに関連するのかもしれないが，目には直
に見えない箇所であるインナーについては，有意な関連はみいだせなかった．

　カジュアル系は，四つのすべての項目で関連はなかった．ごく普通のメイク
とファッションを嗜好かつ志向する彼女たちは化粧服飾支出も突出する点はな
く平均的ということなのだろう．

　青文字系はピアソンの単純相関係数が5％水準では有意ではないが，10％水準でインナー支出額との相関がわずかに検出された（$r=0.063†$）．ちなみに周辺分布に拘束されないガンマ係数では5％水準にて有意であった．フレグランス，コスメ，コスチュームについての支出額が比較的高いギャル系がインナーでは関連が見いだせなかったことと対照的に，青文字系は見えない箇所に気を配る内面志向を併せ持っているのかもしれない．外面的なギャル系ファッションと内面重視の青文字系ファッションという好対照がここから垣間見える．

第51節　おしゃれにおける露出効果と裏舞台効果

　前節に引き続き，若年層女性のコスチュームについて論じる．伝統社会では，気温が高まり，薄着の季節になると，肌を見せるコスチュームを着用する機会が増えるというのが普通であった．しかしながら，現代では，その慣行は随分変わった．第30節（第5章）で論じたように，性の商品化の圧力を集中的に浴びることになる若年層の女性にあっては，ライバルとしての同性の他者との差異化をはかるために，季節を問わず肌の露出度を高めることが意味を持つ．薄着に伴う素肌の露出によって性的魅力を最大限まで引き出す戦術である．
　これは，メイクおよびダイエットとも深い関連があり，半袖やノースリーブ，肩見せのオフショル（写真6を参照）などトップスのデザインと工夫による[10]，①腕の露出，②鎖骨部および胸部の露出，③腹部，背中の露出，ミニスカートやハーフパンツなどボトムスのデザインと工夫による，④脚，臀部，股間の露出，大別すれば，以上の4種類の露出が考えられる．これらは，個別のアイテムによって分散的になされると場合と，水着のように統一的になされる場合がある．これらを総じて，〈おしゃれにおける露出効果〉（exposure effect on dressing up）と呼ぶことができよう．もう一度繰

写真6　オフショル・ブラウス
出典：Young girl sitting on swing on the beach using digital tablet／Patrick Foto- stock. adobe.com

184

りかえしていうならば，〈おしゃれにおける露出効果〉の本意は，気温や湿度の高低によってコスチュームの着用量を調節するのではなく，薄着や肌見せの魅力を引き出すために露出度を高める点にある．その最も顕著な例は，ビキニ水着であろう．水泳という競技や水遊びを完遂する機能面からは，水中でも肌に密着し水際での抵抗が小さい布地やデザインであればよいのであって，腕，鎖骨部，胸部，腹部，背中，脚，そして，臀部，股間までも露出を高める必要はないはずだからだ．デザイナー，着用者双方ともに，ビーチやプールサイドでの視線や注目を，企図もしくは自覚している．

〈おしゃれにおける露出効果〉は近年著しく，その出番が多くなった．かつては，人目にふれる表着もしくは上着としてのアウターが親密な間柄でなければ見せることがない下着としてのインナーを完全に覆い隠すのが[11]，普通であった[12]．これを伝統的作法と呼ぶことができる．過渡的段階をはさみ，現代では，アウターがインナーぎりぎりのところまで表面積が小さくなった[13]．薄着や肌見せに伴う，〈おしゃれにおける露出効果〉は，現今の日本の若年層女性にとって進展が留まることがない（図10参照）．

薄着や肌見せによるおしゃれと似ており，現実には混淆したかたちで現れてくるものの，概念的には別の働きについても述べよう．〈おしゃれにおける露出効果〉では，アウターの表面積が小さくなり，究極にはインナーとほぼ同じ程度になる事態を指していた．しかしながら，そこでは，インナーは隠すべきモノを隠し，インナー自体はアウターに隠されるという基本原理は，依然として守られている．それに対して，インナーそれ自体をアウター同様に見せるコスチュームに変換する着こなしがある．

歴史をひもとけば，かつて，Tシャツはインナーとして用いられていたが[14]，1960年代から70年代初頭にかけての対抗文化の影響下で，若者層を中心にアウターとして着用することが普及した（河原 2014: 182-183）．当時から半世紀以上を経た現代では，かつてのように，Tシャツをインナーとしてとらえる人はごくまれにしかいないだろう．心理学者の菅原健介（すがわら けんすけ 1958-）が「見せる下着」「下着のアウター化」「下着ルック」と呼ぶ（菅原 2020: 61），ギャルブーム以降のキャミソールも同様である[15]．この事態を〈おしゃれにおける裏舞台効果〉と呼びたい．裏舞台つまり親密な他者との限られた私空間や寝室内での

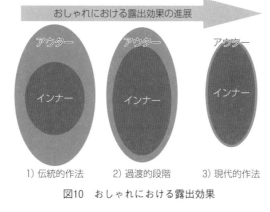

図10　おしゃれにおける露出効果

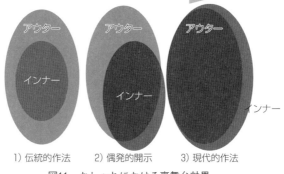

図11　おしゃれにおける裏舞台効果

コスチュームであるインナーが，アウター機能を帯びてくることだ．〈おしゃれにおける裏舞台効果〉（backstage effect on dressing up）とは，本来，おしゃれにとっては裏舞台であり，目立たない存在であるはずのインナーが注目され，露出されることを指す．

　ブラジャー，場合によってはショーツやパンティが見えてしまうのは，かつては偶発的開示に過ぎなかったが，現代では，適度に見せることも作法に適ってきた．〈おしゃれにおける裏舞台効果〉が進展し，現代日本では，「見せブラ」に象徴されるように（青山 2004: 62），インナーは隠すアイテムから見せるアイテムに変貌しつつあるのだ（図11参照）．

しかしながら，このような傾向を，ジェンダー的抑圧のロジックのみだけで説明し，場合によっては非難の対象としてしまうのは不公平だろう．家庭を離れた社会的な空間でのインナーの着こなしやその歩みは，女性にとって，あからさまな性差別（sexism）との対峙を含む抑圧を伴った暗く陰鬱な歴史であると同時に，就学，就職し，インナーに包まれた身体を制服や仕事着，スーツで纏い，男性優位主義社会の枷からの自立を図ってきた「女性の社会進出の歴史」でもあるのだ（おしゃれ女子委員会 2007: 8）．明治4年（1871年）に米国に派遣された，女子英学塾（津田塾大学）を創立した近代女子教育の先駆者，津田梅子（つだ うめこ 1864-1929）ら5名の女子留学生が（寺沢 2009: 228），日本で初めて西洋式インナーを着けた女性であったことが，何よりもそれを証しているではないか（青木 2000: 157; 青山 2003: 44)[16]．学校で，ストリートで，職場で，あらゆる社会空間で，いま，この現在も，その歴史は続き，刻まれてゆく．おしゃれという，性の商品化を逆手にとった美しい武器で女性たちは楽しみながら，強かに戦場の覇者たりえているのだ．

まとめ

本章は本書の最終章として，前章に引き続きコスチュームを論じてきた．

第48節ではスーツの神話を手掛かりに，〈コスチュームの象徴的暴力〉の仕組みを提示し，第49節では，その〈コスチュームの象徴的暴力〉の，ジェンダー越境と劣化コピーを述べた．第50節では，CCJD13のデータセットを用いて他国に類例を見ない，日本独自の現象たるファッション系統について分析を施し，第51節では，現代ファッションを締めくくるのにふさわしい，コスチュームの露出機能について論じた．

註 --

1）トゥニカとは，古代ローマなどで着用されていた筒型コスチューム（筒型衣）を指す（大沼・荻原・深井監修 1999: 613）．その起源や発展から見て人類にとって最も基本的な服飾の一つ．現代の「チュニック・ブラウス」(tunic blouse）や「チュニック・ドレス」(tunic dress）など（杉野編 1998: 43, 79），「ほっそりとした筒型のシルエットの衣服全般」を指す「チュニック」(tunic）の始祖（バンタンコミュニケーションズ編 1995: 171）．

2）男性によるスーツ着用には，「男女の性別の違いを誇張して表現する」作用がある（Finkelstein

1996＝1998: 109).

3 ）マニッシュ（mannish）とは，女性による男性的な装い．ヘアメイクアーティストの藤原美智子（ふじわら みちこ 1958-）によれば，「マニッシュ感覚に装うことで，逆に女性らしさが表現できる」という（藤原 2003: 137).

4 ）後述するコスチュームの象徴的暴力を代表する，フル装備のスーツに欠かせないのがネクタイ（necktie). 現代のネクタイの「直系の先祖にあたる」，クラヴァット（cravat）が生まれたのは，17世紀ヨーロッパ，30年戦争（1618-1648）の時期だった．クロアチア出身の傭兵部隊である騎兵たちが「首に布を結んでいた」のをまねたフランス人兵士を通じてフランス本国に伝わり，ルイ王朝の宮廷やおしゃれな男性経由で英国やアメリカ植民地に普及した．クラヴァットの急速な普及は当時，ちょうど寒冷期にあたっていたという説もある（Fink and Mao 1999＝2001: 19, 22).

5 ）筆者は軍隊や軍事力を否定するどころか，国家存続や平和維持のための不可欠かつ最重要な組織部門だと考えている．自由と独立と尊厳を侵す不条理な勢力に対抗するためには，自ら武装し武力によって，それを排除するしか手段がないからだ．防犯や治安を預かる警察や警察力も同様である．戦後日本では，敗戦に伴って不穏当な社会思想が流布喧伝され，軍隊や軍事力についての適切な理解が妨げられてきたことを憤るとともに，すこぶる残念に思う．敗れたとはいえ，スパルタカスたち奴隷反乱軍も武装していたからこそ，ローマ正規軍と対峙しえたのであり，武装解除後は冷酷で残忍な処刑が待ち構えていたのだから．

6 ）近現代の軍服や戦闘服は，世界史規模で大きな働きがある．一般の国民を大人数動員した大規模な戦争が，これまで洋服を着慣れなかった人びとに，軍服を通じて洋服の「着やすさ」を実感させ，その普及に貢献し，日本では「和服の存在価値は次第に薄れて」いった（落合 1999: 72). そして，軍服が大量に必要とされることによって，国内での既製服の生産体制をも整えた．近代戦を通じての西洋化ならびに近代化である．各国の民族衣装が廃れてゆく原因の一つがここにある．

7 ）ここでハイティーン女子を対象としたCCJH14ではなく，女子大学生のCCJD13を使うのは，ハイティーンにおいては，調査対象が若すぎるゆえに，赤文字系や青文字系読者層が充分な量的規模に達していないからである．

8 ）図 9 におけるクラスタ分析では，本書読者の現今の関心に沿うために，2020年現在，休刊中のファッション誌は分析に投入していない．過去のファッション系統のデンドログラムについては，栗田（2009; 2015a; 2017; 2018）を参照のこと．

9 ）ここでは，ファッション誌の分類提示という現今の関心を満たす目的の図 9 における分析とは異なり，読者層の行動文化に係わるデータの正確さを保持することを優先し，紙媒体での休刊誌や非月刊化が相次いだギャル系ならびに青文字系ファッション誌について，図 9 では示されてはいないものの，2013年実査時点において月刊で公刊されていた『egg』『Ranzuki』『BLENDA』『Happie nuts』および『SEDA』『Soup.』『Zipper』『JILLE』『mer』を計算に含めている．ちなみに，今世紀初頭の20年間において若年層女性をターゲットとしたファッション誌の休刊は20誌近くにも上るが，そのような苦しい状況下にあって，雑誌大手の宝島社における休刊は，『CUTiE』の 1 誌のみである．しかも，『mini』『SPRiNG』など同社の青文字系ファッション誌へムーブメントとしての『CUTiE』のエートスが浸透継承されていったうえでの，自然な休刊だと思われる．それは，宝島社の編集方針ならびに経営方針が，東日本大震災のあった2011年「いい国つくろう，何度でも。」や，Covid-19パンデミック下の2020年「最後は勝つ。上がダメでも市民で勝つ。」，そして，「次のジョブズも 次のケネディも 次のアインシュタインも，きっと，女。」といった，その企業広告に端的かつ明快に表現されているように（宝島社 2020)，時代に寄り添いつつも，

188

他のマス媒体にありがちな市民を貶め消費者を軽視した商業主義に流されず，つねに現場やストリートの女性たちの目線で，ともに抗い助けてゆく姿勢を保ち続けることで読者層に支持されてきたからだと筆者は考えている．

10）オフショルとは，本来はイブニングドレスなどにもちいられてきた肩を出した「オフ・ショルダーネックライン」（off shoulder neckline）の略語（大沼・荻原・深井監修 1999: 78; バンタンコミュニケーションズ編 1995: 281）．

11）アウターとは「外側に着る衣服の総称」としてのouterwearの略語であり，インナーとは下着（underwear）もしくはアウターの「内側に着る衣服の総称」としてのinner wearの略語（バンタンコミュニケーションズ編 1995: 736, 740）．

12）第31節（第5章）の註15を参照のこと．

13）アウターとインナーの区別はコスチュームの素材が布地になる時期にはじまったといわれており，紀元前3000年頃，古代シュメールあたりにさかのぼることができるようだ（青木 2000: 13）．

14）Tシャツ（T shirt）は，従前はインナーであったが，1960年代の米国において，「ジーンズと組み合わされ，新しい日常着のスタイルとして」，世界中の若者に受容されるようになった（大沼・荻原・深井監修 1999: 35-36）．

15）キャミソール（camisole）とは，元来は女性用のインナーであったが，近年では，「ブラウスの一種として」着用されることが多い（バンタンコミュニケーションズ編 1995: 261）．社会学者の仲川秀樹（なかがわ ひでき 1958-）は，1996年にデビューした音楽ユニット，ELT（Every Little Thing）のボーカル，持田香織（もちだ かおり 1978-）が4枚目のシングルの楽曲「For the moment」（1997年6月4日発売, エイベックス, オリコンチャート週間1位を記録）のCDジャケットで赤いキャミソールを着用したのが，流行の嚆矢ではないかという（仲川 2002: 115）．

16）男性にくらべて，女性の場合，洋装を前提とした西洋式インナー（当時のズロース）の普及は，大衆レベルでは遅々として進まなかった．1933年（昭和8年）であっても，銀座を闊歩していた女性の8割以上が和服であったという（田中ひかる 2013: 41）．洋装の本格的普及は，第二次世界大戦後である．

あ と が き

　幼稚園に通うことになる前日に母親から告げられた．明日からスカートの着用はしてはいけないと．なぜなのかを問う猶予はなかった．父親は単身赴任，女性ばかりの家庭で幼少期を過ごしていた．ジェンダー的な観念がすこぶる希薄だった．というよりも，男性という存在を対自的に諒解する機会が得られず，祖母や母のように，自分は女だと思っていたのかもしれない．クロゼットにあった幼児には大きすぎる女性用コスチュームを纏い，ドレッサーのパウダーやリキッドを手にしては戯れていた子どもだったのだ．それから半世紀以上が過ぎた．近年，若年層の男性たちは随分キレイに装うようになったけれども，美容化粧服飾とはいまだに縁遠い同世代の男性集団の中で感じる違和感は，いっこうに減じることがない．

　20代の頃から妻のコスメ売り場めぐりやジュエリーやコスチュームのウインドウショッピングに付き添うことによって美容化粧服飾のリテラシーは高まり，その後学問的に考える機会にも恵まれた．そして，30代からは，メイクとファッションの社会学を大学で講じるようになった．いままで学会誌や学術誌，紀要等に美容化粧服飾の論文を沢山発表してきたが，書き下ろし単著としては本書がはじめてである．晃洋書房編集部の阪口幸祐さんに執筆機会を賜り，はやくも5年が過ぎてしまった．当方の遅々とした筆の歩みを忍耐深く待って下さり，適切な頃合いを見計らって的を射た助言を下さった阪口さんに心より感謝申し上げます．ありがとうございました．

　さて，本書では，第1章，第2章のメイク，第3章のフレグランス，第4章のヘアメイク，第5章のダイエット・エステ・美容整形，第6章のアクセサリー，第7章および第8章のコスチュームというように，美容化粧服飾の代表的領域にわたって，社会学の観点から考察をすすめてきた．若年層女性を中心に，その主たる担い手たちのおかれた時代的制約ならびに巨視的位置づけをふまえ，近年ではギャル世代に代表されるムーブメントに加えて，コスメ，ヘアメイク，審美医療等の技術的進化という援軍もえて展開されてきた，彼女たちによる強

かな戦略と抵抗からなる社会的ダイナミズムとその現在形を，理論的かつ実証的に論じてきた．

　「人類は，身体を文明化する手段としてさまざまの身体造形をおこない，その延長として衣服や仮面，化粧料あるいは香料」を使ってきたが（北山 1988: 323)，美容化粧服飾は，社会的な意味では，避けがたい規範であると同時に，個々の自己実現という意味では望ましい価値の発現である．強いられた枷（かせ）として認識するのか，闘いのための剣として活用するのかは，個人次第．それが，日常生活から切りはなせないメイクとファッションとのおつきあいだ．本書が読者のみなさん，とりわけ女性の方々の，人生行路に少しでもお役に立てれば幸いである．

　「美や醜によって女たち（男たちも）は呪縛されてきた」けれども，「人間は文化で作られる．作られるのであれば誰も抑圧せず，抹消しない文化を作り出せる」と（渡辺みえこ 2008: 78)，誰よりも強く信じたい．心の底からそう思う．

　　2021年 3 月

　　　　　　　　　　神戸港のかなたに，はるか和泉，紀伊，
　　　　　　　　　　そして淡路を望む六甲摩耶山麓にて

　　　　　　　　　　　　　　　　　　　　　栗 田 宣 義

参照文献

阿部恒之（2002）『ストレスと化粧の社会生理心理学』フレグランスジャーナル社

アクロス編集室（1995）『ストリートファッション 1945-1995』PARCO出版

赤川学（1999）『セクシュアリティの歴史社会学』勁草書房

秋元康・オサレカンパニー監修（2017）『AKB48 衣装図鑑 放課後のクローゼット』宝島社

Andreae, Simon（1998）*Anatomy of Desire*. London: Orion.（→　沢木あさみ訳　2001『男はなぜ新しい女が好きか？』原書房）

青木英夫（2000）『下着の文化史』雄山閣出版

青木英夫（1977）「西洋服装史」青木英夫監修，服装学研究会編『服装概論』源流社　165-190頁

青山まり（2005）『ブラジャーをする男たちとしない女』新水社

青山まり（2004）『ブラ・バイブル』廣済堂出版

青山まり（2003）『ブラの本。』サンマーク出版

荒井悠介（2009）『ギャルとギャル男の文化人類学』新潮社（新潮新書）

朝日新聞社（2019）「これ本物？ヴィトンなら精度97％ コメ兵，AIで鑑定」『朝日新聞DIGITAL』https://www.asahi.com/articles/ASM 2 D44B 2 M 2 DOIPE00Q.html（2019年 2 月14日更新，2020年 4 月26日確認）

浅見善康（2004）『思い通りのバストになれる最新バストアップ術』現代書林

浅野千恵（1996）『女はなぜやせようとするのか』勁草書房

浅野千恵（1995）「潜在的商品としての身体と摂食障害」江原由美子編『性の商品化』勁草書房　75-109頁

ASOBISYSTEM（2017）「2017年トップページ」『三戸なつめオフィシャルサイト』http://mito.asobisystem.com/（2017年 8 月20日確認，2020年 8 月14日消失）

@コスメ（2019）「ディオール アディクト リップ マキシマイザー」https://www.cosme.net/product/product_id/2913937/top（2019年10月27日更新，2019年10月27日確認）

馬場広信（1997）『シブヤ系対カマタ系』ぶんか社

Bateson, Gregory（1972）*Steps to an Ecology of Mind*. Ballantine Book.（→　佐藤良明訳　2000『精神の生態学　改訂第 2 版』新思索社）

Bateson, Gregory, Don D. Jackson, Jay Haley, and John Weakland（1956）"Toward a Theory of Schizophrenia." *Behavioral Science* 1（4）: 251-254.

Baudrillard, Jean（1970）*La société de consommation*. Paris: Denoël.（→　今村仁司・塚原史訳　1979『消費社会の神話と構造』紀伊國屋書店）

防衛省編（2020a）『MAMOR』2020年 9 月号 扶桑社

防衛省編（2020b）『MAMOR』2020年 1 月号 扶桑社

防衛省編（2019）『MAMOR』2019年 9 月号 扶桑社

Brownmiller, Susan（1975）*Against Our Will*. Simon & Schuster.（→　幾島幸子訳　2000『レイプ・踏みにじられた意思』勁草書房）

Black, J. Anderson and Madge Garland（1975）*History of Fashion*. Orbis Publishing Ltd.（→　山内

沙織訳　1985a『ファッションの歴史（上）』，山内沙織訳　1985b『ファッションの歴史（下）』Parco出版）

Black, Paula（2004）*The Beauty Industry*. Routledge.（→　鈴木眞理子訳　2008『ビューティー・サロンの社会学』新曜社）

Bourdieu, Pierre（1979）*La distinction*. Paris: Les Éditions de Minuit.（→　石井洋二郎訳　1990『ディスタンクシオン（上）（下）』藤原書店）

Bull, Peter（1983）*Body Movement and Interpersonal Communication*. John Wiley & Sons Ltd.（→　高橋超編訳　1986『しぐさの社会心理学』北大路書房）

Butler, Judith（1990）*Gender Trouble*. Routledge.（→　竹村和子訳　1999『ジェンダー・トラブル』青土社）

カルティエ（2020）「LOVE BRACELET」https://www.cartier.jp/ja/collections/jewelry/collections/love/bracelets/b6035417-love-bracelet.html（2020年 8 月20日確認）

カシオ計算機株式会社（2020）「適正体重・美容体重・モデル体重」『keisan』https://keisan.casio.jp/exec/system/1483589124（2020年 8 月14日確認）

大坊郁夫（2001）「化粧と顔の美意識」高木修監修，大坊郁夫編『化粧行動の社会心理学』北大路書房　1 - 9 頁

大坊郁夫（1998）『しぐさのコミュニケーション』サイエンス社

大坊郁夫（1996）「化粧心理学の動向」高木修監修，大坊郁夫・神山進編『被服と化粧の社会心理学』北大路書房　28-46頁

Delamere, François, et Bernard Guineau（1999）*Les matériaux de la couleur*. Gallimard.（→　ヘレンハルメ美穂訳　2007『色彩』創元社）

DeMello, Margo（2014）*Body Studies*. Routledge.（→　田中洋美監訳，兼子歩・齋藤圭介・竹﨑一真・平野邦輔訳　2017『ボディ・スタディーズ』晃洋書房）.

Dove, Roja（2008）*The Essence of Perfume*.　Black Dog Publishing.（→　新間美也・富岡由美・沢田博訳　2010『フォトグラフィー　香水の歴史』原書房）

Durkheim, Émile（1897）*Le suicide*. Paris: Félix Alcan.（→　宮島喬訳　1985『自殺論』中央公論社）

Durkheim, Émile（1893）*De la division du travail social*. Paris: Félix Alcan.（→　田原音和訳　1971/2007『社会分業論』筑摩書房）

江原由美子編『性の商品化』勁草書房

Ekman, Paul（2003）*Emotions Revealed*. Weidenfeld & Nicolson.（→　菅靖彦訳　2006『顔は口ほどに嘘をつく』河出書房新社）

Ekman, Paul and Wallace V. Friesen（1975）*Unmasking the Face*. Prentice-Hall, Inc.（→　工藤力編訳　1987『表情分析入門』誠信書房）

榎本雄作（2004）『香水の教科書』学習研究社

Etcoff, Nancy（1999）*Survival of the Prettiest*. Doubleday: New York.（→　木村博江訳　2000『なぜ美人ばかりが得をするのか』草思社）

Fink, Thomas and Yong Mao（1999）*The 85 ways to Tie a Tie*. London: Fourth Estate.（→　青木薫訳　2001『ネクタイの数学』新潮社（新潮OH！文庫））

Finkelstein, Joanne（1996）*After a Fashion*. Melbourne University Press.（→　成実弘至訳　1998『ファッションの文化社会学』せりか書房）

藤森弘子・長谷川仁志・津島由里子・楠幹江・村上温子（1991）『現代衣生活論』化学同人

藤原美智子（2003）『藤原美智子のパーフェクトメイクブック』講談社（講談社プラスアルファ文庫）

深井晃子（2009）『ファッションから名画を読む』PHP研究所（PHP新書）

深井晃子（1998）「20世紀後半」深井晃子監修『カラー版 世界服飾史』美術出版社

深井晃子監修，DK社編（2020）『世界服飾大図鑑』河出書房新社

Galtung, Johan（1969）*Violence, Peace and Peace Research.*（→　高柳先男・塩屋保・酒井由美子訳　1991「暴力，平和，平和研究」『構造的暴力と平和』中央大学出版局　1–66頁）

五味常明（2004）『デオドラント革命』ハート出版

萩原美代子（2005）「ブルマー登場以前」高橋一郎・萩原美代子・谷口雅子・掛水通子・角田聡美『ブルマーの文化史』青弓社　11–53頁

Halbwachs, Maurice（1950）*La mémoire collective.* Paris: Albin Michel.（→　小関藤一郎訳　1989『集合的記憶』行路社）

Haiken, Elizabeth（1997）*Plastic Beauty.*（→　野中邦子訳　1999『プラスチック・ビューティー』平凡社）

Hamermesh, Daniel S.（2011）*Beauty Pays.* Princeton University Press.（→　望月衛訳　2015『美貌格差——生まれつき不平等の経済学』東洋経済新報社）

花房孝典（2007）『アイビーは，永遠に眠らない』三五館

長谷川晶一（2015）『ギャルと「僕ら」の20年史』亜紀書房

秦郷次郎（2003）『私的ブランド論』日本経済新聞社

平松隆円（2009）『化粧にみる日本文化』水曜社

平田幸子（2007）『香水ブランド物語』学習研究社

Hobsbawm, Eric and Terence Ranger, eds.（1983）*The Invention of Tradition.* Cambridge University Press.（→　前川啓治・梶原景昭他訳　1992『創られた伝統』紀伊國屋書店）

Hochschild, Arlie Russell（1983）*The Managed Heart.* Berkeley: University of Californi Press.（→　石川准・室伏亜希訳　2000『管理される心』世界思想社）

Hollander, Anne（1994）*Sex and Suits.* New York: Knopf.（→　中野香織訳　1997『性とスーツ』白水社）

北条かや（2015）『整形した女は幸せになっているのか』星海社（星海社新書）

伊波和恵（2004）「顔と化粧」竹原卓真・野村理朗編『「顔」研究の最前線』北大路書房　171–185頁

今井啓子（2007）『ファッションのチカラ』筑摩書房（ちくまプリマー新書）

今田絵里香（2014）「異性愛文化としての少女雑誌文化の誕生」小山静子・赤枝香奈子・今田絵里香編『セクシュアリティの戦後史』京都大学学術出版会　57–77頁

今田絵里香（2007）『「少女」の社会史』勁草書房

石田あゆう（2016）『図説 戦時下の化粧品広告〈1931–1943〉』創元社

石田あゆう（2015a）「『non-no』」佐藤卓己編『青年と雑誌の黄金時代』岩波書店　111–142頁

石田あゆう（2015b）『戦時婦人雑誌の広告メディア論』青弓社

石田かおり（1996）『おしゃれの哲学』理想社

石田かおり（2009）『化粧と人間』法政大学出版局

石田かおり（2003）「アイデンティティの化粧」横田尚美編『ファッションを考える』丸善出版　93–115頁

石井淳蔵（1999）『ブランド』岩波書店（岩波新書）

石井政之（2005）「カモフラージュメイクの世界」石井政之・石田かおり『「見た目」依存の時代』原書房　187-215頁

伊豆原月絵（2003）「民族服飾について」横田尚美編『ファッションを考える』丸善出版

Jaquet, Chantal（2010）*Philosophie de l'odorat.* Paris: Presses Universitaires de France.（→　岩﨑陽子監訳，北村未央訳　2015『匂いの哲学』晃洋書房）

ジュエリー工房オレフィーチェ（2018）「ホワイトゴールドの作り方」　https://wp.orefice.jp/sp_articles/4867/（2018年4月5日確認，2020年8月20日確認）

城一夫・渡辺直樹（2007）『日本のファッション』青幻舎

Kaiser, Susan A.（1985）*The Social Psychology of Clothing and Personal Adornment.* New York: Macmillan.（→　高木修・神山進監修，被服心理学研究会訳　1994a『被服と身体装飾の心理学（上）』北大路書房，高木修・神山進監修，被服心理学研究会訳　1994b『被服と身体装飾の心理学（下）』北大路書房）

快適生活研究会（2003）『世界のブランド「これ知ってる？」辞典』PHP研究所（文庫）

神田吉弘（2002）『英和化粧品用語集』フレグランスジャーナル社

柏木博（1998）『ファッションの20世紀』日本放送出版協会（NHKブックス）

加藤裕治（2014）「消費文化としての現代文化」井上俊編『全訂新版　現代文化を学ぶ人のために』世界思想社　33-47頁

Kaufmann, Jean-Claude（1995）*Corps de femmes, regards d'hommes.* Paris: Nathan.（→　藤田真利子訳　2000『女の身体，男の視線』新評論）

河原和枝（2014）「ファッションという制度」井上俊編『全訂新版　現代文化を学ぶ人のために』世界思想社　180-193頁

川上梅・松山容子・笹本信子（1995）「タイ・日本青年男女の体型的位置づけとその衣服設計への考察」『日本家政学会誌』第46巻第1号　33-43頁

川本三郎（1988/2010）『マイ・バック・ページ』平凡社

川島蓉子（2007a）『資生堂ブランド』アスペクト

川島蓉子（2007b）『TOKYOファッションビル』日本経済新聞社出版

かづきれいこ（2009）『メイク・セラピー』筑摩書房（ちくま文庫）

北村文（2017）「ジェンダーをする」藤田結子・成実弘至・辻泉編『ファッションで社会学する』有斐閣　111-130頁

北村文（2009）『日本女性はどこにいるのか』勁草書房

北山晴一（2001）「ルイヴィトン」深井晃子編『ファッションブランド・ベスト101』新書館　201-204頁

北山晴一（1998）『衣服は肉体になにを与えたか』朝日新聞社（朝日選書）

北山晴一（1991）『おしゃれの社会史』朝日新聞社（朝日選書）

小林盾（2020）『美容資本』勁草書房

古賀令子（2004）『コルセットの文化史』青弓社

古賀令子（2001）「ブルガリ」深井晃子編『ファッションブランド・ベスト101』新書館　171頁

金野美奈子（2000）『OLの創造』勁草書房

厚生労働省医政局総務課長（2019）「医政総発0425第1号「非吸収性充填剤を使用した豊胸術に関する

共同声明」の送付について」https://www.mhlw.go.jp/content/000505253.pdf（2019年 4 月25日更新，2020年 9 月14日確認）

厚生労働省（2015）「国民健康・栄養調査（平成26年度）」https://www.mhlw.go.jp/stf/houdou/ 0000106405.html　https://www.e-stat.go.jp/dbview?sid=0003224177（2015年12月 9 日更新，2020 年 8 月17日確認）

寿マリコ（2014）『好印象で面接に勝つ！就活メイク講座』ミネルヴァ書房

神山進（1999a）「性の商品化と商品価値」『彦根論叢』滋賀大学経済経営研究所　第317号　153-175頁

神山進（1999b）「被服によるジェンダーの表示」高木修監修，神山進編『被服行動の社会心理学』北大路書房　54-67頁

上月さつき（2014）『制服嗜好』イースト・プレス

工藤雅人（2017）「ファストファッション」藤田結子・成実弘至・辻泉編『ファッションで社会学する』有斐閣　203-222頁

栗田宣義（2021a近刊）「ファッション＆パッション⑤」『新社会学研究』第 5 号

栗田宣義（2021b）「神戸とファッション」甲南大学文学部歴史文化学科編『大学的神戸ガイド』昭和堂　212-214頁

栗田宣義（2021c）「計量文化社会学タイムマシーン」『甲南大學紀要 文学編』第171号　103-118頁

栗田宣義（2019）「ファッション＆パッション④」『新社会学研究』第 4 号　214-223頁

栗田宣義（2018）「ファッション＆パッション③」『新社会学研究』第 3 号　198-205頁

栗田宣義（2017）「ファッション＆パッション②」『新社会学研究』第 2 号　203-210頁

栗田宣義（2016a）「ファッション＆パッション①」『新社会学研究』第 1 号　164-171頁

栗田宣義（2016b）「ルックス至上主義社会における生きづらさ」『社会学評論』第66巻第 4 号　516-533頁

栗田宣義（2015a）「ファッション系統の社会学」『甲南大學紀要 文学編』第165号　129-139頁

栗田宣義（2015b）「ファッションとメイクの社会学」『ザ・ビューレック』2015年 4 月号　ザ・ビューレック社

栗田宣義（2012）『マンガでわかる社会学』オーム社

栗田宣義（2010）「『non-no』」『河北新報』2010年 2 月13日号

栗田宣義（2009）「ファッション系統」の計量社会学序説」『武蔵大学総合研究所紀要』第18号　127-157頁

栗田宣義（2007）「モードからストリートへ」『ソシオロジスト』第 9 号　213-239頁

栗田宣義（2006）『社会学』ナツメ社

栗田宣義（1989）「政治世代と抗議活動」『社会学評論』第39巻第 4 号　2 -19頁

久世（2009）『脱オタクファッションガイド改』オーム社

久世（2005）『脱オタクファッションガイド』オーム社

Lorenc, Z. Paul and Trish Hall（2004）*A Little Work*. St. Martin's Press.（→　安藤由紀子訳　2005『セレブな整形』文藝春秋）

Lorenz, Konrad（1943）"Die angeborenen Formen moglicher Erfahrung." *Zeitschrift fur Tierpsychologie* 5 : 235-409（→　Lorenz, Konrad　1971　*Studies in Animal and Human Behavior, vol. II.* Harvard University Press.）

Mannheim, Karl（1928）"Das Problem der Generationen."（→　1952 "The Problem of Generations."

In *Essays on the Sociology of Knowledge.* pp. 276-320.）

Marx, Karl（1867）*Das Kapital. Band 1*.（→　資本論翻訳委員会訳　1983『資本論 第一巻 第二分冊』新日本出版社（新書版））

McCracken, Grant（1995）*Big Hair*. Penguin Books.（→　成実弘至訳　1998『ヘア・カルチャー』PARCO出版）

Mehrabian, Albert（1980）*Silent Messages*. Wadsworth Publishing Company.（→　西田司・津田幸男・岡村輝人・山口常夫訳　1986『非言語コミュニケーション』聖文社）

Merton, Robert King（1949）*Social Theory and Social Structure*. New York: Free Press.（→　森東吾・森好夫・金沢実・中島竜太郎訳　1961『社会理論と社会構造』みすず書房）

三田村蔦子（2004）『ブランドビジネス』平凡社（平凡社新書）

三浦恵美子（1995）「ニュートラ／ハマトラ」アクロス編集室『ストリートファッション 1945-1995』PARCO出版　160-163頁

森英恵（1993）『ファッション』岩波書店（岩波新書）

守如子（2010）『女もポルノを読む』青弓社

村上春樹（1983/1986）『カンガルー日和』講談社（講談社文庫）

村澤博人（2001）「化粧の文化誌」高木修監修，大坊郁夫編『化粧行動の社会心理学』北大路書房　48-63頁

村澤博人（1996）「化粧における美の伝達と文化」高木修監修，大坊郁夫神山進編『被服と化粧の社会心理学』北大路書房　124-150頁

長沢伸也・大泉賢治・前田和昭（2007）『ルイ・ヴィトンの法則』東洋経済新報社

永島玉枝監修（2005）『外見だけで「品よく」見せる技術』PHP研究所（PHP文庫）

内閣官報局（1912）「陸戦ノ法規慣例ニ関スル条約」『法令全書 ハーグ陸戦条約』https://dl.ndl.go.jp/info:ndljp/pid/788082/310（2020年8月25日確認）

仲川秀樹（2002）『サブカルチャー社会学』学陽書房

中野香織（2010）『モードとエロスと資本』集英社（集英社新書）

中野香織（2000）『スーツの神話』文藝春秋（文春新書）

中村香住（2019）「レインボーにふれる」ケイン樹里安・上原健太郎編『ふれる社会学』北樹出版　74-82頁

中村香住（2017）「フェミニズムを生活者の手に取り戻すために」『新社会学研究』第2号　176-194頁

中西祐子（2013）「演じられるジェンダー」千田有紀・中西祐子・青山薫『ジェンダー論をつかむ』有斐閣　115-120頁

難波功士（2009）『創刊の社会史』筑摩書房（ちくま新書）

難波功士（2007）『族の系譜学』青弓社

成実弘至（2017）「ファッションのしくみ」藤田結子・成実弘至・辻泉編『ファッションで社会学する』有斐閣　158-179頁

成実弘至（2007）『20世紀ファッションの文化史』河出書房新社

成実弘至（2001）「ロレックス」深井晃子編『ファッションブランド・ベスト101』新書館　209-210頁

成実弘至（1995a）「女子高生スタイル」アクロス編集室『ストリートファッション 1945-1995』PARCO出版　236-238頁

成実弘至（1995b）「みゆき族」アクロス編集室『ストリートファッション 1945-1995』PARCO出版

86-93頁

日本肥満学会（2016）「表A」『肥満症診療ガイドライン2016』http://www.jasso.or.jp/data/magazine/pdf/chart_A.pdf（2016年3月更新，2020年8月14日確認）

日本形成外科学会・日本美容外科学会（JSAPS）・日本美容外科学会（JSAS）・日本美容医療協会（2019）「非吸収性充填剤注入による豊胸術に関する共同声明」https://www.mhlw.go.jp/content/10800000/000519095.pdf（2019年4月25日更新，2020年9月14日確認）

西島悦（2011）『資生堂ビューティトップスペシャリストが教える就活メーク』実業之日本社

西倉実季（2009）『顔にあざのある女性たち』生活書院

野村理朗（2010）『なぜアヒル口に惹かれるのか』メディアファクトリー（メディアファクトリー新書）

能町みねこ（2013）『雑誌の人格』文化出版局

越智道雄（1988）『アメリカ「60年代」への旅』朝日新聞社（朝日選書）

落合正勝（1999）『ファッションは政治である』はまの出版

岡村理栄子・金子由美子（2005）『おしゃれ＆プチ整形』大月書店

奥田実紀（2007）『タータンチェックの文化史』白水社

小野原教子（2020）『人を着るということ　Mind That Clothes the Body』晃洋書房

大竹奉一（2017）『美容格差時代』ディスカヴァー・トゥエンティワン

大沼淳・荻原昭典・深井晃子監修，文化出版局編（1999）『ファッション辞典』文化出版局

大森ひとみ（2013）『ビジネスファッションルール』ディスカヴァー・トゥエンティワン

おしゃれ女子委員会（2007）『基本のランジェリー』STUDIO CELLO

押切もえ（2009）『モデル失格』小学館（小学館新書）

小澤王春（2004）『バカがつける化粧品』メタモル出版

Paquet, Dominique（1997）*Miroir, mon beau miroir*. Gallimard.（→　石井美樹子訳　1999『美女の歴史』創元社）

Parsons, Talcott（1951）*The Social System*. New York: Free Press.（→　佐藤勉訳　1974『社会体系論』青木書店）

Patterson, Miles L.（1983）*Nonverbal Behavior*. Springer-Verlag New York.（→　工藤力監訳　1995『非言語コミュニケーションの基礎理論』誠信書房）

ポーラ文化研究所編（2020）『平成美容開花』ポーラ文化研究所

ポーラ文化研究所編（2016）『明治・大正・昭和の化粧文化』ポーラ文化研究所

ポーラ文化研究所編集部編（2000）『化粧文化』第40号

Posch, Waltraud（1999）*Körper machen Leute*. Frankfurt: Campus Verlag GmbH.（→　渡辺一男訳　2003『なぜそんなに痩せたいの？』TBSブリタニカ）

Proust, Valentin Louis Georges Eugène Marcel（1913）*À la recherche du temps perdu*.（→　鈴木道彦訳　2002「スワン家の方へ」『抄訳版 失われた時を求めて（1）』集英社文庫

rayliaudition（2020）「雑誌『瑞麗』日本専属モデルオーディション 2020」https://cloudcasting.jp/promotion/XO7a（2020年9月21日確認）

リイド社編（2007）「夏女の艶髪アレンジ」『ES POSHH!』リイド社　2007年7月号　8-13頁

Rich, Adrienne（1980）"Compulsory Heterosexuality and Lesbian Existence." *Signs* 5（4）: 631-660.

Robida, Albert（1891）*Mesdames nos Aïeules*. Paris: Librairie illustrée.（北澤真木訳　2007『絵で見るパリモードの歴史』講談社（講談社学術文庫））

佐伯チズ（2004）『佐伯チズ　メソッド　肌の愛し方　育て方』講談社

齋藤孝浩（2014）『ユニクロ対ZARA』日本経済新聞社出版

境野米子（2003）『安心できる化粧品選び』岩波書店（岩波アクティブ新書）

阪本博志（2008）『『平凡』の時代』昭和堂

坂本佳鶴恵（2019）『女性雑誌とファッションの歴史社会学』新曜社

佐々井啓（2003a）「古代Ⅰ」佐々井啓編『ファッションの歴史』朝倉書店　1‐9頁

佐々井啓（2003b）「古代Ⅱ」佐々井啓編『ファッションの歴史』朝倉書店　10-21頁

佐々木明（2001）『類似ヴィトン』小学館

佐藤泰子（1992）『日本服飾史』建帛社

成美堂出版編集部（2005）『男のキレイ基本講座』成美堂出版

Seligson, Susan（2007）*Stacked*. Bloomsbury.（→　実川元子訳　2007『巨乳はうらやましいか？』早川書房）

千田有紀（2011）『日本型近代家族』勁草書房

千田有紀（2009）『女性学／男性学』岩波書店

志賀信夫（1977）「日本服装史」青木英夫監修，服装学研究会編『服装概論』源流社　141-163頁

資生堂（2017）「日本女性の化粧の変遷100年」https://hma.shiseido.com/jp/info/p20170110_1824/（2017年1月10日更新，2020年5月13日確認）

資生堂ビューティーソリューション開発センター編（2010）『化粧セラピー』日経BP社

就職面接研究会編（2003）『面接革命！リクルートメイク術』学習研究社

Sombart, Werner（1913a）*Der Bourgeois*. München: Duncker & Humblot.（→　金森誠也訳　1990/2016『ブルジョワ』講談社（講談社学術文庫））

Sombart, Werner（1913b）*Krieg und Kapitalismus*. München: Duncker & Humblot.（→　金森誠也訳　1996/2010『戦争と資本主義』講談社（講談社学術文庫））

Sombart, Werner（1912）*Liebe, Luxus und Kapitalismus*. München: Duncker & Humblot.（→　金森誠也訳　2000『恋愛と贅沢と資本主義』講談社）

Spector, Malcolm and John I. Kitsuse（1977）*Constructing Social Problems*. Menlo Park: Cummings Publishing Company.（→　村上直之・中河伸俊・鮎川潤・森俊太訳　1990『社会問題の構築』マルジュ社）

陶智子（2005）『江戸時代の化粧術』講談社（選書メチエ）

菅原健介（2020）「衣服（インナー）」鈴木公宏編『装いの心理学』北大路書房　54-67頁

杉浦由美子（2013）『女子校力』PHP研究所（PHP新書）

須川亜紀子（2017）「歴女と歴史コンテンツツーリズム」吉光正絵・池田太臣・西原麻里編『ポスト〈カワイイ〉の文化社会学』ミネルヴァ書房　171-198頁

杉野芳子編（1998）『増補新版 図解服飾用語事典』ブティック社

周防珠実（2001）「カルティエ」深井晃子編『ファッションブランド・ベスト101』新書館　64-66頁

Sumner, William Graham（1907/2002）*Folkways*. Dover Publications.（originally published in 1907 by Ginn and Company）.

体験を伝える会編（2003）『改訂版 食品・化粧品 危険度チェックブック』情報センター出版局

田島亜紀子・伊神賢人（2015）「少女っぽくなりたい，前髪ぱっつん，お団子，おかっぱ，「モテ系」反動「ピュア」憧れ.」『日経MJ（流通新聞）』2015年8月12日　16面

高井昌史（2005）『女子マネージャーの誕生とメディア』ミネルヴァ書房

たかそう・RUMINE（2009）『はじめてでも安心 コスプレ入門』オーム社

宝島社（2020）「企業広告」https://tkj.jp/company/ad/2020/index 4 .html（2020年12月31日確認）

竹林修一（2014）『カウンターカルチャーのアメリカ』大学教育出版

玉川博章（2012）「文化輸出としての版権ビジネス」吉田則昭・岡田章子編『雑誌メディアの文化史』
　　森話社　249–280頁

田中ひかる（2013）『生理用品の社会史』ミネルヴァ書房

田中東子（2017）「コスプレとサブカルチャー」藤田結子・成実弘至・辻泉編『ファッションで社会学
　　する』有斐閣　131–149頁

田中東子（2009）「コスプレという文化」成実弘至編『コスプレする社会』せりか書房　24–55頁

谷本奈穂（2018）『美容整形というコミュニケーション』花伝社

谷本奈穂（2017）「外見と自分らしさ」藤田結子・成実弘至・辻泉編『ファッションで社会学する』有
　　斐閣　92–110頁

谷本奈穂（2008）『美容整形と化粧の社会学』新曜社

寺田和正（2007）『サマンサタバサ　世界ブランドをつくる』日本経済新聞社

寺沢龍（2009）『明治の女子留学生』平凡社（平凡社新書）

徳力本店（2020）「相場情報」https://www.tokuriki-kanda.co.jp/goldetc/market/（2020年 8 月20日確認）

富川淳子（2015）『ファッション誌をひもとく』北樹出版

富澤修身（2003）『ファッション産業論』創風社

戸矢理衣奈（2004）『エルメス』新潮社（新潮新書）

津田紀代（2005）『ヘアモードの時代』ポーラ文化研究所

津田紀代（2003）『華やぐ女たち』ポーラ文化研究所

辻原康夫（2003）『服飾の歴史をたどる世界地図』河出書房新社（KAWADE夢新書）

月泉博（2006）『ユニクロVSしまむら』日本経済新聞出版社

角田潤（2005）『ヴィンテージアロハシャツ』枻出版（枻文庫）

Turner, Jonathan H.（2000）*On the Origins of Human Emotions*. Stanford University Press.（→　正
　　岡寛司訳　2007『感情の起源』明石書店）

上野千鶴子（1990）『家父長制と資本制』岩波書店

上野吉一（2002）『グルメなサル　香水をつけるサル』講談社（講談社選書メチエ）

海野弘（1998）『ダイエットの歴史』新書館

バンタンコミュニケーションズ編（1995）『新ファッションビジネス基礎用語辞典（増補改訂版）』光
　　琳社出版

Vargus, Marjorie Fink（1986）*Louder Than Words*.　Iowa State University Press.（→　石丸正訳
　　1987『非言語コミュニケーション』新潮社）

Veblen, Thorstein（1889）*The Theory of the Leisure Class*.（→　高哲男訳　1998『有閑階級の理論』
　　筑摩書房）

von Raffler-Engel, Walburga（1980）*Aspects of Nonverbal Communication*. Swets Publishing Service.
　　（→　本名信行・井出祥子・谷林真理子編訳　1981『ノンバーバル・コミュニケーション』大修館
　　書店）

鷲田清一（2012）「多重的なものとしての身体」『哲学』第63号　45–60頁

鷲田清一（1998）『ひとはなぜ服を着るのか』NHK出版

渡辺明日香（2017）「ストリートファッション」藤田結子・成実弘至・辻泉編『ファッションで社会学する』有斐閣　181-202頁

渡辺明日香（2016）『東京ファッションクロニクル』青幻舎

渡辺明日香（2011）『ストリートファッション論』産業能率大学出版部

渡辺明日香（2005）『ストリートファッションの時代』明現社

渡辺みえこ（2008）「美女とは誰がどのように決めるのか」鳥越成代編『女性と美の比較文化』勁草書房　55-83頁

Watson, Lyall（1999）*Jacobson's Organ*. Allen Lane.（→　旦敬介訳　2000『匂いの記憶』光文社）

Weber, Max（1904-05/1920）*Die protestantische Ethik und der Geist des Kapitalismus*.（→　大塚久雄訳　1989『プロテスタンティズムの倫理と資本主義の精神』岩波書店）

黄順姫（2019）『身体文化・メディア・象徴的権力』学文社

Witz, Anne, Chris Warhurst and Dennis Nickson（2003）"The Labour of Aesthetics and the Aesthetics of Organization." *Organization* 10（1）: 33-54.

山田登世子（2001）「エルメス」深井晃子編『ファッションブランド・ベスト101』新書館　58-60頁

山口昌子（2002）『シャネルの真実』人文書院

山村博美（2016）『化粧の日本史』吉川弘文館

柳洋子（1977）「服装の本質」青木英夫監修，服装学研究会編『服装概論』源流社　47-64頁

矢野耕平（2015）『女子御三家』文藝春秋（文春新書）

ヨーグルトサン商事（2017）「バラの香油」http://www.yogurtson.com/Japanese/（2017年5月21日確認，2020年8月8日消失）

横田尚美（2003）「社会的服装とファッション」横田尚美編『ファッションを考える』丸善出版　69-92頁

米澤泉（2017）「女性ファッション誌を読みとく」藤田結子・成実弘至・辻泉編『ファッションで社会学する』有斐閣　16-38頁

米澤泉（2008）『コスメの時代』勁草書房

吉田則昭（2012）「雑誌文化と戦後の日本社会」吉田則昭・岡田章子編『雑誌メディアの文化史』森話社　9-38頁

吉光正絵・西原麻里（2017）「〈カワイイ〉の銀河系」吉光正絵・池田太臣・西原麻里編『ポスト〈カワイイ〉の文化社会学』ミネルヴァ書房　1-49頁

横森美奈子（2003）『「おしゃれ」になるにはコツがある』文藝春秋（文春文庫PLUS）

人名索引

事項索引

208

214

216

著者略歴

栗 田 宣 義（くりた のぶよし）

　国際基督教大学教養学部（哲学専攻）卒業．上智大学大学院文学研究科（社会学専攻）博士後期課程満期退学後，論文提出により，博士（社会学）学位取得．国際基督教大学助手，武蔵大学教授ならびに社会学科長，関西国際大学副学長を経て，甲南大学文学部教授．専門は，文化社会学，社会運動論，理論社会学．学術誌『新社会学研究』（新曜社）編集同人．著書に，『マンガでわかる社会学』（オーム社），『社会学』（ナツメ社），『トーキングソシオロジー』『社会運動の計量社会学的分析』（日本評論社）．編著に，『社会の見方，測り方』（勁草書房），『データブック／社会学』『メソッド／社会学』『キーワード／社会学』（川島書店），『政治社会学リニューアル』『政治心理学リニューアル』（学文社）．共著に，『社会運動と文化』（ミネルヴァ書房），『歴史的環境の社会学』（新曜社），*East Asian Social Movements*（Springer）など多数．一部の著書は，ロシア語，中国語（台湾），韓国語にも翻訳出版されている．

メイクとファッション
──美容化粧服飾の戦略と呪縛──

| 2021年 8 月20日　初版第 1 刷発行 | ＊定価はカバーに |
| 2024年10月 5 日　初版第 2 刷発行 | 　表示してあります |

著　者	栗　田　宣　義 ©
発行者	萩　原　淳　平
印刷者	河　野　俊一郎

発行所　株式会社　晃　洋　書　房

〒615-0026　京都市右京区西院北矢掛町 7 番地

電話　075(312)0788番(代)

振替口座　01040- 6 -32280

装丁　HON DESIGN（小守 いづみ）　印刷・製本　西濃印刷㈱

ISBN 978-4-7710-3503-4